**卓越教师 教学主张丛书**

厦门市卓越教师培育项目成果
西南大学教育学"双一流"学科建设实践成果
总主编 陈 珍 朱德全

# "图·思·记"

## 指向核心素养的初中地理教与学

沈汝丑 著

西南大学出版社
国家一级出版社 全国百佳图书出版单位
· 重庆 ·

图书在版编目(CIP)数据

"图·思·记":指向核心素养的初中地理教与学 / 沈汝丑著. -- 重庆：西南大学出版社，2024.10. -- (卓越教师教学主张丛书). -- ISBN 978-7-5697-2659-6

Ⅰ.G633.552

中国国家版本馆CIP数据核字第2024WB8811号

## "图·思·记":指向核心素养的初中地理教与学
"TU·SI·JI": ZHIXIANG HEXIN SUYANG DE CHUZHONG DILI JIAO YU XUE

沈汝丑　著

责任编辑：朱春玲
责任校对：杜珍辉
特约校对：蒋云琪
封面设计：闰江文化
版式设计：散点设计
排　　版：黄金红
出版发行：西南大学出版社(原西南师范大学出版社)
　　　　　地址：重庆市北碚区天生路2号
　　　　　邮编：400715
　　　　　市场营销部电话：023-68868624
印　　刷：重庆市国丰印务有限责任公司
成品尺寸：170 mm × 240 mm
印　　张：19.25
字　　数：359千字
版　　次：2024年10月　第1版
印　　次：2024年10月　第1次印刷
书　　号：ISBN 978-7-5697-2659-6
定　　价：58.00元

# 编委会

### 总主编
陈　珍　朱德全

### 副总主编
洪　军　刘伟玲　庄小荣　潘世锋　罗生全　周文全

### 执行主编
范涌峰　魏登尖

### 编委（以姓氏笔画为序）
王天平　王正青　牛卫红　艾　兴　叶小波　朱德全
庄小荣　刘伟玲　陈　珍　陈　婷　范涌峰　罗生全
周文全　郑　鑫　赵　斌　侯玉娜　洪　军　唐华玲
　　　　　　　　　　　　　韩仁友　潘世锋　魏登尖

# 总序

习近平总书记在2024年全国教育大会上指出,要实施教育家精神铸魂强师行动,加强师德师风建设,提高教师培养培训质量,培养造就新时代高水平教师队伍。《中共中央 国务院关于弘扬教育家精神加强新时代高素质专业化教师队伍建设的意见》指出,要加强中小学学科领军教师培训,培育一批引领基础教育学科教学改革的骨干。强化中小学名师名校长培养。

厦门市历来重视名师队伍的培育培养工作,根据教师专业成长规律,经二十年探索,逐步形成了"骨干教师—学科带头人—专家型教师—卓越教师"的金字塔式名师阶梯成长体系。自2021年起,厦门市教育局与西南大学开展战略合作,共同推进厦门教育高质量发展和教师队伍建设。"厦门市首期卓越教师培育项目"是由厦门市教育局与西南大学教育学部联合倾力打造的精品培训项目,也是厦门市迄今为止最高层次的教师培训项目。该项目旨在打造一支具有教育情怀、高尚师德,富有创新精神,具有鲜明教育教学思想和教学主张,在教育教学和教育科研上发挥领军作用的高层次教育人才队伍。项目以产出导向为理念,坚持任务驱动,通过个人自学、高端访学、课题研究、讲学辐射、挂钩帮扶、发表论文、出版专著、提炼教育思想、推广教学主张等方式优化培育过程。

三年琢磨,美玉渐成。通过三年的探索,围绕成为"有实践的思想者"这一核心目标,每一位卓越教师培育对象形成了特色鲜明、理念前沿的教学主张,并以教学主张为中心形成了一本专著,从而汇集成目前呈现在大家面前的"卓越教师教学主张丛书"。本丛书,既是"厦门市首期卓越教师培育项目"三年实施成果的沉淀,是每一位卓越教师培育对象思想的结晶,也是西南大学教育学"双一流"学科建设的实践成果。

仔细阅读本丛书,可以欣喜地看到,卓越教师培育对象们不仅能敏锐地捕捉到教育教学领域的难点、热点问题,揭示其中的本质规律,还能结合本地教学实际智慧地提出解决方案。总体来说,本丛书有以下三个方面的特点。

一是有较浓厚的学术气息。29位培育对象中有获得国家、省级基础教育教学成果奖的教师,有正高级教师,有省特级教师,但他们还在不断突破,追寻对教育教学本质的理解,追寻从实践到思想的蝶变,追寻高水平的专业表达。他们从实践中提炼出主张,再用主张引领实践,他们在书稿中融入了理论的阐释,学会了建构模型,并借助模型简洁地表述自己的教育教学思想,读起来不生涩也不单调。

二是有较强的系列探索味道。《义务教育课程方案(2022年版)》提出,应做好学段间的教育教学衔接。29位培育对象中,既有教育科研专职人员和学校的管理者,也有班主任、一线教师等,研究成果覆盖了小学、初中和高中的大部分学科,最终形成了29本培育对象教学主张的专著和1本全景式呈现卓越教师培育的经验和初步成效的论著。因此,本丛书既有基于教育者几十年教学实践的思想提炼,又有深入课堂的案例剖析,可以"用眼睛来读",作为教师专业发展的自读文选;也可以"用行动去做",作为教学范例直接进入课堂实践,在行动研究中孵化、创生;也适合专门研究者或管理人员参阅,从中窥探从小学到高中的教育教学重点与发展脉络。

三是有鲜明的课程育人特色。本丛书的撰写以学科课程为载体,以学科课程核心素养为目标,积极探索新时代背景下的育人方式变革,寻求育人最佳路径,以德施教,立德树人。因此,单看每本专著,已能感受到其中鲜明的课程育人特色,综合丛书来看,这一特色更加明显。

期盼厦门市首批卓越教师培育对象大力弘扬践行教育家精神,追求卓越的步伐永不停留,不断完善、应用和推广自己的教学主张和教学成果,为厦门教育做出更多更大的贡献。也期盼本丛书能为广大中小学教师深化教学改革提供参考,为教育学"双一流"学科服务教育实践提供借鉴。

是为序。

**陈 珍**
(中共厦门市委教育工委书记、厦门市教育局局长)
**朱德全**
(西南大学教育学部部长、西南大学教育学一流
学科建设"首席责任专家"、国家重大人才工程
特聘教授、国务院学位委员会学科评议组成员)

# 序

地理,作为一门揭示地球奥秘的学科,历来承载着培养人们空间感知、空间思维的重要使命。在当前强调培养学生核心素养的教育背景下,我们更加注重培养学生的空间感知、空间思维,而"图·思·记"作为一种富有创新性的教学模式,正逐渐成为其中一种重要手段。

沈老师结合教学实际潜心研究"图·思·记"教学模式十几年,如今已结成硕果,作为专著出版了,值得祝贺!"图·思·记"教学模式,顾名思义,"图"指充分运用地理图表,教授学生阅读和解析地理图表的方法与技巧,以此作为切入点,有效提升他们的地理学习效率。"思"指引导学生学会从地理的视角出发,思考和解决实际问题,侧重引导学生从它在哪里(where)、它是什么样子的(what)、它是什么时候发生的(when)、它为什么在那里(why)、它产生了什么作用及怎样使它有利于自然环境和人类(how)等视角来思考和解决地理问题,以此帮助学生形成良好的地理思维习惯。"记"指对核心、重点的地理知识进行记忆,侧重引导学生记忆初中地理的重点知识及与地理学五个核心概念即位置和分布、地方、人与环境的关系、空间的相互作用、区域相关的知识,是进一步学习的基础,也是学生勤读图、多思考的重要条件。"图·思·记"指"图""思""记"的结合,以研究"思"为核心,"图"为载体,"记"为辅助,通过教给学生地理思维的"5W"原则,帮助其形成良好的地理思维习惯,指导他们勤读、巧读地理图表,提取地理图表中的有效信息,从而更好地理解和记忆地理知识,提高地理学习效率,综合运用所学知识解决实际的地理问题。同时,这一教学方法可有效地促进地理教师教学方式的改变及专业成长,进一步提高学校地理教育教学水平。"图·思·记"教学,是以"图"为载体、"思"为核心、"记"为辅助的一种教学方法,即以地图为载体,通过引导学生思考、记忆,达到提升地理学习效果的目的。地图是地理学的语言,是地理知识的载体,也是培养学生地理思维的重要工具。在"图·思·记"教学模式中,地图不仅是学习的辅助工具,更是激发学生学习兴趣、培养其核心素养的载体。

值得一提的是,本书不仅注重理论阐述,更强调实践应用。从"图·思·记"教学研究问题的阐述与引出开始,详细解读了"图·思·记"教学研究的目标、内容、步骤与策略,以及其在初中地理教学中的实用价值。以景观图、分布图、示意图、统计图和等值线图等多种类型的地图为载体,通过大量的案例解析,为初中地理教师提供了丰富的教学参考。读者可以深入了解"图·思·记"教学模式在实际教学中的运用情况,感受其带来的教学效果变化。同时,本书还对未来"图·思·记"教学模式的发展进行了展望,为初中地理教学的创新与发展提供了思路与方向。

总之,《"图·思·记":指向核心素养的初中地理教与学》一书,既是一部关于初中地理教学模式创新的理论著作,也是一部充满实践智慧的教学指南。相信它的出版,将对初中地理教学的改革与发展产生积极的推动作用。让我们共同期待,在"图·思·记"教学模式的引领下,初中地理教学能够迈向更加广阔的天地。

是为序。

**袁孝亭**

(东北师范大学二级教授、博士生导师,国家地理课程标准研制与修订工作组核心成员,中国教育学会地理教学专业委员会副理事长,全国初中地理学业水平考试命题评估工作组组长)

# 目录

## 第一章　概述

第一节　"图·思·记"教学研究问题·································003
第二节　"图·思·记"教学研究目标·································017
第三节　"图·思·记"教学研究方法·································025
第四节　"图·思·记"教学研究内容·································030

## 第二章　"图·思·记"初中地理教学的育人价值

第一节　"图·思·记"可激发学生的地理思维·······················037
第二节　"图·思·记"可促进学生的地理记忆·······················045
第三节　"图·思·记"可提高学生的读图能力·······················056
第四节　"图·思·记"可提升学生的学习效益·······················073

## 第三章　以景观图为载体的"图·思·记"教学

第一节　地理景观图···············································083
第二节　以景观图为载体的"图·思·记"教学策略·················101
第三节　以景观图为载体的"图·思·记"教学案例·················105

001

## 第四章　以分布图为载体的"图·思·记"教学

第一节　地理分布图……………………………………………119
第二节　以分布图为载体的"图·思·记"教学策略…………136
第三节　以分布图为载体的"图·思·记"教学案例…………139

## 第五章　以示意图为载体的"图·思·记"教学

第一节　地理示意图……………………………………………153
第二节　以示意图为载体的"图·思·记"教学策略…………193
第三节　以示意图为载体的"图·思·记"教学案例…………196

## 第六章　以统计图为载体的"图·思·记"教学

第一节　地理统计图……………………………………………211
第二节　以统计图为载体的"图·思·记"教学策略…………222
第三节　以统计图为载体的"图·思·记"教学案例…………225

## 第七章　以等值线图为载体的"图·思·记"教学

第一节　地理等值线图…………………………………………233
第二节　以等值线图为载体的"图·思·记"教学策略………257
第三节　以等值线图为载体的"图·思·记"教学案例………259

## 第八章　指向核心素养的"图·思·记"教学的未来与展望

附录……………………………………………………………………279
主要参考文献…………………………………………………………290
后记……………………………………………………………………292

# 第一章

# 概述

研究是什么？简单地说，研究就是运用科学方法来寻找答案的过程。在教学研究中，问题同样扮演着至关重要的角色。它们不仅是研究的起点，也为我们确定了研究的方向。

## 第一节 "图·思·记"教学研究问题

有人说他们也喜欢做教学研究,但不知道如何找到一个合适且有深度的问题。其实,要确定教学研究的选题并不难,只要能帮助教师改善他们的教学行为、提高他们的专业素养,那么这个问题就是有意义的。作为一个研究者,需要养成一种习惯,那就是能随时随地提出问题,并且把这些问题记录下来。这样做可以帮助我们时刻保持警觉,以便在有价值的信息出现时能够迅速捕捉到。

### 一、寻找教学研究问题的主要途径

#### 1.从课程的发展中寻找问题

寻找教学研究问题的方法有很多,其中最主要的途径就是从课程的发展中寻找问题。因为课程的发展方向反映了课程的追求,而这种追求又直接影响着教师的教学行为。但从总体上看,教师的教学行为与课程发展的方向总存在着一些偏差,这就为教学研究提供了大量可以进行深入研究的课题。

#### 2.从新的工作任务中挖掘问题

由于学校和其他相关方面的总体安排,教师经常会面临一些新的工作要求和任务。例如,有些学校会要求所有老师编写导学案,还有些学校会实施小组合作学习模式等。由于这些工作对有些教师来说相对陌生,教师若缺乏研究和实践的基础,常会面临许多未知的挑战。如果缺乏深入研究,工作的开展往往难以达到预期效果。因此,我们可以从这些新的工作任务中挖掘研究课题。

#### 3.从成功的教学体验中提炼问题

教师在教学实践中或多或少总会获得一些成功的体验。通过对这些成功的教学体验进行总结和提炼,我们可以使教学成效得到进一步强化和放大,并用于指导新的教学实践,使之转化为更加自觉、有效的教学行为。同时,我们也可以从这些成功的体验中寻找可以进一步研究的问题。

4.从日常工作的不足中寻找问题

教师的工作涉及许多方面,如命题、课件制作、实验操作、板书板画、开发教学资源、组织课堂教与学活动、语言表达、课堂理答等。如果我们能够正视自己或他人在日常教学工作中的不足,并从中寻找相关问题进行深入研究,这不仅可以提高教师的专业素养,还能有效弥补这些不足,提高教学质量。

5.从教材文本中寻找问题

教材是教学的重要资源,教师和学生在基础教育阶段都对教材有较大的依赖。因此,教材的研究是教学研究的重要组成部分。我们可以对教材的编写意图、各内容的地位作用和前后联系进行深入探究,充分认识教材各个素材所蕴含的丰富教育因素,同时还可以考虑教材是否还存在需要改进的地方。通过对教材的深入研究,我们可以发现许多有价值的课题,为教学研究提供新的思路和方向。①

6.从研究成果中提出新问题

与科学研究一样,教学研究也是无止境的。尽管某些课题已有一定的研究成果,但任何研究成果都只是人们对某个问题阶段性的认识,还有巨大的可继续研究空间。我们可以在原有研究成果的基础上,进一步提出新的研究问题。具体有两种做法:一是拓宽研究的广度,即由原来较小范围的研究进入更大范围的研究,或在原来问题的基础上再寻找一个新的问题;二是加大研究的深度,即由原来较浅层次的研究进入更深层次的研究。

以上所述只是寻找教学研究问题的一些主要途径,实际上还存在更多的途径等待挖掘。在选择问题时,要根据自己的专长和积累,扬长避短。在确定教学研究的问题时,需要大小结合、点面结合。虽然与教学相关的问题都值得研究,但由于人的精力有限,应在特定时间内集中精力解决某个问题。刚开始可以涉猎面广一些,为研究工作奠定基础。然后缩小研究面,将注意力聚焦于某

---

① 耿瑞丹,王晓利.初中地理教材读图活动与读图能力的培养——以中图版为例[J].地理教育,2013(5):54-55.

一方面,对该问题进行深入研究。这样容易在某个方面取得突破,拥有更多的话语权。①

## 二 寻找日常工作的不足

基于教学改革的两个重要底层逻辑,即教学底层逻辑和学习底层逻辑,我们坚持以"学为中心"的教育理念,为了学生更好地"学"而教。基于学生学习过程中存在的主要问题,即学生在知地明理中因思维能力弱而导致的常见错误及其引发的学习兴趣缺失等,我们围绕"知地明理,思维先行"的教学理念,并在这一理念的指导下开展"'图·思·记'三结合的初中地理教与学"教学研究。

初中地理的内容,是由一系列的地名、物产、数据、概念和现象所组成的,对初中生来说,内容显得纷繁复杂,学习起来有一定的难度。一般来说,地名、物产、数据等本身没有什么内在联系,需要学生机械记忆;地理概念、地形现象的分布规律、演变规律和因果关系等,需要学生理解记忆。这两种记忆不能截然分开,需要联系起来,相互促进。在学习过程中,学生要达成较好的学习效果,单纯依靠死记硬背显然越来越不符合现代社会的要求。这就需要学生形成地理思维,进而促进地理技能的发展,从而牢固掌握地理基础知识,掌握地理基本技能,发现地理规律,理解事物之间的内在联系,实现高效学习。同样,这也要求我们教师在教学中充分利用地图材料,指导学生勤读图,多思考,偶尔记,将地图、地理思维、地理记忆结合起来,开展"图·思·记"结合的教学实践。

可以将"图""思""记"结合起来进行综合研究,以"思""记"识"图",以"思""图"助"记",以"图""记"促"思",着重探讨学习方法(特别是地理图表的解析策略)、地理思维培育以及学生地理知识记忆机制等基本议题。通过向学生传授地理思维的"5W"原则,帮助他们建立系统的地理思维习惯,聚焦于有效指导学生高效地阅读并解析地理图表,从中精确提取关键信息,进而助力学生在地理知识的记忆与理解方面实现显著提升,并积极引导学生将所学的地理知识灵活应用于实际问题的分析与解决之中。同时,本研究也期望能够推动地理教学模式的创新,促进教师专业技能的持续发展,为地理教育领域的理论与实践研究

---

① 郑青岳.教学研究:教师的幸福之路(二)——用问题为教学研究确定目标[J].物理教师,2015,36(2):68.

带来新的视角与启示。

1. "图·思·记"结合提高初中生地理学习效率的研究十分必要

"图·思·记"结合是地理学习的基本手段,将"图""思""记"结合起来研究如何提高初中生地理学习效率是一项基础性的研究课题,既有理论意义,又有实践意义,表现在引导学生学习地理时不仅要用"图",还要有"思",还得有"记"。如何将它们三者结合起来、怎么结合,更有利于初中生构建高效的学习方法、策略,提高地理学习效率,同时优化地理教师教学方法、策略,这一点很重要,而且其中有许多问题值得研究。

2. 目前初中生地理学习效率不高的表现及成因分析

"图""思""记"及其三者的结合与运用是地理学习的基本手段,但是目前初中生在地理学习时分别运用"图""思""记"的情况都不理想,更没有将"图""思""记"三者有效地结合并加以运用,导致学习效率不高。

(1)表现。

①未充分利用地理图表。

地图是地理学的眼睛。教材中各种类型的地理图表几乎能把所有的地理教学内容完整、形象、直观、生动地呈现出来,易于理解。而学生利用地理图表的情况却不理想,忽视了可以借助相应的地理图表去学习,这使得知识过于抽象化,内容枯燥,学生便渐渐产生了厌学的情绪。地理学科的很多知识往往需要直接记录在相应的地理图表上,可是绝大多数的学生都未认识到这一点,做笔记时较随意,随便书写在书本上的空白处。因此,加强地理读图学习的指导,提高地理读图学习的有效性,是对中学地理教师的客观要求。[1]如何将地理知识有效地附着在图上,培养学生的地图素养,是地理课程改革中如何完成课程目标值得研究的一个重要问题。[2]

②未养成地理思维习惯。

地理学作为研究地理环境以及人类活动与地理环境相互关系的科学,它不仅是一门应用十分广泛的基础科学,也是一门带有方法论性质的科学。而初中

---

[1] 赫兴无.地理读图学习的有效指导[J].地理教育,2011(3):57.
[2] 冯忠跃,李永全.中学生的地图素养与培养[J].地理教育,2006(2):65-66.

生在学习地理时往往忽视地理思维习惯的养成,经常重知识记忆轻能力训练,重结论轻过程分析。与此同时,教师也缺乏培养学生地理思维习惯的意识。

③多采用死记硬背。

初中生在学习地理时多选择死记硬背知识,而且经常把知识点弄混淆。甚至,有些学生错误地认为学习地理的关键就是靠"背"。教师在教学时也常常忽视学生的主体地位,教多学少,灌多思少。这样的教与学,不仅让学生感到头疼,也严重影响了地理学科的吸引力。

④未将"图""思""记"有效地结合起来并加以运用。

大部分初中生在学习地理时没有认真总结、反思"图""思""记"对提高地理学习效率的作用,更没有将"图""思""记"三者结合起来并加以运用,从而导致学习效率不高、学习效果不理想。

(2)成因分析。

①学生对地理学科的重视程度低。

初中地理在初中课程中的地位偏低,被学生视为"副课",导致学生不重视地理课,缺乏学习的主动性。再加上长期受应试教育的影响,导致学生忽视动手能力、读图能力等非语言能力和思维能力的训练。

②教师忽视对学生学习方法的培养。

传统知识观和认识论思想仍在很大程度上影响着教师组织教学,强调教师的主体地位和书本知识的权威性,注重灌输知识而忽视了学生的主观能动性。这束缚了学生的思维发展,限制了学生独立思考、解决问题的可能性,使学生处于被动接受知识和被引导认知的角色。对于地理教师来说,由于初中地理学业考试对学生能力的要求相对较低,这往往会导致在教学中重知识记忆轻能力培养,重结论轻过程分析,忽视学生的主体地位。教师缺乏培养学生读图、思维习惯的意识,也缺乏将"图""思""记"三者结合起来并加以运用的研究,忽视对学生学习方法的培养。[①]

③学生缺乏对地理知识的兴趣。

学习的关键在于培养兴趣,只有这样学习才会事半功倍,学生"学"得轻松,教师"教"得轻松。但是,由于初中学生对地理学科的重视程度普遍偏低,而且教师忽视对学生学习方法的培养,这严重影响了地理学科的吸引力,导致部分

---

① 杨士军,张翠蓉.地理读图分析三法[J].中学地理教学参考,2002(Z1):100-101.

学生对地理学习不感兴趣，更不会考虑自己的学习方法是否适合自己，有没有需要改进的地方等。

## 三 基于已有研究成果提出新问题

地理教育，从根本上讲不仅仅是传授地理知识，更重要的是培养学生运用地理的思维方法去分析问题和解决问题的能力。[1]地理思维是地理素质最本质的东西，只有把握住思维的特征，才能使分析问题的过程更好地体现出地理性，也才能更为全面、彻底地贯彻地理素质教育，所以应该围绕地理学的思维特性把地理教育当作一个不断提高学生地理综合素质的过程。素养教育已成为当前国际教育的重大课题，教育部《关于全面深化课程改革落实立德树人根本任务的意见》提出要全面深化课程改革，落实立德树人的根本任务，其中提出"核心素养体系"。2017年，教育部颁布新的《普通高中地理课程标准》，将"进一步提升学生综合素质，着力发展核心素养"作为普通高中的培养目标。该课程标准凝练了学科核心素养，并提出学校教育要更加注重培养学生核心素养。地理核心素养包括人地协调观、综合思维、区域认知、地理实践力等。在高中地理教学中，也要注重提高学生的地理核心素养，通过理论知识学习与实践活动的结合，促进学生个人能力和素质水平的不断提高，教育价值取向由"应试"向"素质"的转轨。

### 1.地理核心素养及其教学研究综述

在地理核心素养提出后，基于核心素养的地理教学探讨不断深入。例如，范泰洋、黄文斌等人提出了研究核心素养取向的地理教学目标陈述技术，致力于做好地理三维教学目标的陈述技术向地理核心素养教学目标陈述技术的转化、发展、创新等工作；郭芳英则以核心素养为取向探讨了教学设计的样态，提出了相应的教学设计思考及设计路径。

有基于其中一项地理核心素养的深入研究，如海南师范大学硕士贾丽分析阐明了地理实践力的基本特征，并通过梳理地理课程标准筛选出适合地理实践

---

[1] 冯健.地理思维特性及其对当前地理教育改革的启示[J].中学地理教学参考,2000(9):6.

力培养的相关知识点,结合地理实践力培养现状与存在的问题总结出地理实践力培养的有关措施;西华师范大学硕士王丹丹分析了高中地理教学中区域认知核心素养存在的问题,并探索解决问题的途径,为高中地理教学中区域认知核心素养的培养提出了一些建议。

有提出地理核心素养落实的教学策略,如刘启银、梅国红等人提出围绕"主题+区域"探究地理核心素养的培育策略;刘玉岳提出基于学科核心素养"五有四化"主题式探究地理教学。

还有从核心素养视角进行地理教学评价,如曹宁宁、周毅等人基于地理学科核心素养对深圳市南山区初中地理"百花奖"片区赛一等奖课例《地形对人类生产生活的影响——以重庆市为例》进行了深入分析与评价。

在文献检索中发现,基于核心素养的地理教学探讨更多的是以高中教学为主,关于初中的核心素养地理教学探讨较少,更多的是比较不确定的"试谈"或者"浅析"。2022年4月,教育部印发《义务教育地理课程标准(2022年版)》,明确将人地协调观、综合思维、区域认知、地理实践力等作为初中地理核心素养。基于初中地理核心素养的教学探讨开始更加深入,目前,如许玲老师以学生熟知的传统民居——岐庐为纽带创设情境,贯穿《人类的聚居地——聚落》整个教学过程,深入阐述了如何通过生活化情境教学,在初中区域地理教学中培养学科核心素养;周佳颖、叶回玉以"中国的行政区划"一节为例,从具身活动设计到迁移应用,再到具身教学评价预设等环节,探究了具身认知在培养初中生地理核心素养方面的作用。

## 2. 地图及其教学研究综述

地图,一直被认为是地理学的"眼睛",相当于生物学的显微镜,语文学的字典,是人们认识自然界和人类社会环境的重要工具,被称为地理学科的"第二语言",是地理学科的重要表达工具之一。

耿瑞丹、王晓利在《初中地理教材读图活动与读图能力的培养——以中图版为例》中提到,读图活动能够培养学生表层信息获取能力、绘图能力、图文转换能力等,指出获取信息能力是在获取表层信息后,通过思维从表层信息中总结出地理规律并分析原因。

冯忠跃、李永全在《中学生的地图素养与培养》中指出,当前的地理课程标准中与地图知识和技能直接相关或需要利用地图进行学习的项目中,初中地理部分有44项,占内容标准总项目数的42.3%,高中地理(必修)部分有12项,占必修内容标准总项目数的25.6%。他们还指出地图素养的培养有利于帮助运用图像思维和地图语言,形成对事物的现象与特征直观形象的分布规律与区域差异的认识。

邓带在《人教版八年级〈地理〉图像系统的读图导学》中以人教版八年级地理教材为例,依据读图导学的基本思路:地理图像→提出问题→分析问题→解决问题→获得新知,来分析分布图的读图导学,帮助学生建立空间概念,掌握地理事物的空间分布,解释分布图内各地理要素之间的关系,增强知识的趣味性,提高学生地理思维能力。文章指出,地理示意图主要用于阐明地理事物发生的原因、过程、特征和影响该事物变化的各因素之间的关系,要抓住关键问题进行读图导学,解释网络联系进行读图导学。景观图较为逼真地反映了地理事物的真实面目,符合初中生的认知心理,利于学生的理解和记忆。教师应引导学生抓住景观图的关键点进行观察与思考,通过比较景观差异来认知地理事物的特征。此外,地理统计图借助数字资料,形象地反映地理事物的数量关系,用来比较地理要素的组成、发展和变化。教师应引导学生领会统计图数字的内涵,激发他们积极思考,获得新知,培养学生利用统计图解决实际问题的能力。

杨士军、张翠蓉在《地理读图分析三法》中针对高中地理的具体读图分析题,采用循因法即注重地理学的特点区域性与综合性,指导学生读图要善于从揭示地理事物间的内在的、本质的联系入手,强调读图分析题目是一项实践性较强的活动,是一个创造性思维过程。同时,文章提出过程思维的程度取决于我们对地理概念、地理规律和地理特征的掌握理解程度,要充分利用联系已有知识对所给问题进行"放电影式"的步步推理、排斥、总结,在头脑映现过程。这样有利于更好地避免学生"死记硬背"树立正确的地理学习观,培养地理学科的思维方式和综合探究、创新的精神,体现素质教育的根本思想。

赵清波在《谈地图信息的有效提取与解读》中从"点、线、面"三个方面入手详细讲解了地图信息的读取方法,但是没有与地理思维相结合。

魏阳在《"读图启发式"在地理教学中的应用》中通过解读如何读图,强调图示对学生的启发。他不仅关注学生对地理知识的掌握,更注重培养学生掌握地理技能,形成较强的地理能力。文章指出读图作为启发学生积极思维的重要途径,可激发学生的求知欲,提高兴趣从而使学生掌握基本知识和原理,很好地将地图、地理思维、地理基本知识的记忆结合到一起,培养学生地理能力。然而文中没有详细的地理教学方法与策略,这样在一定程度上不能很好地指导中学地理教育工作者在实际教学中的应用。

耿前进在《地图教学三步 圈图说图忆图》中明确了学生阅读地图时的具体方法和步骤,其中强调"说图"这一过程有利于促进学生间的思维交流,让学生自主揭示地理事物的空间存在以及相互间的内在联系。通过以图为载体,并以"理"为主线贯穿教材,有助于巩固知识,实现抽象向直观的转换。

刘咏梅在《初中地理新教材图像系统的分析——以人教版义务教育教科书〈地理〉七年级(上、下)为例》中指出,教材是一个由文字系统、图像系统和活动系统三部分组成的有机整体,三者之间相互渗透。教材中的许多知识点多以图文结合的形式呈现,因此,要挖掘开发利用教材图像系统,达到教学目的。文中从地理分布图、地理景观图、地理统计图、地理示意图、地理复合图五个方面分析了不同地图形式在教材中的分布概况和功能作用,重点介绍了地理分布图的读图方法即以点线面相结合的阅读地图方法,旨在形成地理事物空间位置、空间分布、空间结构的正确观念。

冯忠跃在《初中生地图素养指标体系及价值》中依据义务教育阶段课程标准,从地图知识、地图技能、地图意识和地图修养几个方面编制了初中生地图素养指标体系。根据教学实践,我们发现通过引入指标体系,初中地理学科的地图教学变得更有针对性和实效性,学生运用地图分析和解决问题的能力明显提升。

赫兴无在《地理读图学习的有效指导》中提出图像在地理教材中具有举足轻重的地位,因此加强地理读图学习的指导是十分必要的。文章指出在读图程序中应先读辅助要素,再读图像主体,以图导因,按照地理事物的空间顺序、时间顺序、内在的因果关系等,采用直观分析法、比较分析法、联系分析法等方法分析判读地图,最终达到引导学生归纳总结的目的。

### 3.地理思维及其教学研究综述

思维是在感觉、知觉、记忆和想象基础上形成的对事物本质特征和内部联系的探索性思考,是人的智力核心,是衡量人们聪明智慧的主要标志。地理思维是一种特定的思维方式,它是在地理教学过程中认识地理环境及其变化过程而采用的一定思维方法程序。这种特定的思维方式具有地理形象思维、空间概念思维或空间形象思维和思维过程综合性等三大特征。地理思维能力是人脑对文字与图表等地理信息进行分析、处理与加工的能力。

地理图像是地理空间思维的载体,地理思维活动主要是利用地理形象、图像或图示完成的。地理形象主要指各种地理事物的形象;地理图像包括地表景观的影像、照片等;地理图示,包括各种地图、示意图和结构图等。地理图像是地理信息的真实性语言和形象化语言,所以,地理思维离不开地理图像。

徐志梅、袁孝亭在《地理空间知觉能力及其教学》中强调在地理基础教育阶段,培养学生具备地理空间要素知觉能力和地理空间内容知觉能力,是地理教学应当把握的重要方面之一。地理教师要注重地理空间内容知觉能力的渗透和培养,要引导学生通过地图、图表等,对地理空间要素和地理空间内容进行知觉,并在此基础上形成对其特征、规律、成因、功能、差异、联系、变化等方面的认识,达到有目的、分阶段、有层次的综合性认知。

邵志豪、袁孝亭在《注重学科思维训练的地理教学研究》中提出对于地理学科教学而言,识记、理解、应用、分析、综合、评价,每一个目标的实现都离不开学生的主体思维活动;良好的思维素质也是形成创新能力,全面提高综合素质的必要前提和保证。地理学科思维主要在地理图像或图示的基础上开展,地理图像就是地理信息的地理真实语言和地理形象语言,这正是开启地理思维的原点。因此除了创造宽松和谐的氛围,鼓励学生大胆思考;利用丰富有趣的地理思维训练素材,使学生乐于思考外,构建注重学科思维训练的地理教学模式(包括形象思维、空间思维、逻辑思维和区域比较思维)是十分重要的。

张素娟在《初中生地理思维过程及思维障碍的诊断》中提出当前初中生地理思维匮乏主要表现在地理表象、空间形象思维的障碍上,以及在学习过程中对抽象思维过程的缺失,包括地理概念形成过程的"简单化"、地理特征归纳过程的"模糊化"、地理原理和规律理解过程的"浅表化"、知识构建过程中的"平面化"。

叶岱夫在《地理思维中的一元论范例实践教学方法》中提出在地理思维训练中通过采取一元论范例实践教学方法,向学生呈现具有范例性、典型性和代表性的教学内容,促进学生在学习中举一反三,形成学生的迁移能力。这种方法注重训练学生通过一元论教学掌握地理思维方式,包括通过学习静态范例去认识和理解空间动态过程,培养空间形象思维;通过学习地理事物的历史迁移,学会总结地理事物的演变规律和变化趋势;通过学习地理现象的典型类型或地理规律,培养认识和判断个别特殊地理现象的思维能力;通过比较典型地区的地理差异或地理事物的差异,掌握地理事物本质。

李宗录在《从信息传递的角度看地理思维能力的培养》中提出教学过程实际上就是信息的传递过程,而学生的思维活动,正是伴随着信息的传递而产生的。地理信息接收阶段的思维主要包括形象思维和抽象思维,教学过程就是要求教师把贮存的信息转化为输出状态,并利用语言和各种教学手段呈现给学生。启发式教学是将学生思维发展层层推进的关键,从而达到地理信息的应用与输出阶段,与之相伴的思维活动形式就是"忆"的过程,并在"忆"的基础上促进地理知识和技能的迁移。

程闽生在《地理空间思维能力的培养与发展》中强调地理学科能力的培养必须要在教学的过程中充分利用地图,注重把知识点依附在图像上,并借助图像把形象思维和抽象思维巧妙地结合起来,实现从知识点的记忆到空间概念的形成上,完成由文字记忆到图形空间分布的迁移。

周义钦在《"创造思维读图法"的理论与实践研究》中介绍了创造思维读图法,即在读图教学过程中,以地图为中心线索,通过科学有序的认知过程,以实现思维品质的变通和升华,最终形成学生创造性思维能力的教学方法。该方法包括表象知识的积累(还原地理示意图及模式图的素材,让学生通过对大量具体地理事物、现象的观察和记忆,形成记忆表象,通过对词的描述与地图的描述形成感知想象表象)、空间观念的形成(运用表象感知和思维,通过分解、组合、类比、联想和综合等思维方式,完成对表象的加工继而概括出反映地理事物的本质特征)、地理思维的发展、创造性思维的激活四个方面。通过运用具体案例引导学生从发现问题、提出问题、分析问题、解决问题的认知过程中发展思维,培养学生创造性思维和探究能力。

王丽在《地理思维特点与创造性思维发展》中指出,不论是从案例到结论的归纳法,还是从结论到实例的演绎法,都需要学生把地理事物的逻辑联系或形成过程表达为简单的图示,也需要学生把系统地理所揭示的逻辑联系和基本原理,用于解释区域特征与差异,也就是把系统地理区域化、景观化、具体化。因此,文章提出利用图像丰富地理思维的感性材料,利用图像获取地理思维的理性材料,利用图像认识和表达地理的空间性质和形成过程。采用探究性学习方法,实际是以学生参与的创造活动等教学策略。

冯健在《地理思维特性及其对当前地理教育改革的启示》中强调,地理教学应紧抓地理思维特性,这是实施素质教育的一个很好的切入点。地理教育旨在培养学生运用地理思维方法去分析问题解决问题的能力。因此,只有把握了地理思维的特性,把地理教育过程当作一个不断提高学生地理综合素质、运用地理思维和方法解决问题的能力的过程,才是切实的地理教育。

### 4.地理记忆及其教学研究综述

记忆是某种信息或事情在人的头脑中的保持,它包括短时记忆和长时记忆两种。这两种记忆都是需要教师在教学中予以高度重视和认真探索的。它是从识记开始,识记是通过眼、耳、鼻、皮肤去接触各种事物,从而在头脑中留下痕迹。通过各种感官对事物的接触,印象越深刻,在头脑中留下的痕迹就越清晰持久。地理教学中的"记"就是地理信息在储存阶段的主要思想内涵,地理信息的识记过程有两个层次:一是对地理知识、原理和规律等的记忆;一是对信息接收过程中的思维过程和思维方法的记忆。没有识记,理解就失去了意义。因此提高学生的记忆力是获得知识、巩固知识的关键。

吴琛海在《地理教学的记忆、用图、板图和板书》中提出,为了帮助学生加强理解记忆,教师应注重增强学生对教材的理解,善于运用联系和比较法,突出区域地理的特征,要经常充分地运用地图。此外,文中还详细介绍了用图规范,板图板书的注意要点。

贺国宝在《利用地图、插图,加强复习、记忆》中介绍了加强记忆能力的方法,指出要充分利用地图和课本的插图,采用一看、二读、三记忆的方法,先在图上找规律,然后辅助以形象记忆的方法删繁就简。

鲁爱华在《运用板图形式 记忆矿产分布》中阐述了板画在地理记忆中的作用,并以案例的形式介绍并强调了描述记忆法和歌诀定位法等巩固记忆的方法。

杨栋在《谈地理教学的几种有效记忆法》中提出了趣味诱导记忆法、设疑引思记忆法、图文联用记忆法、形象直观记忆法、"模糊轻松"记忆法、螺旋重复记忆法和归纳整理记忆法。

胡熙莹在《浅议地理教学中一些记忆性知识的获取与保持》中介绍了如何通过设计课堂教学,在各种不同环境中更好地完成对地理记忆知识的获取与保持,包括重视新课导入的新颖性和生动性。教学设计要结合教材的教学目标和学生的实际状况,学习质量的反馈要及时。

芮金川在《地理教学中培养学生记忆能力的浅见》中提出,知识是能力的基础,没有知识就谈不上培养能力,在地理教学中不能简单地满足于一般知识的传授,必须在抓基础知识的同时,重视培养学生的能力。授课时,教师应注意集中学生的注意力,这样更有利于加强学生的记忆力,可运用联想法、类比法和综合比较法来诱导学生对比促进记忆。

综上所述,地理教学需要培养的学生能力一般包括记忆、表达、观察、思维(包括分析、综合、抽象、概况)、阅读地图(包括地图、图表、照片等)、自学能力等方面,甚至包括审题能力和答题方法。在核心素养教育的背景下,通过教给学生地理思维,可培养学生养成良好的地理思维习惯。

通过文献研究可以看出,当前的地理教育中对于地图的研究比较全面和广泛,且在核心素养背景下逐渐成为研究热点,对于地理思维的研究也随着核心素养的落地则更加广泛且深入,从横向到纵向逐渐完善。这一领域的研究可谓涵盖范围广,研究成果也比较丰富。首先,在这些研究中,尤其是地理思维方面的研究大部分都集中在高中地理教育阶段,针对初中阶段的研究相对较少。现有的初中部分的地理思维、地图研究大多以人教版教材为例,未能很好地覆盖义务教育阶段湘教版教材的使用区域。其次,关于地理记忆的相关研究随着课程改革的不断深入,以及反对"死记硬背"观点的深入,人们对于记忆能力的研究越来越少。其实这是错误的想法,记忆知识是思维提高的前提和基础,没有对基础知识的保障何谈能力的提高,核心素养的培育更无从谈起。再者,关于地理图像、地理思维、地理记忆三方面的研究都是相对孤立的,仅有部分研究注重地理思维与地图之间的必要联系,但涉及内容相对简单。提及如何将地图素养与地理思维很好地结合有利于地理知识的记忆,这方面的研究更是少之又少。因此,在核心素养背景下,将三者联系起来进行一体化研究,促进地理教学工作的开展是可行的且十分必要的。最后,通过研究发现,随着一线教学落实核心素养的实践不断深入,基于核心素养的高中地理教学研究较为丰富,研究不断指向更加具体有效的教学范式,而基于核心素养的初中地理教学研究还较为单薄。可以预见的是,随着《义务教育地理课程标准(2022年版)》的出台,关于初中地理教学的研究将不断充实。

5.总结

其一,在核心素养背景下,将"图""思""记"三者有机结合,对于初中生构建高效地理学习方法、策略至关重要,同时也有助于地理教师优化教学方法、策略。其二,当前大部分初中生地理学习效率不高,"图""思""记"的运用情况不理想,更没有在核心素养背景下实现有效的三结合并加以应用,这一问题的原因值得深入研究。其三,目前国内的研究多集中在指导初中生如何阅读地理图表、记忆地理知识或培养地理思维能力等方面,虽这些研究取得了较好的效果,但在核心素养背景下,把"图""思""记"结合起来进行综合研究、一体化研究的还比较少。基于以上三个方面,本书依据最新的地理课程标准,在核心素养背景下将"图""思""记"结合起来进行一体化研究。希望通过教给学生地理思维的"5W"原则,帮助其形成良好的地理思维习惯,指导他们勤读、巧读地理图表,提取地理图表中的有效信息,从而更好地理解和记忆地理知识,提高地理学习效率,综合运用所学知识解决实际的地理问题。本书在研究已有较丰富教学实践的"图·思·记"教学范式基础上,还提供了丰富的教学案例,为初中地理落实学科核心素养提供了一种行之有效的教学参考。同时,希望本书中的案例能有效促进地理教师教学方法创新及专业成长,进一步提高学校地理教育教学水平。

## 第二节 "图·思·记"教学研究目标

在当今信息爆炸的时代,我们每天都会接收到海量的信息。然而,这些信息往往是碎片化的,缺乏深度和系统性。随着信息时代的到来,图形、图像在信息传播中的作用日益凸显。为了更好地理解和应用这些信息,我们需要一种新的思维方式和方法。如何有效提取、整合和呈现信息,成为当今社会关注的焦点。在这样的背景下,"图·思·记"研究应运而生,旨在通过深入挖掘图形的内涵与外延,探寻其与思维、记忆之间的内在联系,这就是"图·思·记"研究的初衷和目标。"图·思·记"研究的目标是构建一套系统的信息处理方法,提高信息利用效率,培养创新思维。研究内容将涵盖图形、图表的应用,思维方式的探讨,以及记忆原理和技巧的研究等多个方面。

### 一、研究目标

研究目标主要分为三个层面:科研目标、育人目标和工作目标。

(1)科研目标。

科研目标是研究工作的主要目标和指导纲领,根据研究项目的名称来确定。它是对研究项目名称的总结和概括,通常表述为:通过本研究项目确定出研究的具体方法(或策略)等。

(2)育人目标。

育人目标是指通过项目研究提升研究对象在某些方面的能力。育人目标通常表述为:通过本项目研究使研究对象在哪些方面的能力得以提升。

(3)工作目标。

工作目标是指通过项目研究提升研究团队在某些方面的能力。工作目标通常表述为:通过本项目研究使研究团队在某些方面的能力得以提升。

这三个目标是相辅相成的,科研目标的实现有助于育人目标的达成,而工作目标的实现则能够为研究提供更好的支持和保障。在确定研究目标时,需要综合考虑这三个层面的目标,确保研究的全面性和有效性。

指向核心素养的初中地理教与学的研究目标,是指研究"图·思·记"结合在初中生地理学习中作用的基础上,侧重总结出"图·思·记"结合的有效策略并应用于教学,提高初中生地理学习效率,转变地理教师教学方式。

1.教给学生地理思维的"5W"原则,使其形成良好的地理思维习惯

在地理学中,我们常常强调地理思维的"5W"原则,即"是什么"(What)、"在哪里"(Where)、"为什么"(Why)、"何时"(When)和"如何"(How)。这五个原则是地理学研究的基础,也是我们认识地理现象、掌握地理规律的重要工具。

首先,"是什么"(What)是地理学中最基本的问题。我们需要了解地理事物的基本概念、特征和分类,以便更好地理解其本质和规律。例如,当学习气候类型时,我们需要了解各种气候类型的定义、特征和分类,以便更好地理解气候对地理环境的影响。

其次,"在哪里"(Where)是地理学中的空间问题。我们需要了解地理事物的空间分布、区域差异和相互关系,以便更好地理解地理环境的地域性和差异性。例如,当学习世界人口分布时,我们需要了解世界人口分布的地区差异和分布特点,以便更好地理解人口分布与地理环境的关系。

再次,"为什么"(Why)是地理学中的原因问题。我们需要了解地理事物形成的原因、机制和影响因素,以便更好地理解地理环境的形成和发展。例如,当学习地貌形成时,我们需要了解地貌形成的内外力因素和机制,以便更好地理解地貌的多样性和变化。

然后,"何时"(When)是地理学中的时间问题。我们需要了解地理事物的发展变化过程、周期性和趋势,以便更好地预测未来的变化和发展。例如,当学习气候变化时,我们需要了解气候变化的规律和趋势,以便更好地预测未来的气候变化和影响。

最后,"如何"(How)是地理学中的过程问题。我们需要了解地理事物的过程、作用机理和演化路径,以便更好地理解其演变和发展。例如,当学习自然灾害时,我们需要了解各种自然灾害的作用机理和演化路径,以便更好地预防和减灾。

## 2.运用地理思维的"5W"原则及识记的地理知识指导学生勤读、巧读地理图表,提取地理图表中的有效信息

在地理学习中,地理图表是一种非常重要的学习工具。通过地理图表,我们可以直观地了解地理事物的分布、变化和相互关系。因此,指导学生勤读、巧读地理图表,提取其中的有效信息,是地理教学中的一项重要任务。

地理思维的"5W"原则,可以帮助学生更好地理解和分析地理图表。首先,要明确图表的类型和主题,这是"What"原则的应用。其次,要关注图表的坐标轴和标注,了解数据和信息的单位和范围,这是"When"原则的应用。再次,要探究图表中各个要素之间的关系和变化趋势,这是"Why"原则的应用。同时,还要注意图表的细节和异常点,这些可能是影响数据和信息的关键因素,这是"How"原则的应用。最后,要结合图表的文字说明和数据表格等信息,综合分析图表中的数据和信息,这是"Where"原则的应用。

在指导学生阅读地理图表时,教师还需要注意以下几点。首先,要引导学生养成勤读、巧读的习惯,不仅要经常阅读图表,还要掌握正确的阅读方法。其次,要帮助学生掌握各种类型图表(如景观图、分布图、示意图、统计图、等值线图等)的特点和阅读技巧。最后,要注重培养学生的观察力、思维力和语言表达能力,使学生能够准确地提取、分析和表达图表中的信息。

综上所述,运用地理思维的"5W"原则及识记的地理知识指导学生勤读、巧读地理图表,提取地理图表中的有效信息,是提高学生地理学习效果的重要途径。

## 3.运用地理思维的"5W"原则及地图帮助学生对地理知识的有效记忆及理解

在地理学习中,记忆和理解地理知识是必不可少的环节。而运用地理思维的"5W"原则及地图,可以帮助学生对地理知识进行有效的记忆和理解。

首先,通过遵循"5W"原则,学生可以更好地记忆和理解地理知识。在记忆过程中,学生需要明确记忆的内容和目标,这是"What"原则的应用。同时,要关注记忆内容的逻辑和层次,这是"Why"原则的应用。此外,学生还需要注意记忆内容的细节和要点,这是"How"原则的应用。通过运用"5W"原则,学生可以更好地组织和理解地理知识,提高记忆的效率和质量。

其次,地图是地理知识的重要载体,也是帮助学生记忆和理解地理知识的

有力工具。通过地图,学生可以直观地了解地理事物的分布、特点和关系。在记忆和理解地理知识时,学生可以结合地图进行联想和想象,将抽象的地理知识转化为具体的图像和场景。这种形象化的记忆方法可以帮助学生更好地记忆和理解地理知识。

最后,教师还可以通过引导学生绘制地图、制作地理表格等方式,帮助学生加深对地理知识的理解和记忆。通过亲自动手绘制地图,学生可以更加深入地了解地理事物的特点和分布情况。同时,制作地理表格也可以帮助学生整理和归纳地理知识,明确各个知识点之间的联系和区别。

综上所述,运用地理思维的"5W"原则及地图,可以帮助学生对地理知识进行有效的记忆和理解。在教学过程中,教师应该注重引导学生运用这些方法,提高学生的地理学习效果和思维能力。

## 二 研究内容

研究内容应紧密围绕研究目标展开,是对课题研究目标的详细分解。为确保研究的针对性和可操作性,研究内容需要翔实具体。在研究中,我们应重点关注以下几个方面。①

(1)问题导向。即为了实现研究目标,我们需要从哪些问题入手,解释这些问题的发现方式以及研究团队如何通过梳理确定出研究方向。

(2)理论提升。为了达到研究目标,我们需要系统学习哪些相关理论,并采取何种方式进行学习。在研究方案中,我们需要重点阐述研究团队通过哪些途径(如学习相关理论、听取专家报告、外出考察学习等)来提升自身的理论素养。

(3)学习与借鉴。为了实现研究目标,我们需要深入学习并借鉴与本研究相关的最新研究成果。需要详细列出本研究所要借鉴的国内外科研成果,以及计划如何安排实验教师进行验证。对于刚开始进行研究的团队,还需要明确如何进行培训,学习科研的方法和步骤,以确保研究的顺利进行。

(4)行动研究。我们需要紧密结合实际的教育教学情况来推进研究。需要详细规划在各研究阶段应开展的具体活动和预期目标。

(5)成果应用。研究的成果如何进行推广应用是关键,需要明确如何将研

---

① 唐殿华.如何撰写科研课题研究方案[J].教书育人,2021(9):42.

究的各种成果应用于更广泛的范围内,以便进一步检验研究的成果。

**1.研究"图"即对初中地理教材中地理图表的分类、整理及运用**

在地理学科中,"图"是一个非常重要的概念。它不仅是一种直观的地理信息表达方式,更是地理知识的重要组成部分。在初中地理教材中,地理图表占据了相当大的篇幅,它们以各种形式呈现了地理事物的分布、特征和变化规律。为了更好地理解和运用这些图表,我们需要对其进行分类、整理和运用。

首先,对于"图"的分类,可以从不同的角度进行划分。例如,根据地图所表达的内容,可以将地图分为自然地图和社会经济地图。自然地图主要展示地形、地貌、气候、水文等自然要素,而社会经济地图则侧重于展示人口、城市、交通、产业等社会经济要素。此外,还可以根据地图的制作方式、比例尺、用途等角度对地图进行分类。

在整理地理图表时,我们需要关注图表的构成要素和表达方式。地理图表主要包括地图、表格、统计图等类型。地图是地理图表中的主要类型,它通过符号、颜色、文字等手段展示了地理事物的分布和特征。表格则通过数字和文字的形式展示了地理事物的数量和变化规律。统计图则是将地理数据以图表的形式展示出来,方便人们理解和分析。

在运用地理图表时,我们需要注重图表的解读和分析。首先,要了解图表所表达的主题和内容,明确图表所要传达的信息。其次,要掌握图表的构成要素和表达方式,理解图表中的符号、颜色、文字等所代表的含义。最后,要根据相应的方法对图表进行分析,挖掘出图表所蕴含的信息和规律。

综上所述,"图"在初中地理教材中具有重要的作用和意义。通过系统地分类、整理和运用地理图表,我们可以更好地理解地理事物的分布、特征和变化规律,从而提高地理学科的学习效果和应用能力。因此,我们应该重视对地理图表的学习和应用,不断提高自己的地理素养和综合能力。

**2.研究"思"即地理思维的"5W"原则的运用**

在地理学科中,"思"同样占据着至关重要的地位。对于"思",我们的研究聚焦于地理思维的"5W"原则的运用。这五个原则,即"What""Why""Where""When""How",是地理思维的核心要素,它们在地理问题的分析和解决中发挥着关键作用。

首先,"What"原则要求我们明确问题所涉及的地理现象或事物。这需要我们具备对地理事物的敏感性和观察力,能够从复杂的地理现象中识别出关键的信息。

其次,"Why"原则引导我们探究地理现象背后的原因。地理事物并非孤立存在,它们之间存在着复杂的因果关系。通过深入挖掘这些因果关系,我们可以更深入地理解地理现象的本质。

再次,"Where"原则涉及到地理空间的分析。地理事物在空间中分布,这种分布往往具有一定的规律性和特征。通过分析这些分布特征,我们可以更好地理解地理事物的空间关系。

然后,"When"原则涉及到地理事物的时间变化。地理事物并非一成不变,它们随着时间的推移会发生变化。通过对时间序列的观察和分析,我们可以更好地理解地理事物的变化规律和趋势。

最后,"How"原则关注解决问题的方法和途径。在地理问题的解决过程中,我们需要运用各种方法和技巧,如数据分析和地图解读等。通过掌握这些方法和技巧,我们可以更有效地解决地理问题。

综上所述,"5W"原则在地理思维中具有重要地位。通过运用这些原则,我们可以更好地理解和分析地理现象,提高我们的地理思维能力。

### 3. 研究"记"即梳理初中地理必须记忆的知识

在地理学科中,"记"同样是一个重要的环节。对于"记",我们的研究聚焦于梳理初中地理必须记忆的知识。这些知识是地理学科的基础,对于学生掌握地理知识、提高地理素养至关重要。

首先,我们需要明确哪些知识是必须记忆的。这些知识主要包括基本的地理概念、地理数据、地理事物名称等。例如,地球的基本参数、各大洲和主要国家的名称及位置、重要的山脉和河流的名称及特点等。

其次,我们需要探讨如何有效地记忆这些知识。记忆的方法有很多种,例如机械记忆、理解记忆、联想记忆等。在地理教学中,我们应该根据不同的知识点和学生的实际情况,引导他们采用不同的记忆方法。此外,我们还可以通过组织知识竞赛、制作思维导图等方式,帮助学生更好地记忆地理知识。

最后,我们需要强调记忆的重要性。记忆是学习的基础,只有掌握了必须记忆的知识,才能更好地理解和运用地理知识。同时,记忆的过程也是锻炼学生思维能力和提高注意力的过程。

综上所述,"记"在地理学科中同样占据着重要地位。通过梳理初中地理必须记忆的知识,并探讨如何有效地记忆这些知识,我们可以帮助学生更好地掌握地理知识,提高他们的地理素养。因此,在地理教学中,我们应该注重培养学生的记忆能力,让他们能够轻松应对各种地理问题。

4.研究"图·思·记"结合即研究"图·思·记"的综合运用对初中生地理学习效率的影响

在地理学科中,"图""思"和"记"是三个相互关联、相互促进的方面。为了更全面地研究地理学习方法,我们需要探讨"图·思·记"的综合运用对初中生地理学习效率的影响。

首先,我们需要明确"图·思·记"结合的意义。在地理学习中,学生需要借助图表来理解和记忆知识,通过思考来分析和解决问题,同时还需要扎实的知识基础。只有将这三个方面结合起来,才能更好地提高学习效率。

其次,我们需要研究"图·思·记"结合的方法。例如,学生可以通过观察图表来记忆知识点,同时借助图表进行思考和分析。此外,还可以通过制作思维导图等方式,将知识点与图表结合起来,形成完整的知识体系。

最后,我们需要评估"图·思·记"结合的效果。可以通过对比实验的方式,将学生分为实验组和对照组,实验组采用"图·思·记"结合的方法学习,对照组采用传统的学习方法。通过测试和评估,我们可以了解"图·思·记"结合对学习效率的影响。

综上所述,在地理教学中,培养学生的"图·思·记"结合能力至关重要。这种综合能力不仅能够帮助学生更好地理解和记忆地理知识,还能提升他们解决地理问题的能力,从而使他们在面对各种地理问题情境时都能游刃有余。

5.研究"图·思·记"结合的具体途径

在地理学科中,为了更有效地提高学生的学习效率,我们需要深入探究"图·思·记"结合的具体途径。以地理思维的"5W"原则为核心,我们旨在深入探究学生阅读各类地理图表及识记初中地理必记知识的方法和技巧,建构起一套高效的地理学习方法与策略,从而帮助学生更好地掌握地理知识,提升他们的地理学习能力。同时,针对这些方法与策略,我们提出相应的教学对策,以指导教师在实际教学中如何有效地运用,从而促进学生的地理学习。

首先,我们需要明确"5W"原则在"图·思·记"结合中的重要性。在地理学习中,学生需要关注五个方面:What(是什么)、Why(为什么)、Where(在哪里)、When(何时)和How(如何)。这五个方面恰好对应了地理思维的"5W"原则。通过运用这五个原则,学生可以更全面地理解地理知识,更好地进行图表阅读和记忆。

其次,我们需要探讨如何运用"5W"原则进行图表阅读。在阅读各类地理图表时,学生应该关注图表所反映的地理事物、数据和现象,思考它们的原因、空间分布、时间变化和相互关系。例如,在阅读气候图时,学生应该分析气候的分布、特点及变化趋势,探究其原因和影响因素。通过这样的图表阅读,学生可以更深入地理解地理知识,有助于提高他们的读图能力。

再次,我们需要探讨如何运用"5W"原则进行记忆。在记忆初中地理必记知识时,学生应该将知识点与"5W"原则相结合,形成系统的知识体系。例如,在记忆国家地理这部分知识时,学生应该按照"5W"原则进行分类记忆。通过这样的记忆方法,学生可以更高效地掌握知识点,有助于提高他们的记忆能力。

最后,我们需要总结"图·思·记"结合的具体途径。通过综合运用图表阅读、思考和记忆的方法及技巧,学生可以形成高效的地理学习方法。在教学中,教师应该注重培养学生的图表阅读能力和记忆能力,同时引导学生运用"5W"原则进行思考和分析。此外,教师还可以通过组织学习小组、开展地理实践活动等方式,帮助学生更好地掌握地理知识,提高他们的地理素养和思维能力。

综上所述,"图·思·记"结合的具体途径是提高初中生地理学习效率的关键。通过运用地理思维的"5W"原则,学生可以更好地理解地理知识、提高读图能力和记忆能力。因此,在地理教学中,我们应该注重培养学生"5W"原则的应用能力,让他们能够更加从容地应对各类地理问题。

## 第三节 "图·思·记"教学研究方法

### 一 研究过程

研究过程主要包括三个阶段,分别是准备阶段、实施阶段和结束阶段。以下是针对这三个阶段的详细描述和时间安排。

1.准备阶段

时间长度:大约需要3个月。

主要任务:

(1)发现问题并确定研究内容;

(2)组建研究团队,明确团队成员的职责和分工;

(3)查阅相关资料,了解研究现状和已有研究成果;

(4)对研究问题进行反复论证,确保研究具有针对性和可行性;

(5)申请立项并获得批准,为研究做好充分准备。

注意事项:在准备阶段,研究团队需要充分了解研究领域的相关知识和背景,以便更好地确定研究方向和目标。同时,要确保研究问题具有实际意义和应用价值,以提高研究的价值和影响力。

2.实施阶段

时间长度:根据研究内容和难度而定,但通常是研究过程中最长的一个阶段。

主要任务:

(1)按照预设目标和研究计划开展实验或调查;

(2)收集、整理和分析数据,确保数据的准确性和可靠性;

(3)对研究结果进行反复验证和比较,确保结果的可靠性和准确性;

(4)对数据进行深入分析和挖掘,提出新的观点和建议;

(5)将研究成果进行整理和归纳,为后续的研究报告和论文撰写提供素材和依据。

注意事项:在实施阶段,研究团队需要严格按照研究计划和目标进行工作,确保数据的准确性和可靠性。同时,要注重对实验或调查过程的监控和管理,确保研究的科学性和客观性。此外,还要注意保护受试者的隐私和权益,遵守伦理规范和法律法规。

### 3. 结束阶段

时间长度:大约需要1个月时间。

主要任务:

(1)对整个研究过程进行全面总结和回顾,梳理研究成果和经验教训;

(2)撰写研究报告和论文,将研究成果进行发表和推广;

(3)整理研究成果和技术报告,为后续的研究提供参考和借鉴;

(4)收集和整理相关资料,为后续的研究做好储备和积累;

(5)申请验收和结题,对整个研究过程进行总结和评价。

注意事项:在结束阶段,研究团队需要认真整理研究成果和资料,确保研究成果的质量和完整性。同时,要注重对整个研究过程的反思和总结,为后续的研究提供经验和借鉴。此外,还要及时申请验收和结题,对整个研究过程进行总结和评价,为今后的研究提供参考和借鉴。

### 4. 研究过程

"'图·思·记':指向核心素养的初中地理教与学"的研究过程,见图1-1。

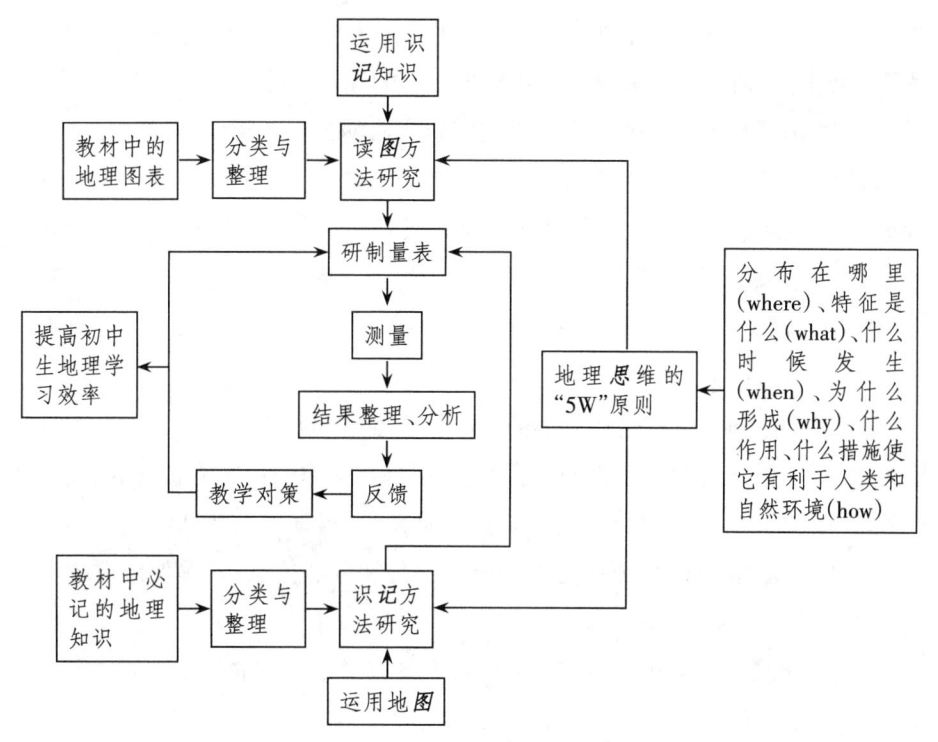

图1-1 "图·思·记":指向核心素养的初中地理教与学的研究过程

## 二、研究方法

1.常用的中小学教育教学研究方法

在中小学的教育教学课题研究中,研究方法的运用显得尤为重要。一个合适的研究方法不仅能确保研究的顺利实施,更能确保研究的科学性和有效性。在这里,我们将重点探讨四种常用的研究方法:文献研究法、调查研究法、行动研究法和经验总结法。

(1)文献研究法。

文献研究法是每个项目研究的重要基石,它贯穿于研究的始终,为研究者提供宝贵的信息和启示。这一方法主要包括提升研究团队的理论素养和借鉴他人最新研究成果两个方面。

首先,提升研究团队的理论素养是文献研究法的核心。在中小学课题研究中,理论素养的积累对于确保研究的科学性和深度至关重要。通过文献研究,研究者可以深入了解相关领域的学术动态、前沿理论和实践经验,从而提升自身的理论素养。这不仅有助于研究者明确研究方向、确定研究问题,还能为后续的数据分析、理论构建和结论提炼提供坚实的理论基础。

其次,借鉴他人最新研究成果是文献研究法的另一个重要方面。在中小学课题研究中,由于教育环境的复杂性和动态性,前人的研究成果往往能为研究者提供宝贵的参考和启示。通过文献研究,研究者可以了解最新的学术动态、最新研究成果和最佳实践案例,从而为自己的研究提供借鉴。这样不仅能避免重复研究,提高研究的效率,还能站在巨人的肩膀上看问题,使自己的研究更具前瞻性和创新性。

然后,文献研究法的运用并非简单的资料堆砌和复制。研究者需具备批判性思维,对文献进行深入分析和综合评价,提炼出对自身研究有价值的观点、理论和方法。同时,文献研究法还需与调查研究法、行动研究法和经验总结法等其他研究方法相结合,形成多元化的研究视角和方法体系,以确保研究的全面性和准确性。

总之,文献研究法在中小学课题研究中具有举足轻重的地位。通过提升研究团队的理论素养和借鉴他人最新研究成果,研究者可以更好地把握研究方向、夯实理论基础,为后续的研究工作提供有力支持。但同时,研究者也需审慎对待文献资料,避免盲目引用和片面理解,确保研究的科学性和有效性。

(2)调查研究法。

调查研究法在中小学课题研究中扮演着至关重要的角色。调查研究法,顾名思义,主要是通过调查来获取研究所需的数据和信息。这种方法的应用范围广泛,既可用于宏观层面的大规模调查,也可用于微观层面的个别案例研究。调查研究法的实施通常包括设计问卷、现场抽样、座谈、访谈和个案调查等多种方式。在中小学课题研究中,调查研究法通常被用于发现和研究问题。例如,在研究开始前,研究者可以通过调查研究了解学生的实际情况,发现问题,然后根据调查结果分析确定研究的目标与内容。这种方法的优点在于其针对性强,能够直接获取研究对象的第一手资料,为后续的研究提供真实可靠的数据支持。

(3)行动研究法。

行动研究法是一种在中小学课题研究中常用的方法。行动研究法强调在教育实践中进行研究,通过实践来检验理论。这种方法通常由教师或研究人员在实际的教育环境中进行,通过观察、记录和分析教育实践中的现象和问题来开展研究。行动研究法的优点在于其灵活性和实用性。它能够及时发现和解决教育实践中出现的问题,同时也能为教育实践提供科学的指导。在中小学课题研究中,行动研究法可用于探究教育实践中的具体问题,例如教学方法的改进、课程设置的优化等。

(4)经验总结法。

经验总结法同样也是中小学课题研究中常用的一种方法。经验总结法主要通过对已有的教育经验进行总结和分析来开展研究。这种方法通常由教师或研究人员在日常的教育实践中积累经验,然后对这些经验进行总结和提炼,形成具有指导意义的教育理论或实践经验。经验总结法的优点在于其直接性和实用性。它能够直接从教育实践中获取经验,为教育实践提供具体的指导。在中小学课题研究中,经验总结法可以用于探究已有的教育实践经验,例如成功的教学案例、有效的班级管理等。

总之,中小学课题研究中常用的四种研究方法各有其特点和适用范围。研究者应根据研究的具体需要选择合适的研究方法,以确保研究的科学性和有效性。同时,我们也应该认识到,任何一种研究方法都不是孤立的,有时需要综合运用多种方法来开展研究。只有这样,我们才能更好地服务于中小学教育实践,推动教育事业的发展。

2."图·思·记":指向核心素养的初中地理教与学主要研究方法

(1)调查研究法。调查与本课题相关的研究现状;调查实验学生地理学习的现状,积累数据;研究调查的数据和结果,并进行反馈。

(2)经验总结法。总结教材中地理图表及必记地理知识的分类与整理;分阶段进行量表研制、测量,结果整理、分析、反馈,并寻找教学对策,再研制量表、测量,结果整理、分析、反馈,总结经验,不断调整教学对策。

# 第四节 "图·思·记"教学研究内容

## 一 图——关于地理图表类型的划分

图:指充分运用地理图表,以教给学生阅读地理图表的方法与技巧为切入点,提高学生地理学习效率。地理图表是地理知识的一种形象、直观、综合的表达,也是地理学科独有的一种语言。它以图像、符号、注记和色彩等形式,贮存和浓缩大量的空间、时间信息;又以人们容易接受的形式传递给大脑,成为联系地理事物与人的认识过程之间的中心环节。地理图表中包藏了众多的知识点,许多地理特点、规律都可通过观察、分析地理图表得出。[1]

比如,湘教版初中地理教材(全四册),几乎每一页都有地理图表。大致可分为5个大类11个小类,具体分类、数量及其所占比例,见表1-1。

表1-1 湘教版初中地理教材图表统计

| 类型 | | 图像数量 | 所占比例 |
| --- | --- | --- | --- |
| 景观图 | 人文景观图 | 233 | 30.38% |
| | 自然景观图 | 100 | 13.04% |
| 分布图 | 自然要素分布图 | 92 | 11.99% |
| | 人文要素分布图 | 63 | 8.21% |
| | 政区分布图 | 45 | 5.87% |
| 示意图 | 原理示意图 | 36 | 4.69% |
| | 过程示意图 | 32 | 4.17% |
| | 主题漫画 | 35 | 4.56% |
| 统计图表 | 统计表 | 53 | 6.91% |

---

[1] 靳海峰.如何培养初中学生的读图能力[J].读写算(教育导刊),2013(5):89.

续表

| 类型 | | 图像数量 | 所占比例 |
|---|---|---|---|
| 统计图表 | 统计图 | 48 | 6.26% |
| | 等值线图 | 30 | 3.91% |
| | 合计 | 767 | 100% |

注:表中所占比例一栏仅保留两位小数。

## 二、思——关于地理思维"5W"原则的解析

思:指引导学生学会从地理的视角思考和解决问题。侧重引导学生从"5W"即"它在哪里(where)、它是什么样子的(what)、它是什么时候发生的(when)、它为什么在那里(why)、它产生了什么作用、怎样使它有利于自然环境和人类(how)"等视角来思考和解决地理问题。通过这种方式,帮助学生形成良好的地理思维习惯。

根据"学生发展核心素养体系"的语义结构,提出地理教学需培育和践行的"学生发展核心地理素养(体系)"的简称应为"核心地理素养"。在梳理核心地理素养内涵、结构的基础上,提出地理思维的概念是基于一定地理学思想与理论,运用知识和技术解释、解决问题的较为稳定的心智过程与行为。地理思维作为心智活动与行为能力的统一体,是可见、可测的,其完整性成为核心地理素养的表征。

2014年3月印发的《教育部关于全面深化课程改革落实立德树人根本任务的意见》中明确提出了"学生发展核心素养体系",指出要明确各学段"学生应具备的适应终身发展和社会发展需要的必备品格和关键能力",并落实到学科教学中,促进学生全面发展、持续发展和个性发展。可见,明确"学生发展核心素养体系"是现阶段教育改革的"关键领域和主要环节"。[1]当前,学生发展核心素养体系研究已成为基础教育界的新热点,其中地理思维是核心地理素养的重要表征。[2]

---

[1] 孙德勤.地理思维:核心地理素养的重要表征[J].中学地理教学参考,2017(11):20.
[2] 徐志梅,袁孝亭.地理空间知觉能力及其教学[J].地理教学,2013(4):12.

## 三 记——关于地理必记知识的梳理

记:指对核心、重点的地理知识进行记忆。侧重引导学生记忆初中地理的关键内容,以及地理学五个核心概念——位置和分布、地方、人与环境的关系、空间的相互作用、区域相关的知识。这是进一步学习的基础,也是培养学生勤读图、多思考的重要条件。以厦门市为例,初中地理必记知识点汇总,见表1-2。

表1-2 初中地理必记知识一览表

| 领域 | 内容 |
| --- | --- |
| 地球与地图 | 1.认识地球仪的基本要素:地轴、赤道、两极。 |
| | 2.认识地球的平均半径、赤道周长、表面积数据。 |
| | 3.记住地球自转、公转运动的方向和周期。 |
| | 4.记住重要的地理经纬线及其数值。 |
| | 5.记住地球五带(热量带)的名称、界线和范围。 |
| | 6.记住纬度带(高、中、低纬度)的界线和范围。 |
| | 7.记住地形部位的名称:山顶(山峰)、山脊、山谷、鞍部、陡崖。 |
| | 8.记住主要地形类型的名称:平原、高原、山地、丘陵、盆地。 |
| 世界地理 | 1.记住七大洲、四大洋的名称。 |
| | 2.在地图上认识世界著名山系及火山、地震带。 |
| | 3.认识常见天气符号。 |
| | 4.记住气温垂直递减率(每上升100 m气温约降低0.6 ℃)。 |
| | 5.记住世界三大人种的名称。 |
| | 6.记住世界三大宗教名称。 |
| | 7.记住南、北极地区自然环境的特殊性:气候特征、极昼极夜、极光、特有生物;北极地区以海洋为主,南极地区以陆地为主。 |
| 中国地理 | 1.记住我国的领土面积(陆地总面积约960万平方千米,领海范围12海里,管辖的海域面积约300万平方千米)。 |
| | 2.记住我国34个省级行政区域单位的名称、简称和行政中心。 |

续表

| 领域 | 内容 |
|---|---|
| 中国地理 | 3.记住我国主要河流的名称:长江、黄河、淮河、黑龙江、珠江、雅鲁藏布江、塔里木河等。 |
| | 4.记住主要交通运输方式的名称、特点。 |
| | 5.记住我国北方地区与南方地区分界线:秦岭—淮河一线。 |
| | 6.记住我国四大地理单元的名称。 |
| 厦门地理 | 1.记住厦门市区级行政区名称:思明区、湖里区、集美区、海沧区、同安区、翔安区。 |
| | 2.记住厦门市主要对外交通干线:鹰厦铁路、福厦高速铁路、厦深铁路、福厦高速公路、厦金(海上)航线。 |

## 四 核心素养下初中地理"图·思·记"教学的界定

　　核心素养是课程育人价值的集中体现,是学生通过课程学习逐步形成的正确价值观、必备品格和关键能力。广义指中国学生发展核心素养,以培养"全面发展的人"为核心,分为文化基础、自主发展、社会参与三个方面,综合表现为人文底蕴、科学精神、学会学习、健康生活、责任担当、实践创新等六大素养,具体细化为国家认同等十八个基本要点。各素养之间相互联系、互相补充、相互促进,在不同情境中整体发挥作用。为方便实践应用,将六大素养进一步细化为十八个基本要点,并对其主要表现进行了描述。根据这一总体框架,可针对学生年龄特点进一步提出各学段学生的具体表现要求。狭义指地理学科核心素养,即地理课程要培育的核心素养,主要包括人地协调观、综合思维、区域认知和地理实践力等,是中国学生发展核心素养在地理课程中的具体化,体现了地理课程对培育有理想、有本领、有担当少年的独特价值。地理课程要培育的核心素养是一个相互联系的有机整体,人地协调观是地理课程内容蕴含的最为核心的价值观,综合思维和区域认知是学生建立人地协调观所需要的重要思维方式和能力,地理实践力则是学生秉持人地协调观、运用综合思维和区域认知方法,在分析和解决地理实践中遇到的问题时所具备的行动力和意志品质。[①]

图·思·记:指"图""思""记"的结合。"图·思·记"教学,是以"图"为载体、"思"为核心、"记"为辅助的一种教学方法,具体教学过程如图1-2所示。

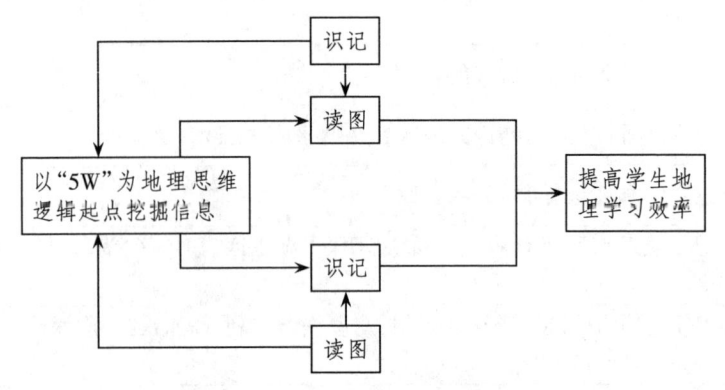

图1-2 "图·思·记"教学过程示意

---

[①] 义务教育地理课程标准修订组.守正出新,推进地理课程改革——义务教育地理课程标准(2022年版)解读[J].基础教育课程,2022(9):49.

## 第二章

# "图·思·记"初中地理教学的育人价值

通过文献研究,我们发现当前国内针对初中生地理学习的研究多聚焦于阅读地理图表的指导、地理知识识记方法的探讨,或仅局限于地理思维能力的培养。尽管这些研究已取得了一定的成果,但综合"图""思""记"三方面进行系统性探讨的尝试仍然较少。为填补这一研究空白,我们开展了相关研究。希望通过教给学生地理思维的"5W"原则,培养他们良好的地理思维习惯。

## 第一节 "图·思·记"可激发学生的地理思维

学科思维能力的发展,是地理课程目标中技能和能力目标的核心目标。[①]这种思维能力不仅有助于学生更好地记忆及理解地理知识,提高地理学习效率,还能促使他们对地理知识的综合运用,解决实际的地理问题。

(1)理论价值。将"图·思·记"结合起来进行综合研究,涉及学习方法等多项基本理论问题,具有一定的理论价值。本课题的研究可为学生建构高效的地理学习方法、策略提供理论指导,还能为地理教师改进教学方法、策略等提供有力支持。

(2)实践意义。通过教给学生地理思维的"5W"原则,我们致力于帮助学生养成良好的地理思维习惯,指导他们高效地阅读解析地理图表,以促进其对地理知识的有效记忆与理解,从而提升地理学习效率,引导学生灵活应用地理知识解决实际问题。同时,我们也期望这一方法能够促进地理教师教学创新与专业成长,进而提升学校地理教育整体质量。

爱因斯坦曾经说过:"教育就是当一个人把在学校所学全部忘光之后剩下的东西。"这"剩下的东西"正是我们所说的素养。素养是一个复杂的系统,涵盖了知识、技能、态度和价值观等多个方面。然而,尽管素养的重要性被广泛认可,我们却鲜有从整体性和包容性的角度去深入探讨其核心所在。

帕斯卡尔曾断言,人类只是会思维的芦苇,因为懂得思考,才成了万物之灵。这一观点深刻揭示了思维在学习活动中的核心地位。从学习活动的角度来看,思维贯穿于学习活动的始终,是学习能力的核心。那么,地理思维是否就是人脑对地理现象的概括和间接反映呢?尽管这一过程可能会形成地理理论或地理思想,但它们并不等同于地理思维。因为站在心理学的立场上,思维的分类是基于性质的不同,而思维的内容并不能为其贴上标签。

---

[①] 邵志豪,袁孝亭.注重学科思维训练的地理教学研究[J].东北师大学报(哲学社会科学版),2011(3):262.

钱学森认为,思维科学仅仅研究人脑的信息加工与处理的规律。他将人脑的逻辑思维、形象思维与创造性思维作为主要研究对象。这一观点为我们提供了一个全新的视角来看待存在于地理教学中的思维活动与形式。事实上,存在于地理教学中的思维活动与形式与存在于其他学科领域的思维活动与形式在本质上并无差异。因此,我们应该更加关注如何培养学生的思维能力,使他们能够更好地理解和应对复杂的地理现象。

地理思维的培育和形成是一个长期的过程,需要依赖于体验性学习活动、反思性实践,通过体验和抽象概括而内化为学习者的内在品质。它不仅关注"双基"(基础知识和基础技能)的掌握,更注重问题解决式学习活动的层面。

在地理课程中,如果仅局限于知识技能、学科思想观念的识记与理解,地理课程就难以成为"走向人的课程"。为了推动人的全面发展,地理课程必须与人的地理思维的发展以及渗透其中的态度生成与价值取向相联系。

杜威的观点提醒我们,仅仅学过地理并不意味着就能有效地开展地理教学。作为地理教学的起点和目标,地理思维是学生需要学习并践行的,同时也是教师需要践行并彰显的。地理思维是一种外显的行为,但基于内在的理解与技术运用。它的内核来自地理学科的思想与理论精华,并调用不局限于地理学科的知识、技术和方法。

因此,地理思维反映了一个学习了地理的人对地理的认识、理解与认同程度,也反映了地理学对他的影响。同时,它具有跨学科性,并指向知行合一的哲学要求。这凸显出地理教学过程中言传与身教具有同等的重要性。

为了培养学生的地理思维,教师需要从自身的言行做起,不仅注重知识的传授,更要关注学生的实际体验和实践。只有这样,才能真正实现地理教学的目的,帮助学生建立正确的人地关系,培养他们的全球意识和可持续发展观念。

地理思维在地理教学及其研究中是一个非常重要的概念,其含义多样,有时指向地理学思想与观念,有时指向地理教学过程中的思维方法。通过对地理思维进行界定,有助于推动地理素养研究的深入,并使地理教学的目标更加清晰。

地理思维是一个复杂的概念,它涉及到多个方面,如学科精髓的分析、知识技术的运用、问题的解决等。为了更好地培养学习者的地理思维,我们需要深入理解其内涵和外延,并注重在实践中进行培养和提升。同时,我们还需要不断探索和完善地理思维的理论体系和实践方法,以更好地服务教育教学的需要。地理思维是地理学科的重要组成部分,对学生地理素养的培养和提升具有重要意义。在地理教学中,教师需要注重学生地理思维的培养,通过多种手段和方法促进学生地理思维的全面发展。同时,教师还需要不断反思和改进教学方法,以适应学生发展的需要。

## 一 地理思维与地理学思想

地理思维是以一定的地理学思想与理论为基础,运用专业知识和技术来解释现象、解决问题的一种较为稳定的心智过程与行为表现。它是地理学思想在实践中的具体体现,也是地理实践经验在认知中的提炼。地理思维与地理素养密切相关,它是地理素养的一种凝结或升华,将地理素养高度抽象为一种心智活动,并外显为一定的行为能力。

地理思维与地理思想的关系是动态的。地理学思想一部分来自对地理实践经验的总结,一部分来自对地理理论的演绎或归纳,还有一部分来自天才般的灵感与顿悟。地理学思想是地理思维过程的指导思想,也有可能是地理思维过程的结晶,但它并不是地理思维本身。地理思维是在地理学思想的指导下形成的。

地理学思想与理论承载了人地协调观、综合思维和区域认知思想。例如,可持续发展思想主要指向人地协调观,强调人与自然的和谐共生;地理环境的整体性、区位理论主要指向综合思维[1],要求我们从全局出发,综合考虑各种因素;尺度思想、地图理论等则主要指向与区域认知相关的空间—区域思想,引导我们认识和理解地域差异。

这些地理学理论和思想并非孤立存在,而是相互融合、相互影响的。它们与人地协调观、综合思维、空间—区域思想之间存在密切联系,共同构成了地理学科的核心素养。只有理解并运用好这些理论和思想,我们才能真正掌握地理学的精髓,提升自己的地理思维能力。

---

[1] 孙德勤.地理思维的培养与提升策略[J].教学月刊·中学版(教学参考),2019(Z1):3.

## 二、地理思维与地理素养

地理思维与地理素养的关系也是密切的。地理思维作为实践理性和认知智慧的统一体,它是学习者超越学科知识与技术的制约,并将其融入自身智力背景的重要方式。通过地理思维的培养,学习者能够不断完善自己的思维方式,提升自身解决问题的能力,进而形成具有整体性和包容性的核心素养。

培养地理思维是落实地理学科核心素养的有效途径之一。这一过程不仅是知识的运用,更是思维的升华。只有具备了地理思维,我们才能更好地理解地理现象、把握地理规律、解决地理问题。

作为地理学科核心素养的重要表征,地理思维的培养是教育工作者的重要任务。我们要以地理学核心思想、理论的理解与运用为引领,以文本逻辑的推理与提升为切入点,以问题空间的设置与引渡为路径,有效培养和提升学生的地理思维。只有这样,我们才能真正落实地理学科核心素养,为学生的全面发展奠定坚实基础。

## 三、地理思维的多重属性

地理思维的世界观和方法论属性,使我们能够站在一个更高的维度,去审视和理解这个世界。它教导我们要以一种全局的、联系的视角看待问题,而不是孤立、片面地看待事物。地理思维中的哲学思考,教会我们如何去把握事物的本质,如何在复杂的现象中寻找规律,如何在变化的世界中寻找不变的真理。

同时,地理思维还具有心理学属性。它要求我们不仅要理解地理事物的本质,更要求我们深入探究人们对于地理环境的感知和认知。通过运用心理地图、地理过程等形象化思维的方式,我们能够更好地理解人们的心理活动和行为模式,从而更好地把握人们的地理需求和行为动机。

此外,地理思维还具有逻辑学属性。它要求我们在分析问题、解决问题时,要遵循严密的逻辑推理,从已知的前提推导出结论。这种推理过程不仅要求我们具备扎实的基础知识,更要求我们具备严密的逻辑思维能力。只有这样,我们才能准确地分析问题、解决问题,得出正确的结论。

地理思维的多重属性,使得它在地理教学中具有极其重要的地位。只有通过培养和提升学生的地理思维,才能真正实现地理学科核心素养的落实。因此,教师在教学中,应注重引导学生理解地理学的核心思想、理论,通过文本逻辑的推理与提升,培养学生的地理思维。只有这样,我们才能真正培养出具备地理核心素养的学生,为他们的未来发展奠定坚实的基础。

### 四、初中生地理表象的匮乏与地理空间形象思维障碍

地理思维贯穿于初中地理教学过程的始终,衡量初中地理课堂教学有效性的一个重要标志就是让学生拥有较完整的思维过程。[1]学生从"要教"到"不用教"的过程,就是地理思维能力成熟的过程。[2]地理课堂教学是培养学生地理思维能力的主要渠道,但在实际教学中仍存在一些亟待解决的问题,如有的老师不重视学生地理思维的培养,有时甚至会"压缩"、忽略或阻碍学生地理思维发展过程。这往往会导致学生学习地理时重结论记忆轻过程分析,重教师讲授轻自主思考,而教师缺乏对学生思维过程的培养和训练。

学生地理学习中所遇到的思维过程缺失、中断、错位、偏离等问题和现象,被称为学生地理思维中的障碍。为了解决这些问题,可以从学生地理思维过程的表现方面进行教学诊断分析。

初中生地理表象的匮乏与地理空间形象思维障碍主要表现在以下几个方面。

(1)缺乏地理概念的准确理解:初中生可能对地理概念的含义理解不够深入,容易产生模糊的概念认知,导致对地理现象的表象认识不足。

(2)缺乏地理实践经验:由于缺乏实地考察和观察的机会,初中生对地理空间的实际情况了解不多,通常只能通过教材和课堂讲解来获取知识,难以形成对地理空间的具体印象。

(3)学习方法单一:部分初中生可能只注重背诵地理知识点,缺乏对地理知识的整体认识和思维拓展,这导致他们对地理空间形象的把握能力相对较弱。

(4)地理图谱的阅读理解能力不足:初中生可能在阅读和理解地理图谱方面的能力相对较弱,这使得他们难以从地图上准确获取地理信息和空间关系,

---

[1] 张素娟.初中生地理思维过程及思维障碍的诊断[J].中学地理教学参考,2014(Z1):14.
[2] 叶岱夫.地理思维中的一元论范例实践教学方法[J].地理教育,2008(3):31.

进而影响其地理空间形象的形成和思维能力的发展。

为克服这些障碍,建议初中生在学习地理时,可以多参与实地考察和观察,积极培养对地理空间的感知能力;同时,要注重准确理解地理概念,通过多种学习方式加深对地理知识的整体认识;此外,提高阅读和理解地理图谱的能力也是重要的一步。

### 五、初中生地理学习过程中抽象思维过程缺失与学习障碍

初中生在学习地理时,不仅要注重知识的积累,更要注重思维的培养。在学习的过程中,学生需要积极积累地理表象,形成地理概念,并归纳地理特征。同时,理解地理规律、说明因素联系、分析地理成因、判断地理现象以及研究地理问题都至关重要。地理学习的核心在于地理思维的培养,这需要注重概念原理的实践与运用。

如果教师在教学中只教给学生思维的结果,即直接给出概念、原理和规律,而不深入剖析思维过程,那么学生的地理思维过程发展将受到限制,甚至可能导致思维中断和错位等障碍。[1]具体来说,初中生地理学习过程中抽象思维过程缺失与学习障碍,可能在四个方面遇到困难。

(1)对地理概念的抽象理解困难:初中生可能难以理解和运用一些抽象的地理概念,如地壳构造、板块运动等,缺乏对抽象概念的深入理解和运用能力。

(2)难以把握地理过程与关系:初中生可能难以理解地理过程中的因果关系、相互作用关系等抽象的地理关系,导致对地理现象的整体认识和理解能力较弱。

(3)缺乏思维拓展和创新能力:由于抽象思维能力不足,初中生可能较难进行思维的拓展和创新,仅停留在表面的记忆和重复运用,难以形成独立思考和解决问题的能力。

(4)空间想象能力不足:地理学科涉及到地理空间的理解和分析,初中生可能难以准确想象和理解地理空间的特征和关系,导致对地理现象的整体把握能力较弱。

---

[1] 张素娟.初中生地理思维过程及思维障碍的诊断[J].中学地理教学参考,2014(Z1):15.

## 六 "图·思·记"可激发学生的地理思维

初中时期,正值孩子们从具体形象思维向抽象思维过渡的关键期。这个阶段,教师肩负着培养学生思维能力的重大责任。1991年,美国大学联合会明确提出,对未来的教师进行预备教学时,核心任务应该是将未来的教师塑造成为能运用策略、掌握更高层次思维技能的专家。初中地理教师面临着一项长期而艰巨的任务,那就是关注初中生的地理思维过程以及存在的思维障碍,防止地理教学走向"低幼化"和"去学科化"的误区。[①]为克服这些障碍,建议初中生在地理学习的过程中,可以通过多种方式培养抽象思维能力,如通过实例和比喻等方式帮助理解抽象概念;同时,可以进行问题解决和实践探究,培养思维拓展和创新能力;此外,可以通过地理实地考察和观察,培养空间想象能力。

初中地理课堂通常富有活力、充满乐趣,能够激发学生对地理学科的兴趣。与此同时,教学内容相对简单,但正是这种简单背后所蕴含的深层意义,促使我们更加关注培养学生的地理思维。以"塔里木盆地"这一课为例,我们可以深入探讨如何将"图·思·记"结合,进一步激发学生的地理思维。

**【案例】"图·思·记"结合激发学生地理思维**

首先,"图"是地理学习的基础。在"塔里木盆地"的教学中,通过展示地图,学生可以直观地了解塔里木盆地的地理位置、范围以及周边的地理环境。这种视觉上的冲击能够帮助学生形成较为深刻的印象,从而为进一步的理解和记忆打下基础。

其次,"思"是地理学习的核心。在观察地图的基础上,教师应引导学生进行思考,探究塔里木盆地的形成原因、气候特点,以及它与周边地理环境的关系。这种思考过程能够帮助学生理解地理现象背后的原因和规律,从而培养他们的地理思维能力。

最后,"记"是地理学习的重要环节。通过"图"与"思"的结合,学生对塔里木盆地有了较为深入的理解。在此基础上,记忆相关知识便水到渠成。这种有理解的记忆能够帮助学生更好地掌握知识,同时也能够提高他们的学习效率。

综上所述,"图·思·记"结合的教学方法在"塔里木盆地"这一课中得到了充分体现。这种方法不仅能够激发学生的学习兴趣,提高他们的学习效率,更有

---

① 张素娟.初中生地理思维过程及思维障碍的诊断[J].中学地理教学参考,2014(Z1):17.

助于培养学生的地理思维能力。这样的教学方式，不仅能够帮助学生获取知识、应对考试，还能培养他们的地理思维，让他们真正领略地理学的魅力和价值。在初中地理教学中，教师应该更加注重这种教学方法的应用，以期达到更好的教学效果。

在浩瀚的地理世界中，地理思维犹如一盏明灯，照亮我们探索的道路。它是分析、处理和解决地理问题的根本方法，是人们对地理规律的理性认识，是反映地理事物本质的模式和思想方法。地理思维，就如同一条线，贯穿于我们的地理知识体系中，使我们的认识得以系统化、结构化。

在地理教学中，教师不仅要传授知识，更要注重学生地理观点的培养与渗透。地理观点是人们对地理学的根本看法，是对地理规律的理性认识。只有把握了地理学的核心观点，我们才能从整体上认识地理学，深入理解地理知识。在地理教学过程中，教师应承担起引领学生深入理解地理学科核心思想与理论的重任。通过逻辑推理与思维能力的提升训练，致力于有效培养学生的地理思维能力，激发他们对地理学的深入理解和探索兴趣。

地理思维，作为地理学科的核心精髓，不仅承载着对地理现象、规律的深刻理解，更是一种对世界的独特认知和思考方式。它如同一座灯塔，指引着我们探索地理世界的方向，让我们在纷繁复杂的自然现象中，找到内在的逻辑和规律。

## 第二节 "图·思·记"可促进学生的地理记忆

记忆是重要的思维活动形式之一,也是学生智力的重要组成部分。良好的记忆是地理教学开展的基础。为了不断提高学生学习的积极性、主动性,教师要想方设法把地理知识与生活联系起来,使地理知识尽量能够系统化,教会学生尝试意义记忆。[①]中学生尤其是低年级学生意义记忆能力稍弱,主要以机械记忆为主,这样的学习方式负担较大,也会妨碍学生地理学习的兴趣和热情。

### 一、中学地理记忆的特点

记忆,作为人类思维活动的重要形式之一,对于学生的学习和智力发展有着不可忽视的影响。尤其是地理这门学科,其知识点繁多、信息量大,对学生的记忆能力提出了更高的要求。在中学地理教学中,教师需要关注学生记忆特点,引导学生采用有效的记忆方法,提高学习效果。

中学地理的记忆特点主要表现在以下几个方面。

1.大量的地理名词和术语需要学生记忆

这些术语包括地理概念、地理现象、地理要素等,均是地理学科的基础知识。学生需要通过反复的记忆和理解,将这些知识内化为自己知识体系的一部分。

2.复杂的地理知识体系

中学地理知识体系庞大而复杂,各知识点之间相互联系、相互影响。学生

---

① 李宗录.从信息传递的角度看地理思维能力的培养[J].中学地理教学参考,1997(3):36.

需要从整体上把握知识结构,理解各知识点之间的内在联系,以便更好地记忆和应用。

### 3.图表和地图在中学地理中占有重要地位

学生需要掌握图表和地图的解读方法,能够从图表和地图中获取有效信息,从而加深对地理知识的理解和记忆。

### 4.空间关系和地理位置的记忆

中学地理中涉及到地理空间的位置和相对位置关系,例如国家、城市、山脉、河流等的位置。学生需要记忆地理位置和空间关系,以便更好地理解地理现象和地理过程。

### 5.大量地理事实和案例需要记忆

中学地理中常常涉及到地理事实和案例,例如自然灾害、人口分布、经济发展等。学生需要记忆相关的地理事实和案例,以便理解和分析地理问题。

### 6.具有空间性

地理学习需要借助地图,地理学习效果与地图的运用密切相关,记忆地理知识也与地图密切联系,应该多阅读地图、研究地图、记忆地图。由于地理学科与地图联系十分紧密,因此,应充分应用好地图等教具[1],在地图中记忆,在空间中记忆,借助一些教具解释地理相关现象。

### 7.具有针对性

中学地理可以分为区域地理、自然地理、人文地理三大领域,各领域内部又包含多个章节。由于各章节的呈现方式也不同,因此需要按照其特点有针对性地记忆。

---

[1] 段宜洛,郭志永,翟秋敏.中学地理学习中的记忆方法刍议[J].中学地理教学参考,2016(14):23.

**8.记忆需要加工整理**

地理学科的知识点较其他学科的知识点更为繁杂,许多知识需要经过一定的加工、整理后,运用恰当的方法进行记忆,因此,加工整理的过程十分重要,这是良好记忆的前提和保障。

## 二 提高学生地理记忆能力的措施

为了提高学生的地理记忆能力,教师可以采取以下措施。

首先,教师可以通过归纳总结的方法,将知识点进行整理和分类,帮助学生理清知识结构,提高记忆效率。

其次,教师可以引导学生制作思维导图,将知识点以图形的形式呈现出来,帮助学生建立知识之间的联系,加深记忆。此外,教师还可以教授学生一些记忆技巧,如联想记忆、重复记忆、分段记忆等,帮助学生更好地记忆地理知识。

总之,记忆是中学地理学习的重要环节之一。教师需要关注学生的记忆特点,采用多种教学方法和技巧,帮助学生更好地记忆地理知识。同时,学生也需要积极主动地采用适合自己的记忆方法,不断巩固复习,提高自己的记忆能力。只有这样,才能更好地掌握中学地理知识,提升学习效果。

## 三 中学地理学习中的记忆方法

对许多学生来说,中学地理学习是一项挑战,但并非难以克服。在面对繁杂的地理知识时,掌握一些有效的记忆方法是非常必要的。

**1.中学地理学习中有效的记忆方法**

(1)要充分利用地图这一学习工具。

地图是地理学的灵魂,通过反复查看地图,可以将地理知识印刻在脑海中。在记忆地名、地理位置和地形特征时,不妨尝试将地图形象化,想象自己正漫步于这些地方。这种方式被称为"地图记忆法",通过这种方法,可以让记忆变得更加生动有趣。

(2)分类归纳是一种有效的记忆方法。

将地理知识按照不同的主题进行分类,例如气候、地貌、生物等,这样可以帮助学生更好地理解和记忆各个主题下的知识点。同时,对于每个主题下的知识点,可以进一步归纳和总结,形成知识网络,方便记忆和查找。

(3)比较和对比是一种实用的记忆技巧。

在学习地理时,我们会遇到许多相似但又有差异的概念和地名。把这些概念和地名放到一起进行比较和对比,可以帮助我们更好地理解和记忆它们之间的区别和特点。

(4)实践应用是提高地理学习效果的一种方法。

通过参与地理实践活动,例如野外考察、地理实验等,可以帮助学生更好地理解地理知识在实际中的应用,同时还可以增强学生的学习兴趣和动力。

总之,中学地理学习的记忆方法多种多样,学生可以根据自己的实际情况选择适合自己的方法。通过不断地实践和尝试,相信每个学生都能够克服地理学习的困难,取得优异的成绩。

## 2. 中学地理学习中几种具体的记忆方法

(1)制作地理地图。

制作地理地图可以帮助学生更好地理解地理知识,记忆地理要点。可以使用彩色纸张或软件来制作地图,并在地图上标注地理要点、地理特征、人口分布等信息。这样做可以帮助学生将地理知识以视觉化的方式记忆,并且可以通过反复练习来加深记忆。

(2)制作地理卡片。

将地理知识点记录在卡片上,一边写具体的知识点,另一边则注明解释或关键词。可以将卡片分成不同的主题,如地形、气候、人口等,然后通过反复翻阅和背诵这些卡片,能够有效加深对地理知识的记忆与理解。

(3)制作地理故事。

将地理知识串联成一个故事,可以帮助学生更好地理解和记忆相关的地理知识。通过将地理要点编织成一个连贯的故事,可以帮助学生在记忆过程中建立联系和逻辑结构,提高记忆效果。

(4)制作地理歌曲或口诀。

通过将地理知识编成歌曲或口诀,可以帮助学生更轻松地记忆地理要点。

音乐和韵律可以帮助学生更好地记忆和理解知识,提升学习效果。

(5)制作地理复习笔记。

在学习过程中,可以将重要的地理知识点整理成笔记。通过整理和总结地理知识,可以帮助学生理清思路,加深对知识点的记忆。利用不同颜色、图表、关键词等方式来突出重点,可以进一步提高记忆效果。

(6)制作地理谜题或游戏。

通过将地理知识转化为谜题或游戏,学生可以在解谜或参与游戏的过程中记忆地理知识。这样不仅增加了学习的趣味性和互动性,还有效提高了学生对地理知识的记忆和理解能力。

以上是中学地理学习中的一些记忆方法,每个人的学习方式和喜好各不相同,可以根据个人情况选择适合自己的记忆方法。同时,反复练习和巩固学习是提高记忆效率的关键,要多进行地理知识的复习和应用,才能更好地牢固记忆和掌握这些地理知识。

### 3.中学地理学习中常见的记忆方法

美国卡内基梅隆大学的研究发现,人类知识的80%主要来源于视觉信息。心理学也早已证实,在相同的复习次数和其他条件相同的情况下,相比文字材料,直观和形象的材料更容易被记住。因此,在中学地理教学过程中,教师应当充分利用各种直观工具,如地图、示意图、照片、录像、电影、电视和电脑等,善于将抽象材料转化为形象化的形式,通过调动多种感官刺激大脑,从而提高记忆效果。①

(1)联想记忆法。

通过将知识点与有趣的事物或情境相联系,以帮助记忆。例如,将新疆的地形与"三山夹两盆"的比喻相联系,将东北的地形特点与"山环水绕、平原居中"的描述相联系。这种方法可以帮助我们更轻松地记住这些地理特征。通过将知识点与有趣的故事相联系,有效增强记忆,让学习变得更加轻松愉快。例如,在记忆直布罗陀海峡的洋流流向时,可以通过一个与二战相关的故事来加深印象。在二战期间,德国潜水艇巧妙地利用洋流成功躲避敌军雷达的监测,从地中海进入大西洋,然后再原路返回地中海。借助这个故事,我们能够更轻

---

① 刘静波.高中地理图像记忆研究[J].中学地理教学参考,2000(Z2):34.

松地记住直布罗陀海峡的洋流方向。

(2)口诀记忆法。

将知识点总结成简短的口诀或歌曲,以便更容易记忆。例如,对于中国各省(区、市)的轮廓形状,可以编成有趣的口诀或歌曲,以帮助我们轻松记住它们的形状。将地理知识编成歌诀或顺口溜,不仅使学习过程变得有趣而简单,容易被学生接受还能有效帮助学生加深记忆。例如,在学习中国34个省级行政单位的名称和位置时,可以借助这样的歌诀来进行记忆,"两湖两广两河山,五江(疆)云贵福吉安,四西二宁青甘陕,内重台海北上大,还有港澳好河山"。这种方法能够让学生在轻松愉快的氛围中掌握地理知识,显著提升记忆效果。

(3)图表记忆法。

一方面,可以通过绘图描图来记忆地理知识。如简单的示意图或流程图,将知识点中的关键要素和过程进行直观地呈现。例如,在学习河流地貌的形成时,可以绘制一个简单的示意图来展示河流的侵蚀、搬运和沉积过程,这有助于更直观地理解和记忆这些地理现象。在学习世界地理时,可以让学生临摹世界地图,通过亲手绘制,学生能够更加深入地了解各国家和地区的地理位置、地形地貌等特点。在学习中国行政区划时,可以将各个省份地图按照一定的规律和顺序进行分解,然后将其进行拼接组合,最终形成一个完整的中国行政区划图。

另一方面,可以将知识点总结成表格,以便比较和记忆。例如,将中国的各个省份按照地理位置、人口、经济状况等进行分类和比较,可以更全面地了解它们的特征。也可以将南岭、秦岭—淮河等重要的地理分界线绘制成图表,标注相关地理信息,以便更好地记忆和理解。这种方法不仅能够帮助我们更直观地理解地理知识,还能有效提升记忆效果。

(4)思维导图法。

可以通过构建思维导图来帮助记忆和理解地理知识。例如,以长江为主体,画出其干流、支流、湖泊等相关信息,并标注它们的地理特征。再如,为了更好地理解和记忆一个国家或地区的地理知识,可以围绕地理位置、地形、气候、人口、经济等主题,画出相关的思维导图。也可以将地理知识点与其他相关知识点进行关联,构建知识关系图来帮助记忆和理解地理知识。例如,可以将河流的上游、中游和下游与相对应的地形、气候、植被等知识点进行关联,以便更深入地理解河流的形成和演变过程。这样不仅能够增强对各个独立知识点的理解,还能建立起知识点之间的逻辑联系,使得学习更加系统化和有效。

(5)实践应用法。

通过实际应用地理知识来加深记忆和理解。例如,在旅游时,可以运用所学的地理知识来规划行程、了解目的地的情况,并在旅行过程中观察和体验地理现象,从而更好地理解和记忆相关的知识点。又如,在学习地质构造和地貌时,可以带领学生实地考察地质构造、地貌形态等,通过实地观察、测量、采样等实践活动,让学生亲身体验地质构造和地貌的形成过程和特点,从而更深入地理解和记忆相关的知识点。

(6)动态演示法。

利用多媒体技术、模型等手段,动态演示地理现象和过程,以便学生更好地理解和记忆。例如,在学习地球自转、公转、大气环流等内容时,可以通过制作多媒体教学软件或使用教学模型进行动态演示,让学生更加直观地了解地球运动和大气环流的过程和特点,从而更好地理解和记忆相关的知识点。

## 四 心理学中的记忆方法

### 1.分类记忆法

分类记忆法是将知识点进行分类整理,然后逐个进行记忆的方法。例如,在学习地理时,可以先将知识点分为自然地理和人文地理两大类,然后再分别对自然地理和人文地理进行更细的分类。通过分类记忆法,学生可以更好地组织知识点,提高记忆的效率。

### 2.重点记忆法

重点记忆法是将关键的知识点进行重点加强记忆的方法。对于一些容易混淆或容易被忽略的知识点,学生应该重点记忆。例如,在与中国相邻的国家中,中亚几个的国家的名字较为相似,容易混淆,学生应该重点记忆;对于隔海相望的6个邻国中,文莱最容易被忽视,也应该重点记忆。采用重点记忆法,学生可以更好地掌握关键的地理知识,提高记忆的准确性和效率。

### 3.感官协同记忆法

多种感官协同运作,以提高记忆效果。在记忆地理知识时,可以利用多种感官进行协同记忆。比如,拼图游戏就是一种很好的感官协同记忆方法,通过眼睛观察、手部操作和口述描述等多种方式来加深记忆。同时,耳、口、手、眼并用,学生可以尝试练习感官协同,培养良好的学习习惯,从而加深对知识的记忆程度,提高记忆效率。

学习地理确实需要应用好心理学中的记忆规律,以提高学习效率和记忆效果。[1]以下是几个建议,旨在帮助教师更有效地培养学生运用所学知识的能力,并增强他们的地理记忆效果。

①合理分配时间:教师需要指导学生合理分配学习时间,将地理学习分散在不同的时间段进行,以降低记忆的疲劳和遗忘率。

②及时复习:巩固记忆的重要方法。教师可以在课堂结束前留出一些时间,让学生及时复习所学内容,并在课后安排适当的作业,帮助学生巩固记忆。

③多样化的教学方式:教师可以通过运用丰富的教学工具,如图片、图表、视频等多媒体资源,以及组织形式多样的课堂活动,如小组讨论、实地考察等,以激发学生的学习兴趣和积极性,提高记忆效果。

④实践应用:教师可以将所学的地理知识与学生的日常生活联系起来,例如通过解释天气变化、环境保护等问题,让学生在实际应用中加深理解和记忆。这样不仅能让学习更加生动有趣,还能提高学生的参与度和学习效果。

⑤个性化教学:由于学生的个体差异较大,教师需要根据学生的特点和学习需求,选择适合他们的记忆方法,并给予个性化的指导和帮助。

⑥鼓励学生自主探索:教师可以通过引导学生进行自主学习、探究和实践,培养他们的地理思维和解决问题的能力,从而加深对地理知识的理解和记忆。

总之,地理学习需要灵活运用各种记忆方法和学习策略,并结合心理学中的记忆规律,以提升学习效果和激发学习兴趣。教师应该在日常教学中注重培养学生的地理素养和综合能力,激发他们对地理学科的兴趣,让他们更加喜欢地理并能够学以致用。

---

[1] 段宜洛,郭志永,翟秋敏.中学地理学习中的记忆方法刍议[J].中学地理教学参考,2016(14):23.

## 五 "图·思·记"可促进学生的地理记忆

中学地理教学的内容,是由一系列的地名、产物、数据、概念和现象所组成的。一般来说,本身没有什么内在联系的内容需要通过机械记忆来掌握;而描述地理事物的分布规律、演变规律和因果关系等,则更多依赖于理解记忆。然而,这两种记忆方式不能截然分开,而是相辅相成、互相关联的。

"图·思·记"如何帮助学生加强理解记忆?"图·思·记"通过将图形、思考和记忆三个环节结合起来,帮助学生更好地理解和记忆地理知识。在中学地理学习中,这种方法的应用尤其重要。

首先,利用图表辅助记忆。地理学科涉及大量抽象概念和数据,学生可以通过制作图表将这些信息可视化。例如,气候类型、地形地貌、人口分布等知识点,都可以通过图表进行归纳整理。这样不仅便于理解,也更容易记忆。

其次,思考与记忆相结合。记忆的基础是理解,而思考是理解的关键。在学习地理知识时,学生应该主动思考各个知识点之间的联系和规律,形成自己的理解。例如,在学习区域地理时,学生可以思考该地区的自然地理特征如何影响其经济发展和文化传承,这样能够加深对该地区整体情况的理解和记忆。

最后,运用记忆技巧。除了传统的背诵记忆外,学生还可以尝试其他记忆技巧,如联想记忆、重复记忆、分段记忆等。这些技巧可以帮助学生在记忆过程中减轻负担,提高记忆效率。

综上所述,"图·思·记"结合是一种全面而深入的学习方法,它通过图形、思考和记忆三个环节的有机结合,有效助力学生更深入地理解和记忆地理知识。在实际应用中,学生可以根据自己的实际情况选择适合的记忆方法,以取得更佳的学习效果。

## 六 "图·思·记"促进学生的地理记忆的关键

### 1.必须深化学生对教材的理解

地理教科书中的每一段内容,都由地理名词和概念构成。每个概念都有其特定的含义,理解概念间的异同,是掌握地理事物特征及其形成条件的关键。如果学生对教材的理解不深,对概念间的联系或区别不明确,将难以记忆。为了使学生能更深入地理解地理概念,并牢记在心,我们需要采取一些有效的方法。例如,在讲解中国的自然环境气候这一章节时,由于内容较为复杂,难度较大,关键是要让学生明白季风的形成主要是由于海陆间的温度差异。但直接用专业知识来解释可能会让学生感到难以理解。因此,我们可以从一个更直观的现象开始来引入这个概念。例如:夏季去河里游泳的经验,中午时分,岸边的温度较高,而河水的温度相对较低;到了傍晚,情况则正好相反。通过这种贴近生活的例子,我们可以引导学生从直观的感觉出发,逐步探索背后的科学原理,从而更好地掌握这一章节的内容。

### 2.需要善用联想和比较法

地理现象之间总是存在着各种联系,或相似、或相对、或存在因果关系。这些关联都可以成为我们进行联想的线索。特别是对于那些特性相近的地理事物,我们可以利用它们之间的关联,形成一个知识网络。例如,我们可以将太行山作为一个中心点,然后扩展到与之相近的其他地理特征。通过这样的联想,学生可以更全面地掌握与太行山相关的地理知识。此外,我们还可以将性质、特点相似的地理事物进行归纳比较,找出它们的共性和特性。通过对比性质、特点完全不同的地理事物,我们可以突出各自的特性,从而强化记忆。

### 3.突出区域地理特征

在地理教学中,要注重突出区域地理的特征,我们可以从以下几个方面来考虑。

①地理位置:每个区域都有其独特的地理位置,如经纬度位置、海陆位置、政治经济位置等。通过分析地理位置,可以帮助学生理解该区域的自然和人文特征。

②地形地貌:地形地貌是影响区域地理特征的重要因素。了解区域内的山脉、河流、湖泊、平原等地形地貌,有助于理解该区域的生态环境、经济发展和文化传承。

③气候条件:气候条件对区域的生态环境和人类活动有着重要影响。通过分析气候条件,如温度、降水、风向等,可以帮助学生理解该区域的生态系统和人类活动方式。

④经济特征:区域的经济特征包括产业结构、经济发展水平、人口分布等。通过了解区域的经济特征,可以帮助学生理解该区域的经济发展潜力和未来发

展方向。

在引导学生归纳区域地理特征时,还应注重培养他们的地理思维能力。不仅要让学生知道某个区域的地理特征是什么,还要让他们懂得这些特征的成因和相互关系。这样可以帮助学生更加深入地理解地理知识,提升记忆效果和应用能力。

4.充分运用地图

地图是地理学的重要工具,对于地理教学来说更是不可或缺的。通过地图,学生可以直观地了解地理事物的分布和变化,从而更好地理解和记忆地理知识。因此,教师在教学中应充分利用地图资源,不仅教授学生如何读图、用图,还要鼓励他们利用地图进行探索性学习。

①培养学生读图能力:地图是地理信息的载体,读图能力是地理学习中的基本技能。教师应教会学生如何识别地图上的各种符号和标注,理解它们所代表的含义。同时,教师还应引导学生观察地图上的各种地理要素,发现它们之间的联系和规律。

②运用地图进行教学:教师在课堂上应经常使用地图来辅助教学。这样不仅可以直观生动地展示地理事物的空间分布和动态变化,帮助学生建立清晰的空间概念,还能激发学生的求知欲,引导他们更好地通过地图理解和记忆地理知识,发现并解决实际问题。同时,教师还可以通过地图引导学生进行探究学习,培养他们的思维能力和解决问题的能力。

③培养学生用图习惯:除了在课堂上使用地图外,教师还应鼓励学生在日常生活中养成使用地图的习惯。引导学生参与地理图文信息转化的创造活动,可使地理表象与其文字、符号等,以个性化方式在头脑中一一对应,这不仅对认识地理事物本质、掌握地理概念有效,还对丰富学习方法、发展创造性思维有益![1]例如,在旅行前查看地图,提前了解目的地的情况;在日常生活中关注地图上的信息和变化,从而更好地规划自己的生活和工作。

总之,地图是地理教学中不可或缺的重要工具。充分运用地图,可以帮助学生更好地理解和记忆地理知识,提高他们的地理思维能力,从而增强地理学习的效果。

---

[1] 王丽.地理思维特点与创造性思维发展[J].地理教育,2004(6):7.

## 第三节 "图·思·记"可提高学生的读图能力

"图·思·记"结合不仅有助于学生的记忆,更能显著提高学生的读图能力。在地理学习中,地图作为基本工具,对学生的理解和分析能力提出了高要求。

首先,通过"图"的环节,学生可以获取丰富的地理信息。地图上包含了各种要素,如山脉、河流、城市、交通线等。学生需要学会从地图中提取关键信息,并对其进行分类和整理。这一过程有助于培养学生的观察力和信息处理能力。

其次,"思"的环节强调对地图的理解和分析。在观察地图的基础上,学生需要思考各个地理要素之间的相互关系,以及它们如何影响区域的发展。这种思考过程能够培养学生的逻辑思维和问题解决能力。

最后,"记"的环节要求学生将地图中的信息与理论知识相结合。在记忆的过程中,学生会不断回顾地图内容,逐渐建立起对地理空间的感知。这样不仅加深了学生对知识点的理解,还提高了他们的空间认知能力。

综上所述,"图·思·记"通过图形、思考和记忆三个环节的结合,能够显著提高学生的读图能力。在这一过程中,学生不仅学会了如何从地图中获取信息,还学会了如何分析和应用这些信息。这对于培养他们的地理素养和综合能力具有重要意义。

在新课程改革的推动下,初中地理教育正迎来新的变革。为了增强学生的实践操作能力,尤其是地理学科中的读图能力,这一方面的培养显得尤为重要。然而,在目前的初中地理教学中,对学生基础性读图能力的培养仍然有所欠缺。因此,教师需要引导学生通过读图来寻找规律,并采用创新的教学方式来教授读图技巧、强化读图训练,从而提高学生的读图能力。这样不仅可以培养学生的观察力、探索力和思维能力,还有助于提升他们的地理核心素养。因此,从初中地理教学中存在的问题出发,寻找有效的方法来培养学生的读图能力是至关重要的。

随着新课程改革的深入发展,初中地理课程也面临着新的改革要求。在培养学生实践能力的过程中,地理实践力的培养成了一个关键点。然而,目前在初中地理教学中,对学生读图能力的培养还比较薄弱,特别是在基础性的读图技能方面。因此,教师需要采用创新型教学模式,引导学生学会正确读图、识图、记图并运用地图。这样可以提高学生的观察能力、探索能力和思维能力,进而提升他们的地理核心素养。

## 一、读图在初中地理教学中的特点

(1)实践性:地理知识不仅涉及理论知识,还与实际地理位置、经纬度、气候分布等密切相关。通过读图,学生可以更好地理解地理知识在实际生活中的应用,增强实践能力。

(2)基础性:地理读图教学是初中地理教学的基础,培养学生的读图能力有助于学生更好地掌握地理基础知识,理解地理现象和规律。

(3)工具性:地图作为地理学的第二语言,是学生学习地理的重要工具。通过读图,学生可以获取更多的信息,增强对地理知识的理解和记忆。

(4)综合性:读图能力涉及观察、思维、判断等多方面能力。培养学生的读图能力有助于提高学生的综合素质,为未来的学习和工作打下坚实的基础。

(5)系统性:读图教学需要遵循一定的规律和方法,由浅入深地引导学生掌握读图技巧。教师需要系统地组织教学内容,逐步提高学生的读图能力。

(6)交互性:读图教学不仅仅是教师向学生传授知识,还需要学生的积极互动和实践参与。教师与学生之间、学生与学生之间的互动能够增强教学效果,提高学生的学习兴趣和积极性。

(7)创新性:随着信息技术的发展,地图的表现形式也在不断变化和创新。教师需要不断更新教学方法和手段,引导学生适应新的地图表现形式,提高读图能力。

总之,读图在初中地理教学中具有实践性、基础性、工具性、综合性、系统性、交互性和创新性等特点。教师需要重视学生读图能力的培养,采用创新型教学模式和手段,引导学生积极参与和实践,提高他们的地理核心素养和综合素质。

## 二　地图在初中地理教学中的重要地位

读图能力在初中地理教学中确实具有非常重要的意义。地图不仅是地理知识的重要载体，也是学生学习地理不可或缺的工具。通过培养学生的读图能力，可以帮助学生更好地理解和记忆地理知识，提高他们的学习兴趣和积极性。同时，读图能力也是学生地理认知能力的重要组成部分，能够帮助学生建立地理空间概念，发展他们的空间思维能力和实践能力。

在实际教学中，教师可以采用多种方法来培养学生的读图能力。例如，引导学生观察地图，发现地图中的规律和特征；指导学生进行地图的识别和绘制，提高他们的动手能力和实践能力；通过地图游戏、竞赛等方式，激发学生的学习兴趣，提高他们的参与积极性。

总之，读图能力在初中地理教学中具有极其重要的意义。教师应当着重培养学生的读图能力，引导他们积极参与地图学习，以便提高他们综合运用地理知识的能力。

地图在初中地理教学中具有非常重要的地位，主要表现在以下几个方面。

(1)空间认知：地理学是一门研究地球表面自然和人文现象及其空间分布和演变规律的学科。地图作为地理学的核心工具，能够帮助学生理解地理事物的空间分布和相互关系，从而更好地理解地理现象和过程。

(2)地理信息呈现：地图是地理信息的可视化呈现方式，通过地图，学生可以获取、处理和各种分析地理信息数据，提升他们解决问题的能力和批判性思维水平。

(3)沟通交流的工具：地图是一种通用语言，可以用来交流和表达地理信息。这对于培养学生的沟通能力和合作能力非常有益。

(4)辅助教材：地图是地理教材的重要补充，通过地图，学生可以更好地理解和记忆教材中的知识点。

(5)培养学生空间想象力：地图能够帮助学生建立空间概念，发展他们的空间想象力。这对于学生理解和分析复杂的地理现象非常有帮助。

(6)提高学生综合素质：地图教学，不仅可以提高学生的地理知识水平，还可以培养他们的观察力、思维能力、实践能力和创新能力，提高学生的综合素质。

(7)生活实用：地图在日常生活中非常实用，无论是在旅行、导航还是了解世界各地的信息时,地图都是我们的得力助手。因此,地图教学能够帮助学生将地理知识应用到实际生活中,增强他们的生活技能。

综上所述,地图在初中地理教学中具有非常重要的地位。教师应当充分利用地图的优势,采用合适的教学方法和手段,激发学生的学习兴趣,引导他们积极参与地图学习。这样的教学方式,不仅可以帮助学生更深入地理解和掌握地理知识,还能有效提升他们的综合素质,包括空间思维能力、分析解决问题的能力以及跨学科的综合运用能力。

### 三 初中地理教学中学生读图能力培养的现状

在初中地理教学中,培养学生读图能力是地理学科教学的重要组成部分。然而,当前初中地理教学在培养学生读图能力方面仍存在诸多不足,有待进一步改善。

首先,学生的读图兴趣不高。在初中地理教学中,地图是必不可少的教学工具。然而,许多学生却对地图缺乏兴趣,觉得地图枯燥无味、难以理解。这主要是因为在教学中,教师没有充分挖掘地图的趣味性,没有将地图与实际生活联系起来,导致学生对地图感到陌生且乏味。

其次,学生的读图能力参差不齐。由于初中学生的地理基础和学习能力存在差异,他们的读图能力也有所不同。一些学生能够快速准确地读取地图信息,而一些学生则需要更多的指导和帮助。这种能力上的差异使得教师在教学中难以兼顾所有学生,导致部分学生无法获得充分的训练和提高。

最后,教师缺乏有效的读图教学方法。初中地理教学中,很多教师仍然采用传统的灌输式教学,忽视了学生的主体地位。在读图教学中,教师往往只是简单地让学生自己看地图,没有进行深入的讲解和引导。这种教学方法无法有效提高学生的读图能力,也无法很好培养学生的思维能力和创新能力。

为提升学生的读图能力,初中地理教师应该采取有效的措施,积极应对以上问题。

### (一)学用地图,让地图"说话"成为可能

怎样有效地使用地图呢?对于初中学生而言,他们的抽象思维能力、空间

想象能力以及理解能力尚在发展阶段。因此，教师应该充分了解学生的实际情况，以耐心细致的态度，有步骤地教会学生阅读并使用地图，让地图"说话"成为可能，让地图真正成为学生学习生活中的有力工具。

首先，学会看比例尺。不论是哪一种地图，都需要把地表的各种地理事物按照一定比例进行缩小。比例尺有大小之分，区别比例尺大小要看数值的大小，如1∶1的比例尺表示一比一，1∶1 000 000的比例尺表示一比一百万，显然，1∶1的比例尺比1∶1 000 000大。要让学生懂得比例尺大小与地图描述内容和范围的关系，比例尺越大，地图描述内容越详细，描述的地理范围越小；比例尺越小，地图描述内容越粗略、描述的地理范围越大。关于这一知识的教学，教师可举例说明。在大小为长1.0 m、宽1.8 m的白纸上画自画像，如果按比例尺1∶1画，只可画1人次左右，但对人物刻画得很详细；如果按比例尺1∶1 000 000画，可画1 000 000人次左右，但对人物刻画得很简单，几乎只用一个小点即可表示一个人。由此得出结论：比例尺1∶1大于1∶1 000 000。1∶1的自画像图上仅有1人，范围虽小，但人物刻画很精细；而1∶1 000 000的自画像图上则涵盖了100万人，虽然范围广，但人物刻画较粗略。

其次，学会辨别方向。首要任务是区分在哪一种地图上辨别方向，不同的地图辨别方向的方法也有所不同。如果在有指向标的地图上，通常规定指向标箭头指向北方，与它相对应的则是南方，此时可用"转图法"将北方朝上，按"上北下南、左西右东"的规则辨别出东和西两个方向。如果在有经纬网的地图上，则需看目标位置是否在同一条经线或同一条纬线上。若在同一条经线上为正南、正北方向，在同一条纬线上为正东、正西方向；若不在同一条经线或纬线上，将北方朝上，按"上北下南、左西右东"的规则来辨别方向。如果在既没有指向标又没有经纬网的地图上，可默认正向面对地图的方向为北方，再根据"上北下南、左西右东"的规则来辨别方向。

最后，学会看地图图例、地图注释。这是指导学生看懂地图的基础，许多学生在填注地图时，不是寻找代表地理事物的图例，而是强行记忆填注内容在图中的位置。这样做不仅增加了记忆的难度，还常常导致一些错误，如将海洋名称填注在陆地上，或把国界线当成了河流等，闹出不少张冠李戴的笑话。

因此，引导学生看图的标题和看地图内容也是很重要的。地图标题注明了地图的属性，这是阅读地图的前提。先了解不同地图要表达的主题是什么，再引导学生带着问题有目的地阅读地图。教师要紧扣地图主题提出问题，引导学生结合地图标题、图例进行思考,从地图上获取地理信息。随后,教师再归纳总结,阐述地理事物之间的关系。力求做到让学生观其"图",而知其"地",知其"地"而求其"理",提高学生分析问题、解决问题的综合能力。①

### (二)常用地图,让地图"说话"成为习惯

在"学习对终身发展有用的地理"理念指导下,学习地图的重要目标之一就是"养成在日常生活中使用地图的习惯",要实现这一目标,需要在学习地图知识和用图技能的过程中逐渐体会、感悟,要让学生充分体会和感悟到学习地理知识离不开地图。掌握好"图",既有利于复习,也有助于记忆。②

湘教版地理七年级下册第六章"认识大洲"要求:一是运用地图等资料简述某大洲的纬度位置和海陆位置;二是运用地图和其他资料,归纳某大洲地形、气候、水系的特点,简要分析其相互关系。可见,运用地图是学习区域地理的基本方法。

比如,要了解亚洲的纬度位置,可以通过以下三种方式:一是从亚洲范围图中了解亚洲东南西北分界线的位置,从而大致了解亚洲的纬度和经度范围;二是利用标有经纬度的相关地图,更准确地了解亚洲的经纬度位置;三是把计算亚洲跨越的经纬度范围设计为学生的学习活动,从而完成了解亚洲经纬度范围的教学目标。这三种学习方式都需要借助地图来进行。

要全面认识一个区域的自然地理特征,需要从地形特征、气候特征、水系特征等方面入手。这些地理要素之间存在着密切的空间联系和因果关系,其空间分布反映了它们之间的空间联系。要了解地理要素的空间分布,地图是不可或缺的工具。"认识大洲"这一章知识的学习是如此,其他章节的学习也是如此。课程标准中有明确的"显性"地图使用要求,还包括一些未明确的"隐性"地图运用,运用地图要渗透到地理学习的方方面面。所以,地理课堂教学中要引导学生常用地图,让地图"说话"成为习惯。

### (三)巧用地图,让地图成为课堂"活"起来的"利器"

地图是学习地理的一种工具。在课堂教学中,教师不仅要教会学生用地

---

① 冯志永."地图教学"探微[J].金色年华(下),2010(5):1.
② 贺国宝.利用地图、插图,加强复习、记忆[J].中学地理教学参考,1991(Z1):34.

图,引导学生常用地图解决地理问题、获取地理知识等,还要训练学生熟练地使用地图,最后达到巧用地图的目的,让地图成为课堂"活"起来的"利器"。

以在等高线地形图上识别山脊、山谷的学习为例,教师可先展示山脊、山谷的素描图,这样学生一般比较容易识别,而后再展示等高线地形图。对于初中生来说,很难将立体图与平面的等高线地形图有机地结合起来。按照以往的经验,教师可引导学生这样学习:等高线往高海拔凸出的地方是山谷,等高线往低海拔凸出的地方是山脊。但时间久了学生也容易混淆,到底往哪边凸出是山脊?此时,如果巧用等高线地形图,明确告知学生识别山脊和山谷分四个步骤进行判断,将有助于他们的理解与掌握。第一步,沿等高线凸出或凹进的地方画一条虚线;第二步,作第一步所画虚线的垂线,要求尽量穿过等高线;第三步,找到垂线与虚线的交点并判断海拔;第四步,假设一人从垂线的一边沿垂线走向另一边,"先上后下"为山脊,"先下后上"则为山谷。这种方法,大大降低了学生在等高线地形图上识别山脊和山谷的难度,而且只要学会了识别,就不容易忘记,能极大地提高地理课堂的学习效率。

在地理学习过程中,像巧用等高线地形图识别山脊、山谷并将识别过程程序化的例子还很多。巧用地图,并将学习地理知识的过程程序化,极大地激发了学生学习地理的兴趣与挑战性,充分调动了学生学习地理的积极性和参与意识,达到了寓学于乐的目的。这样不仅顺利落实了教学重点,还突破了难点,让地图真正成为课堂"活"起来的"利器"。

总之,学用地图,使地图"说话"成为可能;常用地图,使地图"说话"成为习惯;巧用地图,使地图成为课堂"活"起来的"利器"。在平时的地理课堂教学中,我们要积极引导学生充分使用"地图"这一工具,让这门学习地理的第二语言贯穿整个学习过程,让课堂"活"起来,进而提高地理课堂学习效率,以达到"减负增效"的目的。[1]

## 四 "图·思·记"可提高学生的读图能力

在地理教学中,地图是学生学习地理知识的重要工具。通过地图,学生可以更好地理解地理事物的分布、特点以及相互之间的关系。因此,提高学生的

---

[1] 李培霞.《天气》教学设计[J].新课程(教研版),2013(5):51.

读图能力是地理教学中的一项重要任务。而"图·思·记"结合的教学方法,则是一种有效的方法,可以提高学生的读图能力。

首先,"图"指的是地图。在地理教学中,教师应该注重引导学生观察地图,了解地图上的各种符号和信息。通过观察地图,学生可以更好地理解地理事物的分布和特点,从而更好地掌握地理知识。

其次,"思"指的是思考。在观察地图的基础上,教师应该引导学生进行思考,分析地图上的各种信息,探究地理事物的内在规律和相互之间的关系。通过思考,学生可以更好地理解地理知识,提高自己的思维能力和探究能力。

最后,"记"指的是记忆。在观察和思考的基础上,学生应该将地图上的信息印刻在自己的脑海中。通过记忆,学生可以更好地掌握地理知识,提高自己的应用能力。

"图·思·记"结合的教学方法是一种卓有成效的策略,不仅能够显著提升学生理解地理知识以及读图的能力,还可以培养学生的思维能力和探究能力,促进学生的全面发展。因此,初中地理教师可以注重运用这种教学方法,以此提升学生的读图能力,为他们的未来发展奠定坚实的基础。

## 五 地理读图能力是学生学好地理知识的重要前提

地理教学可以帮助学生深化对生活环境的了解。读图能力是学生学习地理必备的能力,而具备较高的地理读图能力则是学生学好地理知识的重要前提。为有效提升学生的地理读图能力,教师应摒弃落后的教学观念,积极改进教学思路,优化教学方法,提倡学生自主探究,激发学生学习兴趣,促使学生更好地完成学习任务。

### 1.创设教学情境,激发学生学习兴趣

在初中地理教学中,地图不仅是重要的教学工具,更是培养学生地理思维和空间感知能力的关键。学生的读图能力不仅关乎其地理学科的学习效果,更在一定程度上影响其对生活环境的认知和理解。因此,如何有效地提高学生的读图能力,已成为初中地理教学的重要课题。

首先,我们要认识到,读图能力的培养并非一蹴而就,而需要教师在日常教

学中不断渗透、引导和强化。传统的灌输式教学显然难以满足这一需求,因此,教师必须摒弃过时的教学观念,积极调整教学思路,优化教学方法。

其次,教师应当提倡学生采取自主探究的学习方式。读图能力的培养,关键在于学生能否主动地从地图中获取信息并进行分析。因此,教师应更多地扮演引导者的角色,鼓励学生独立思考、发现并解决问题,激发其对地理学科的好奇心和热情。

再者,培养学生对地图的兴趣也至关重要。兴趣是最好的老师,只有当学生对地图产生了浓厚的兴趣,才会积极主动地去读图、析图。为此,教师可以采用多样化的教学手段,如利用多媒体展示丰富的地图资料,组织地图绘制比赛等,使地图学习变得生动有趣。

最后,要引导学生将地理知识与生活实际相结合。地理是一门与生活息息相关的学科,通过将地图与生活中的实际情境相联系,可以帮助学生更好地理解地理知识,同时也能够激发其对地理学科的兴趣和求知欲。例如,在讲解中国地形地貌时,可以结合各地的风土人情、特产等,让学生在实际生活中感受地理知识的魅力。

综上所述,提高学生的读图能力是初中地理教学的重要任务。这需要教师在教学实践中不断探索、创新,注重培养学生的读图兴趣和习惯,引导他们主动探究、积极思考。只有这样,才能真正提高学生的读图能力,为其未来的学习和生活奠定坚实的基础。

### 2.结合图和文字,提升读图技巧

教师应当系统地教授学生读图的步骤和方法,确保他们掌握标准的读图规范。同时,学生需要学会对不同类型的地图(如分布图、景观图、示意图、统计图和等值线图等)进行分类。另外,学生还应学会正确解读图例,以便更好地理解地图所传达的信息。例如,在学习交通干线的分布时,学生应结合图例了解我国铁路和高速公路的起始位置、经过的地区以及实际长度等细节。

### 3.结合生活实践,增强读图能力

提升初中生的读图能力,不仅要在课堂上加强理论知识的传授和指导,还要注重理论知识与实际生活的联系,确保学生能够将所学到的应用到实践中。首先,地理教师可以引导学生自主规划郊游路线,充分发挥他们的主体作用,从而加深他们对理论知识的理解并提升实际应用能力。其次,教师应鼓励学生在日常生活中细心观察,学会解决生活中的一些地理问题。例如,在学完中国地理后,教师可以提前设计一条存在缺陷的旅游路线,让学生找出其中的问题并重新制订合理的旅游计划。

4.增强知识理解力,树立正确学习观念

为了提高学生的地理读图能力,教师需要加强学生对地理读图的认识,并帮助他们建立正确的学习态度。教师应强调地理读图在地理学习中的重要性,以及在现实生活中的实际应用价值,从而激发学生对地理知识的兴趣与重视。虽然地理知识的学习可能对学生的宏观思维和抽象思维提出了更高的要求,但通过教师不断优化教学方法,这些学习障碍是可以被克服的。因此,教师应鼓励学生坚持地理学习,注重地理读图能力的培养,努力拓宽他们的视野。这样做不仅有助于提升学生的认知水平,还有助于促进其核心素养的全面发展。

5.培养学生对地图的识别能力

只有当学生具备了地图的相关辨识能力,他们才能在地理学习中快速提取相关知识。因此,读图能力培养的最根本目标是让学生通过简单的图像识别,获取丰富的地理知识。教师在指导学生读图时,应鼓励他们勤于思考,探索地理现象产生的原因和过程。进一步地,教师应指导学生将头脑中的知识与地图相结合,以有效应对和解决一些相关问题。例如,当某一地区存在两种不同的气候类型时,学生可以通过地图进行总结,从地图中寻找答案。经常运用地图,不仅能帮助学生理解和巩固学过的地理知识,还能启发学生获得新的地理知识。①这样能有效培养学生的识图能力和抽象思维能力。

6.培养学生分析地图的能力

分析地图的能力是地理学习中一项重要的技能,它涉及形象思维和逻辑思维的培养,以及准确理解地图内涵的能力。为了培养学生分析地图的能力,教师需要采取一系列有效的教学方法。

首先,将地图判读引入地理课堂是一个很好的方式,这可以帮助学生更快

---

① 吴琛海.地理教学的记忆、用图、板图和板书[J].中学地理教学参考,1982(2):20.

捷地了解相关地理知识。例如,通过判读某国的经纬度位置、海陆位置和空间位置,学生可以了解该国的地理位置和地形特征。在此基础上,教师可以进一步引导学生分析这些地理因素对该国气候、自然资源和人文环境的影响。

其次,教师可以通过比较读图的方法,让学生分析不同地理事物之间的异同点,从而加深对地理规律和现象的理解。例如,教师可以选取两个不同地区的气候类型进行比较,让学生分析它们的共同点和差异,并探讨其原因。通过这样的比较分析,学生可以更好地理解地理环境的多样性和复杂性。

此外,教师还可以采用案例教学法,选取具有代表性的地理案例,引导学生进行分析和讨论。例如,教师可以选取一个具体的城市,让学生分析其地理位置、气候特点、自然资源等方面的优势和劣势,并探讨如何发挥其优势、改进其劣势。通过这样的案例分析,学生可以更好地将所学知识应用于实际情境中,从而增强解决实际问题的能力。

综上所述,为了培养学生分析地图的能力,教师需要采用多种教学方法,引导学生进行地图判读、比较读图和案例分析等活动。通过这些活动,学生可以更好地理解地理规律和现象,提高形象思维和逻辑思维能力,为未来的学习和工作奠定坚实的基础。

### 7.培养学生记图的能力

记图能力是地理学习中不可或缺的一部分,它涉及学生对地图要素和地图知识的理解,更体现了他们对地理知识的掌握程度。为了有效提升学生的记图能力,教师需要采用一些有效的教学策略,以激发学生的兴趣和潜能。

首先,教师可以通过引导学生进行形状联想来记忆地图要素。例如,在学习各地的地形时,教师可以让学生观察地形的轮廓,并展开联想,通过形状记忆来加深印象。这种方法可以帮助学生更准确地记忆地图要素的特征。

其次,教师可以通过开展绘画比赛来帮助学生记忆地图要素。例如,教师可以引导学生描绘几个地域的形状,并鼓励他们发挥想象力,结合记忆中的地貌特征进行绘画创作。这种方法不仅可以激发学生的学习兴趣,还可以帮助他们更深刻地记忆地图要素的特征。

此外,教师还可以利用字母来帮助学生记忆地图要素的相对位置。例如,在学习中国各省份的地理位置时,教师可以利用字母来标识各个省份的相对位置,这样可以帮助学生在大脑中形成地图的轮廓,从而更准确地记忆地理位置。

最后,教师还可以通过让学生进行描绘练习的方法来提高他们的记图能力。例如,教师可以让学生在空白地图上描绘主要的山脉、河流等地理要素。这种方法可以让学生更深入地了解地图的细节和特征,从而更准确地记忆地图要素。

综上所述,为了培养学生的记图能力,教师需要采用多种教学方法,如形状联想、绘画比赛、字母标识和描绘练习等。通过这些方法,学生可以更有效地记忆地图要素和地图知识,提高记图能力。

**8.明晰地图类型与主题,传授学生读图方法**

地理学是一门以地图为重要载体的学科,而在初中地理教学中,涉及的地理图片和图表类型多种多样。为了有效提升学生的读图能力,教师需要明确不同类型地图的主题和特点,并教授相应的读图方法。

首先,教师需要帮助学生明晰地图的类型与主题。初中地理中涉及的地图类型主要有景观图、分布图、示意图、统计图和等值线图等。每种类型的地图都有其特定的主题和应用场景。例如,景观图主要展示地理环境或自然现象的外观和特点;分布图则着重展示地理要素在空间上的分布规律;示意图则通过简化的图形来表达地理现象的变化过程或趋势;统计图则是通过数字和图表的形式展示地理数据的统计结果;等值线图则是通过等值线来表示地理要素的连续变化。

其次,教师需要传授学生相应的读图方法。根据不同类型的地图,教师可以采用不同的读图技巧和方法进行训练。例如,中心突破法、对比归纳法和现状观察法等。对于坐标统计图,教师需要引导学生看图名、图例,然后比较数据得出结论。对于地理分布示意图,教师需要引导学生先看图名和图例,然后提取有效信息,再分析规律并探究原因。例如,在学习气温分布时,教师可以展示我国"一月气温分布图"和"七月气温分布图",引导学生观察不同颜色的图例所代表的气温范围,并根据需要认真读图,提取有效信息,分析归纳我国冬夏季气温的分布特点及原因。

最后,教师需要在日常教学中有计划、有步骤地引导学生阅读地理图表。这不仅有助于培养学生的读图能力,还能帮助他们养成良好的读图习惯和掌握常见的阅读技巧。通过不断的实践和摸索,学生可以逐渐掌握适合自己的读图方法,从而提高在地理学习中的读图能力。

综上所述，明晰地图类型与主题，传授学生读图方法是提升学生读图能力的关键。教师需要深入了解不同类型的地图特点和应用场景，并根据不同需求采用相应的读图技巧和方法进行训练。通过日常教学实践和引导，旨在培养学生良好的读图习惯和掌握常见的阅读技巧。

9.学以致用，在生活中了解读图价值

为了纠正学生对地理知识的误解，并提升他们的读图能力，教师需要将地理知识与生活实际相结合，让学生在实际生活中感受到读图的价值。

首先，教师可以引导学生探索生活中的地理知识。例如，在学习"比例尺"这一概念时，教师可以布置一些实际操作的任务，让学生回家后自己查询并操作不同类型的比例尺，从而了解其在实际生活中的应用。通过这样的实践活动，学生可以深入理解比例尺的概念和作用，进而提升他们的读图能力。

其次，教师可以通过小组合作和多媒体教学的方式进行地理知识教学。小组合作可以培养学生的合作意识和团队精神，让他们在互相交流中共同成长。而多媒体教学则可以提供更直观、生动的图像和视频资料，帮助学生更好地理解地理知识。例如，在学习"交通运输"这部分内容时，教师可以向学生展示"中国铁路干线分布示意图"，然后让学生选择合适的路线，标注经过的铁路枢纽。通过这种实际操作，学生可以更深刻地认识到读图在生活中的价值。

最后，教师还可以通过开展实践活动来加强学生对地理知识的理解。例如，教师可以组织学生进行实地考察、测量等活动，让他们在实践中感受地理知识的应用。这样不仅可以培养学生的实践能力，还可以提升他们的读图能力。

综上所述，学以致用是提升学生读图能力的关键。教师应当将地理知识与生活实际相结合，引导学生探索生活中的地理知识，并通过小组合作、多媒体教学和实践活动等方式，加强学生对地理知识的理解，提升他们的读图能力。同时，教师还需要不断更新教学方法和手段，以适应时代的发展和学生的需求。

10.激发学生学习兴趣，充分发挥学生主观能动性

在初中地理教学中，教师应采取有效措施激发学生的学习兴趣，提高学生的课堂参与度，从而有效提高学生的地图读图能力。

首先，教师可以利用多样化的图片来吸引学生的注意力。地理知识中涉及到非常丰富的各种地貌、气候、人文景观等，教师可以通过展示相关的图片来激

发学生的学习兴趣。这些图片可以帮助学生更好地理解地理知识,同时也能够引发他们的好奇心和探究欲望。

其次,教师需要积极响应新课改的要求,以学生为本,充分发挥学生的主观能动性。这意味着教师需要尊重学生的主体地位,让他们成为课堂的主人。通过设置问题、引导学生讨论、组织实践活动等方式,教师可以有效激发学生的思维活力,促使他们更加积极主动地参与到课堂学习中来。

此外,教师还可以利用多媒体教学设备来辅助教学。地理知识中的一些概念和现象比较抽象,学生理解起来可能会有些困难。而利用多媒体设备,教师可以展示地图、地貌、气候等方面的动态变化,让学生更加直观地了解地理知识。这种教学方式不仅可以帮助学生更好地理解知识,还能够激发他们的学习兴趣和探究欲望。

综上所述,激发学生学习兴趣、充分发挥学生主观能动性是提高初中学生读图能力的关键。教师需要采取多样化的教学策略,引导学生积极参与课堂活动,激发他们的思维活力,从而有效提高学生的读图能力。同时,教师还需要保持教学理念的与时俱进,不断更新教学方法,以适应时代的发展和学生不断变化的学习需求。

### 11.仔细观察,分清读图步骤

在初中地理教学中,教会学生正确、高效地读图是非常重要的。读图是地理学科的核心技能之一,它要求学生具备一定的空间思维和推理能力。因此,教师在教学中需要特别注重培养学生的读图能力,帮助学生掌握正确的读图步骤和技巧。

首先,要让学生明确地图的主题和目的。每一张地图都有其特定的主题和用途,学生需要先了解地图的主题,才能更好地理解地图的内容和意义。教师可以在课堂上引导学生观察地图的标题、图例、比例尺等信息,让学生对这些基本信息有所了解。

其次,学生需要认真阅读地图的各个要素。这些要素包括地图上的各种标记、线条、颜色等,它们都代表着特定的地理信息。学生需要仔细观察地图,并尽可能地获取地图中的信息。教师可以在课堂上引导学生进行小组讨论或问答互动,鼓励学生分享自己的发现,进一步加深对地图内容的理解。

最后,学生需要根据地图的信息进行归纳和总结。这一步是读图的最终目的,它要求学生具备一定的地理知识和逻辑推理能力。学生需要根据地图的信息推断出地理事物的分布、特征和变化规律,并能够用口头或书面形式表达自己的分析过程和结论。教师可以在课堂上引导学生进行口头表述或撰写读图报告,以此来帮助学生提高归纳总结和沟通表达的能力。

总之,读图是初中地理教学中一项非常重要的技能,它需要学生具备一定的观察能力、思维能力和表达能力。教师可以通过以上几个步骤帮助学生掌握正确的读图方法和技巧,提高他们的读图能力和地理学科素养。同时,教师还需要根据学生的实际情况和课程要求,灵活调整教学策略和方法,以适应不同学生的学习需求和能力水平。

### 12.科学设计地理教学教案,细心传授读图技巧

在初中地理教学中,科学设计地理教学教案和细心传授读图技巧是提高学生读图能力的关键。

首先,要注重教案设计的系统性和逻辑性。一个好的地理教案应该包括教学目标、教学内容、教学方法、教学过程、教学评价等多个方面。特别是教学内容的设计,要注重地理知识的内在逻辑和系统性,帮助学生建立起完整的地理知识体系。同时,要关注学生的认知规律和心理特点,使教案更加贴近学生的实际需求。

其次,要注重读图技巧的传授和训练。读图是地理学科特有的学习方法,需要学生具备一定的空间思维和推理能力。因此,教师在教学中应当高度重视培养学生的读图能力,通过系统的指导和练习,帮助学生掌握正确的读图方法和技巧。例如,可以教学生如何通过地图的线条、颜色、标注等信息,推断出地理事物的分布、特征和变化规律。同时,可以引导学生通过大量的练习和实践进行读图训练,提高他们的读图能力和地理思维能力。

再者,要注重启发式教学法的运用。启发式教学是指教师在教学过程中,根据教学目标和学生的实际情况,采用多种教学方法和手段,引导学生主动发现、思考、探索、解决问题的教学方式。在地理教学中,教师可采用情境创设、问题导向、小组讨论等启发式教学法,引导学生积极参与教学过程,培养学生自主学习和合作学习的能力。

最后,要注重信息技术与地理教学的整合。信息技术的发展为地理教学提供了更多的可能性。教师可以利用信息技术手段,如数字地图、虚拟现实等,创

设更加生动、逼真的地理学习情境,激发学生的学习兴趣和探究欲望。同时,教师还可以利用信息技术进行数据分析和可视化处理,帮助学生更好地理解地理事物的本质和规律。

总之,教师应科学设计地理教学教案、细心传授读图技巧,不断探索和创新教学方法和手段,注重培养学生的读图能力和地理思维能力,为学生未来的学习和生活奠定坚实的基础。作为中学地理教师,要以新课程标准为指导,合理运用地图进行教学,培养和加强学生的读图能力,从而提高地理教学的有效性。

【地图小知识】探讨、归纳各类地图的读图方法

1.地理关联图

(张明,江苏省邳州市第二中学)地理关联图是借助带箭头的线段将有关地理事物的形成机制、内部结构、外部特征、发展趋势的要素等联结成的图形。平时训练中,我会引导学生从关键环节入手,直接代入尝试。

(李慎中,山东省临沂市第一中学)关联图通常利用地理事象间的因果、逻辑关系,执因索果,由果翻因;选准自己最熟悉的内容,突破关键环节。

(柴永辉,河北省定州市李亲顾中学)判读思路与内容包括:①识别所表示的是何种因素的地理事物联系过程;②注意根据图中箭头方向、线段的纵横关系等提取信息理清事物形成变化过程,判断各因素之间的因果联系。

(刘兵,山东省宁阳县第四中学)地理关联图关键在于明确图像要素的基础上进行"关系"分析(关联成因、影响等)。

(邓士木,湖北省宜昌市长阳第一高级中学)破解方法为:①浏览题目所给的条件和框图,弄清楚该图的中心思想,把握图的核心,认真读懂图意,从图中提取有效信息;②根据图中信息所对应的知识进行联想,把相关知识在头脑中过一遍,回想这类地理事物的形成原因、演变过程或关联要素,并使其形成知识体系,在此基础上进行推理、判断,注意找出突破口;③如果是多个填空,先把自己觉得最容易的填出来,以增添更多的信息,剩余越少越好填;④解答后进行验证,把已初步完成的关联图按箭头连接关系重新梳理一遍,以弥补可能出现的漏洞,确保判断的正确。

2.地理景观图

(鲁爱华,河北省卢龙县中学)地理景观图判读的一般步骤为:①根据景观图的图名,确定景观图所表示的主题属于何种地理要素或要说明哪种地理现象;②从景观图中找出标志性景观(如典型的植被、地形特征、标志性建筑等),

进行空间定位;③细心观察景观图中各地理因素的特征和相互关系,即图中信息的地理意义,形成对其所在区域的整体认识,把握区域地理特征;④根据景观图中的信息,提取与设问相关的部分,联系有关知识进行分析回答。

(邓士木,湖北省宜昌市长阳第一高级中学)地理景观图与其他图像相比,能更直接地反映某种地理事物或现象的特征,形象、直观、生动、亲切,也增添了试题的趣味性,地理景观是环境的一面镜子,提供的信息量大,对学生的能力要求较高,是近年中高考特别钟情的一种图像类型。破解方法为:①根据题干和图名信息,分析景观图所承载的地理因素或地理现象的特征及相互关系;将从景观图中解读的有效信息与相关问题信息进行匹配,准确理解命题意图,把握解题的要求,调动知识储备作答;②自然景观图解答步骤:空间定位→分析景观指示的自然环境特征→分析自然景观形成的成因→归纳规律→人类的利用改造;③人文景观图解答步骤:空间定位→分析建筑物所处地理环境特征→分析建筑物的功能及其随时代的变化。

3.统计图

(李兴防,山东省淄博市高青一中)(1)柱形统计图,也称直方统计图。①阅读纵横坐标所表示的地理事物,思考纵横坐标所反映的内容之间的联系;②对曲线的变化过程进行分析,递增段表示纵坐标地理事物与横坐标要素之间呈正相关,递减段表示纵坐标地理事物与横坐标要素呈负相关,曲线的斜率大,表示变化幅度大,曲线斜率小表示变化幅度小;③对地理事物及变化过程和峰值、谷值、谷峰变化进行相关分析;④对曲线的不同变化阶段进行分析、评价,提出建议和对策。(2)扇状统计图和饼状统计图。①阅读图例和文字说明,观察该图反映了哪些地理事物;②分析这些地理事物的共同点和差异性;③对反映地理事物进行排序;④揭示所反映问题的产生根源,评价问题优劣,提出可行性建议和对策。(3)饼状统计图只是将扇状统计图的圆变成了可以反映地理事物总量的"饼","饼"的大小表示这种地理事物总量的大小,判断时可读出地理事物在某时期的总量,并通过比例计算出各部分的绝对数量,其他判读方法与扇状统计图类似。

## 第四节 "图·思·记"可提升学生的学习效益

"图",是地理的灵魂,是自然的画卷,是历史的印记。在地理的世界里,"图"是不可或缺的存在。它们无声地讲述着千年的故事,承载着自然的奥秘,展现着人类文明的轨迹。然而,"图"并非孤立的元素,它与"思""记"紧密相连,共同构建了学生理解与应用地理知识的桥梁。

"思",是学生对地理知识的思考与探索。"思"源于"图",却又高于"图"。在"图"的引导下,学生开始对地理现象进行深入的思考。他们试图理解山脉的形成,探究河流的流向,探索气候的成因。"思",让学生不再是被动的接受者,而是成为主动的探索者。他们思考的深度与广度决定了其对地理知识的理解与应用程度。

"记",是对地理知识的记忆与应用。记忆并非死记硬背,而是理解后的沉淀。在"思"的引导下,学生对地理知识有了深入的理解,记忆便不再是负担。他们可以轻松地回忆起山脉的走向,河流的流域,气候的类型。更重要的是,他们能够将这些知识应用到实际生活中,解决实际问题。

"图""思""记"三者相互依存,相互促进。"图"激发"思","思"促进"记","记"又为新的"图"提供基础。在这样的循环中,学生对地理知识理解与应用的能力得以不断提高。我们应当充分认识到"图·思·记"的重要性,将其融入地理教学中,为学生打开一扇通往地理世界的大门。只有这样,我们才能真正培养出具备地理素养的未来一代,让他们在探索自然、理解世界的过程中不断成长。

此外,教师还需要注意引导学生的思考方向和方法,让他们学会如何从图中获取信息、分析和解决问题。同时,教师也需要根据学生的实际情况和需求,选择合适的教学方法和技术手段,提高学生的学习兴趣和积极性。

总之,"图·思·记"是提高学生对地理知识理解与应用效率的重要途径。通过充分认识其重要性并将其融入地理教学中,我们可以更好地培养学生的地理素养和综合能力,让他们更好地探索自然、理解世界。

**【案例】巧用"3S",提高地理作业设计有效性**

地理信息技术[包括地理信息系统(GIS)、全球定位系统(GPS)和遥感(RS)等]是一种特定的且十分重要的空间信息处理技术。以地理信息技术为支撑,我们可以探索其在初中地理作业设计中的应用。实践表明,巧用地理信息技术,不仅能绘制各种不同类型的地图,还能设计具有分层性、研究性、生活化等特点的作业,从而显著提升地理作业设计有效性。

目前,初中地理作业一般是在课堂上完成的。教师根据本节所学知识,有针对性地选取教辅中的部分题目,要求学生在规定的时间内完成。这种做法能使教师及时得到教学反馈,了解学生对知识的掌握情况,以便及时调整教学方法,提高课堂教学的有效性。然而,教辅中的题目是有限的,不同学校、班级、学生的学习情况也有差异。教师仅从教辅中获取题目作为学生的作业已不能满足现代教学的要求,这就需要教师能结合学情自主设计题目,提高作业的有效性。[1]近年来,中考题目中地图的比重逐步加大,原图出现的频率较低,而不同类型的地图组则层出不穷;除以图考图外,还有以文考图、以图代文等考试方式。为适应中考的要求,教师需要结合实际制作地图来设计有效作业。但是教师在设计作业中常遇到这样的问题,比如图片模糊不清、有些要素需要修改,这时就需要自己绘图。[2]利用地理信息技术能够有效解决这一问题。

**一、巧用GIS设计分层性作业**

学生的智力类型、认知风格、学习方式等方面具有很大的个体差异,这些差异直接影响到学生的学习风格和学习策略。[3]教师如果采用一视同仁的方式,布置相同的作业,学习层次高的学生会有"吃不饱"的感觉,而学习层次低的学生又觉得题目太难了,缺乏学习的动力。那么,作业设计的有效性就大打折扣,这就很难提高教学质量。教师可以依据教学目标,针对学生的学习能力差异设计不同层次的作业。

ArcGIS软件具有很强的交互性,教师可以结合不同学生的差异,设计不同层次的题目,根据具体题目的需求显示所需的要素,再输出图层,制作分层性作业的地图。以"中国的河流"一节中的"滚滚长江"为例,教师可巧用ArcGIS软件

---

[1] 陈艳.初中地理有效课堂作业的特点研究[J].中学教学参考,2012(6):76.
[2] 李丹,杨剑,王永立.例谈使用ArcGIS描绘地图的方法[J].中学地理教学参考,2011(8):33.
[3] 罗定,曹开华.高中地理有效作业的设计与思考[J].地理教学,2010(16):15.

来设计分层性作业,以提高作业的有效性。本节课的教学难点在于长江的源流概况,相关地理事物的分布不容易记忆。对于学习层次高的学生来说,设计作业时可以在地图上不作任何提示,他们仍能快速知道长江干支流的名称、河段的分界点、主要城市、地形区、源头和注入的海洋等;而对于学习层次低的学生来说,单靠课堂上几十分钟的学习就要完成相关作业,若作业的地图中没有任何提示,则很难准确判断出地理事物的分布等。因此,在为不同学习层次的学生设计作业时,应注意考虑是否显示地图要素,以确保全体学生都能通过课堂作业达到较好的知识巩固效果。

综合以上分析,针对不同学生,设计关于"滚滚长江"这一知识点的有效作业,关键在于地图的获取。作图中需要用到的底图为中国政区图、中国的主要河流底图和中国的主要湖泊图,相应数据均可从国家地理信息中心下载。在ArcGIS软件中,加载中国的主要河流图层和中国的主要湖泊图层,分别将一级、二级、三级河流以及鄱阳湖和洞庭湖选中,接着只保留长江的干支流、鄱阳湖和洞庭湖,其余不相关的河流全部删除,输出图层,命名为"长江干支流图"。导入湘教版地理教材光盘中附带的"长江水系"图,此图为jpg格式,需要进行配准。接着结合配准后"长江水系"图的流域轮廓的位置,在"长江干支流图"上进行数字化,获取流域界线。导入中国政区图,只保留国界和海岸线,接着将图中的国界和海岸线、干流、支流、湖泊、流域界线的图例进行修改,可以获取所需的地图并输出图片。图片中地理事物的名称都不作任何提示,可以作为高层次学生的作业参考地图,再结合低层次学生作业需要提示的要素,在图中进行编辑后输出图片。具体作业可参考如下。

作业一:

材料:某中学地理兴趣小组分成上游考察团、中游考察团、下游考察团三支考察团,利用暑假分别对长江的不同河段进行考察。

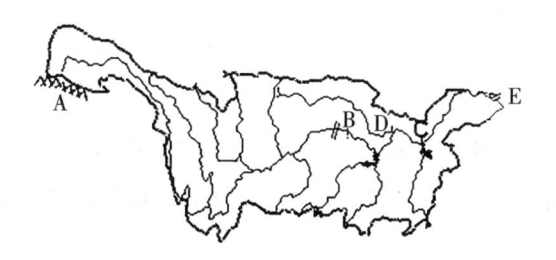

**考察路线示意1**

(1)上游考察团从长江发源地A_____(山脉)(位于_____高原)出发,到B_____市,沿途考察到世界上最大的水利枢纽工程_____。

(2)中游考察团的考察范围从B到C_____,沿途观察到D是_____(城市),为长江最长的支流_____汇入长江处。

(3)下游考察团从C出发,沿着长江向东考察,到入海口,长江注入的海洋是E_____海。

(4)长江上游水能资源丰富,有_____之称,中游河道弯曲,有_____之称,下游号称_____,航运价值高。

作业二:

材料:某中学地理兴趣小组分成上游考察团、中游考察团、下游考察团三支考察团,利用暑假分别对长江的不同河段进行考察。

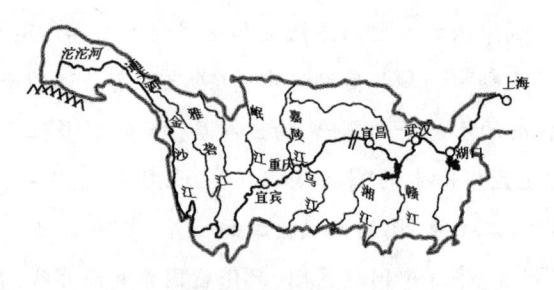

**考察路线示意2**

(1)上游考察团从长江发源地_____高原出发,到_____市,沿途考察到世界上最大的水利枢纽工程_____。

(2)中游考察团的考察终点为_____,沿途观察到_____(城市),为长江最长的支流_____汇入长江处。

(3)下游考察团考察到入海口,发现长江注入的海洋是_____海。

(4)三支考察团的记录员在考察过程中记录了考察笔记。请你结合你的地理知识,将考察团的名称与笔记内容连线。

　　　　　　上游考察团　　　　　"黄金水道"
　　　　　　中游考察团　　　　　"水能宝库"
　　　　　　下游考察团　　　　　"九曲回肠"

注:材料选自沈汝丑,杜秀敏.巧用"3S"提高地理作业设计有效性[J].地理教学,2015(24):10-12,有改动。

## 二、巧用GPS设计研究性作业

目前的地理作业大多数是在课堂上完成与知识点有关的题目。许多教师认为这样才能节省时间,能让学生在有效的时间内完成相应的题目,不需要"浪费"太多课外时间。有学者做过一次对照试验,对做作业的两种环境进行比较,一种是学生在课堂上或者在家做作业,另一种是课外的研究性学习活动。调查结果显示,第二种方式对学生成绩的促进作用并不亚于第一种方式。新课程标准更加注重培养学生的探究能力,以往这种只注重对知识点的识记、忽视学生能力培养的作业已经不能适应新课标的要求。在地理作业中设计一些研究性作业,引导学生走出课本,开展简单的社会调查,有助于提高学生收集资料、分析资料的能力。

学习地理的一项重要内容是培养学生的空间定位与读图能力。随着技术的发展,大多数学生的手机具有GPS定位功能,能为地理有效作业的设计提供现成而必要的技术设备,便于了解调查地区间的方向、距离等。以"我们怎么样学地理"一节的"学会看地图"为例,教师可以让学生利用课余时间,运用手机中的GPS定位功能,了解家位于学校所在地的什么方向,家到学校的直线距离有多远等;点击运行手机中的"咕咚"软件,了解从家跑步到厦门万石植物园所经过的地方,家位于厦门万石植物园的什么方向,家到厦门万石植物园的直线距离有多远等;点击运行手机中的"大众点评"软件,了解家附近有哪些好吃的餐馆,距离家有多远,往家的什么方向走等;点击运行"掌上公交"软件,了解你所要乘坐的公交车运行路线,目前在哪一站,离你有多远,多少时间会到你所在的地方等;点击"百度地图"软件,了解你要去的地方在你的什么方位,距离你有多远等。诸如此类运用GPS定位功能的手机软件还很多,我们要巧用、活用GPS功能设计研究性作业,以激起学生对作业的兴趣,进而提高作业设计的有效性。

## 三、巧用RS设计生活化作业

教育学家苏霍姆林斯基说:"在人的心灵深处都有一种根深蒂固的需求,就是希望感到自己是一个发现者、研究者,而在儿童的精神世界中,这种需要特别强烈。"建构主义学习理论认为:学习过程不是学习者被动地接受知识,而是积极地建构知识的过程。建构主义学习理论强调学生是学习的主体,知识是主动建构的,而不是被动接受的。基于地理课程标准"学习对生活有用的地理"的基本理念,在地理教学中应充分利用身边的地理事物,解析地理规律,让学生学会运用地理知识解决生活中的问题,因此设计以家乡的地理素材为情境的地理作业，能使学生做题时有亲切感，能调动学习的积极性。借此设计的题目能给学生带来全新的感官刺激、吸引学生，能减少传统教学的单调乏味感，使作业内容更加丰富多彩，增加趣味性，培养学习能力，激发学生热爱家乡、建设家乡的情感。同时，生活化作业的设计可以让教师从只注重书面作业的误区走出来，引导学生观察周边的地理现象，分析生活中的地理问题。此类作业开放性较强，只要是学生感兴趣、可行性强、有一定意义的均可以采用。

地理作业需要以地图为基础，然而教材中乡土地图素材很少，这就需要教师根据作业需要制作合适的家乡专题地图。谷歌地球(Google Earth)软件强大的地理信息库，可以提供教学中所需的地理信息，让学生从中把握更多的地理知识，树立环保意识。[①]学生可以利用 Google Earth 软件获取含有该地区的地形、河流、湖泊、水库等信息的遥感影像图。

以"中国的水资源"一节为例，学生通过学习可以了解中国水资源的时空分布特点，以及学习解决水资源时间分配不均和空间分布不平衡的措施。教师可以利用遥感影像解译来制作水资源来源和水库分布专题图，并设计生活化作业：结合厦门的水资源来源和水库分布图，分析厦门水资源的空间分布特点，提出解决厦门水资源问题的有效途径。

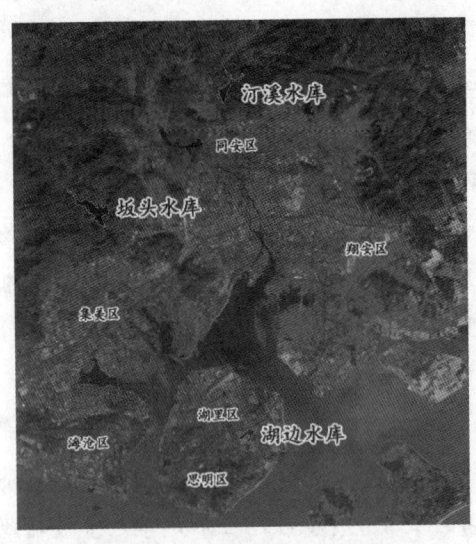

水资源来源和水库分布示意

---

① 胡久龙.信息技术环境下的地理教学改革实践——以 Google Earth 在初中地理教学中的应用为例[J].教育导刊,2011(7):79.

当前,地理有效作业设计已成为一个重要的课题。根据地理学科的特点,地理作业的设计离不开地图的绘制,巧用"3S"技术,绘制出各种不同类型的地图,可满足教师设计地理有效作业的需要。教师可利用业余时间钻研地理信息技术软件,提高自身的绘图能力,设计出符合现代教育需求和学生发展的作业,提高作业设计的有效性,进一步提高教学质量。[①]

教学之道,无定法,贵在激趣与启思。教学之道,无固定之法则,亦无恒久之方式。其妙处在于如何激发学生的兴趣,调动其主动性。课堂,乃师生心灵交流之场所,亦是智慧火花碰撞之地。而有效课堂的生命,便在于创新。提高教学质量,提升学习效率,此乃新课改之终极目标。身为教师,应善于反思教学中的得与失,勇于创新,不断完善课堂教学。

曾有一位智者言:"图中有思,思中有图。"此言非虚。地理教学之中,"图·思·记"之法,便是一种极好的教学策略。教师通过引导学生观察地图、思考地理现象、记忆知识点,使学生在掌握知识的同时,还提升了思维能力和空间观念。此种教学方式,无疑是将学生的读图能力作为地理教学的突破口。

"图·思·记"之法,不仅仅是一种教学方法,更是一种教育理念。它强调的是学生的主体性,尊重学生的个性发展。在这样的课堂中,学生不再是被动接受知识的容器,而是成为主动探索知识的勇士。他们通过观察地图,思考问题,交流心得,逐渐形成了自己的知识体系和思维方式。这样的课堂,才是真正意义上的生命课堂。

然而,实施"图·思·记"之法并非易事。它需要教师具备较高的专业素养和教育智慧。教师不仅要熟练掌握地理知识,还要善于引导学生观察地图、思考问题、记忆知识点。同时,教师还需要关注学生的个体差异,尊重学生的个性发展,使每个学生都能在课堂中找到自己的位置。

"路漫漫其修远兮,吾将上下而求索。"让我们以"图·思·记"为教学策略,将地理课堂打造成为学生能力发展的平台,让课堂成为学生生命绽放的摇篮。相信在这样的课堂中,每一个学生都能找到自己的价值,绽放出属于自己的光芒。

---

① 沈汝丑,杜秀敏.巧用"3S"提高地理作业设计有效性[J].地理教学,2015(24):12.

# 第三章

# 以景观图为载体的"图·思·记"教学

以景观图为载体的"图·思·记"教学,是一种创新且富有实效的教学方法。它充分利用了景观图的视觉冲击力,可激发学生对地理知识的兴趣,引导他们深入思考、强化记忆。

# 第一节 地理景观图

地理景观图以其独特的魅力，为学生打开了一扇通往地理世界的大门。这些图像不仅展示了自然风貌和人文景观，更通过色彩、形状和细节，传达了地理现象的复杂性和多样性。地理景观图中的每一处风景、每一个细节，都饱含着丰富的地理信息，吸引学生去探索、去发现。

## 一、地理景观图的概念

### （一）概念阐释

地理景观图是一种以图形形式呈现地理景观信息的工具。它通过地图、图表、图片等形式，将地理景观的形态、特征、规律等信息呈现出来，帮助人们更好地了解和认识地理环境。地理景观图在地理学、环境科学、城市规划等领域有着广泛的应用，是地理信息科学的重要组成部分。

地理景观图的基本要素包括点、线、面、色彩和文字说明等。点表示地理景观中的点状要素，如山峰、湖泊、城镇等；线表示地理景观中的线状要素，如河流、道路、山脉等；面表示地理景观中的面状要素，如森林、草原、沙漠等；色彩表示地理景观中的不同特征和属性；文字说明则是对地理景观图的解释和说明，帮助读者更好地理解图中的内容。

地理景观图的绘制方法有多种，包括手工绘制、计算机绘制和数字地图制作等。随着计算机技术的发展，数字地图制作已经成为主流的地理景观图制作方式。数字地图制作具有精度高、可编辑性强、易于更新和维护等优点，能够满足现代地理信息科学的需求。

地理景观图的应用非常广泛。在环境保护方面，地理景观图可以帮助人们了解自然环境的分布和变化规律，为环境保护提供科学依据；在城市规划方面，地理景观图可以帮助城市规划师了解城市的地形地貌、资源分布和人口分布等情况，为城市规划提供数据支持；在灾害防控方面，地理景观图可以帮助人们了解灾害风险的分布和变化情况,为灾害防控提供决策依据。

总之,地理景观图作为一种重要的地理信息科学工具,在许多领域都有着广泛的应用。随着科技的不断发展,地理景观图的应用前景将会更加广阔。

### (二)利用地理景观图存在的问题及建议

#### 1.存在的问题

初中地理课堂存在一个普遍现象,即教师过度依赖教材文字系统而忽视图像系统。教师往往只注重机械记忆,而忽略对学生图像应用能力的培养。然而,新课程标准强调了图像在地理教学中的重要性,因为图像是地理信息的载体,也是获取地理知识和培养地理思维的关键途径。尽管如此,许多教师尚未充分认识到这一理念的重要性,因此,如何在课堂教学中有效利用地理景观图是一项我们需要努力的重要任务。

在当前的教育环境下,随着电子黑板在中学教室的普及,如何有效利用地理景观图来辅助地理教学成为一个热门话题。越来越多的研究关注如何有效地收集和利用地理景观图来提高教学质量。对于初中地理教师来说,认识到图像系统的重要性并将其融入教学中是一项紧迫的任务。通过灵活运用地理景观图,不仅可以改进教学方法,而且可以更新教学理念,从而更好地培养学生的地理思维和图像应用能力。

地理学是一门研究地理环境和人类活动与地理环境关系的学科,具有综合性、区域性等特点。地理环境由各种景观构成,而地理景观图是反映地理环境的有效手段之一。地理景观图能够直观、生动地呈现地理信息和知识,是中学地理教学中非常有价值的素材。通过合理运用地理景观图片,可以极大地提高学生提取地理信息、理解地理知识、掌握地理技能的能力,激发学生学习地理的兴趣,培养学生的地理学科核心素养,高效地完成课堂教学目标。

尽管地理景观图在教学中的价值得到了广泛认可,但在实际教学中,教师运用地理景观图的水平参差不齐,教学效果也千差万别。同时,很多教师对如何收集、拍摄景观图也感到茫然。为了解决这些问题,需要进行相应的研究和实践,以期为地理教师提供有价值的借鉴。[1]

---

[1] 杨清.地理景观图在地理课堂教学中的运用[J].中学地理教学参考,2019(3):37.

### 2.改进建议

针对这些问题,建议教师们首先明确教学需求,根据实际需要选择合适的地理景观图。其次,要注重图文的有机结合,将景观图与文字资料相互补充,帮助学生更好地理解地理知识。此外,教师还应加强对学生读图能力的培养,引导学生正确解读地理景观图,提高其从图中获取信息的能力。最后,鼓励教师们积极探索新的教学方法,结合地理景观图开展启发式、互动式教学,激发学生的学习兴趣和主动性。

在运用地理景观图教学的过程中,教师要依据景观图设计有针对性的地理问题,引导学生多角度认识地理要素,并对观察到的地理要素进行思考,在思考分析中厘清要素之间的联系,总结地理特征,提炼地理规律,从而形成综合思维能力。在以图探究的教学中,教师设计的地理问题既要有利于激发学生学习的兴趣,促使学生发现未知并获得解决问题的成就感,又要具有联系性、递进性,给学生提供探究的空间,培养学生的综合思维能力。教师可以从不同角度就某幅地理景观图所包含的各个自然要素进行问题设计。

例如,在讲述南方地区时,教师借用梯田景观图,设计如下探究活动题。

(1)图中景观最有可能位于我国南方地区的哪个高原?请说明判断理由。

(2)据图描述当地的地形特征和气候特征。

(3)当地的主要农业类型是什么?试分析当地农业生产的有利条件有哪些?

(4)相对于坡地的其他开垦方式,修筑梯田更有利于缓解什么环境问题?

(5)当地的茶叶市场广阔,有人认为应继续扩大种植规模,你是否赞成这种看法?请说明理由。

**梯田景观**

问题情境围绕地理景观图,设计了地理区位认知、地形、气候、农业、生态环境、区域经济发展等不同地理要素的相关问题,在问题的设计上具有浓郁的生活气息,也关注了各地理要素间的联系,在培养学生区域认知能力的同时,激发了学生探究学习的兴趣,培养了学生的综合思维能力。[①]

### (三)地理景观图收集、选择、保存与整理

#### 1.地理景观图片的收集方法

随着科技的发展,地理景观图片的收集变得越来越容易。为了满足中学地理教学的需求,教师需要从日常积累和主题收集两个方面入手。

在日常生活中,教师可以养成收集图片的习惯,将遇到的与地理相关的景观图片进行保存和分类。这些图片可以是来自社交媒体、新闻网站、旅游网站等各种渠道的。通过这样的方式,不仅能够丰富教学资源,还能让课堂更加生动有趣。在收集时,教师需要注意选择那些地理主题鲜明、图像清晰、信息准确的图片,避免选择过于模糊或与地理知识关联度不高的图片。

此外,教师还可以根据教学内容进行主题收集。例如,在教授某个特定地区或主题时,教师可以有针对性地在网络上搜索相关的地理景观图片。在搜索过程中,教师可以将关键词、地理名称、地貌特征等作为搜索条件,以便快速找到符合教学需求的图片。同时,教师还需要对搜索到的图片进行筛选和甄别,确保所选图片的科学性、准确性和教学价值。

#### 2.地理景观图片的选择标准

选择合适的地理景观图片对于教学至关重要。教师在选择时应遵循以下标准。

(1)科学性:所选图片应具有科学依据,能够真实反映地理现象和规律,避免出现误导学生的情况。

(2)教学价值:图片应与教学内容紧密相关,能够帮助学生更好地理解地理知识,提高学习效果。

(3)清晰度与分辨率:图片的清晰度和分辨率要高,以便于学生观察和辨识

---

[①] 缪细英,罗萍波.核心素养视角下初中地理图像教学策略探讨——以地理景观图为例[J].中学教学参考,2022(22):91.

地理特征。

(4)典型性:所选图片应具有代表性,能够反映某一地区或某一类地理特征的典型特点。

(5)美观度:图片的构图、色彩、视觉效果等方面应具有一定的美感,能够吸引学生的注意力,提高学习兴趣。

(6)时效性:尽量选择新近拍摄的图片,以保证地理景观的真实性和时效性。

3.地理景观图片的整理与保存

收集和选择到的地理景观图片需要进行分类整理和保存。教师可以将图片按照地区、主题或类型进行分类,并建立相应的文件夹进行存储。同时,为了方便后续使用,教师还可以为每张图片添加关键词或描述,以便快速检索和提取。

此外,随着时间的推移,教师还需要定期更新和扩充自己的地理景观图片库,以保证其时效性和丰富性。通过不断地积累和实践,教师的地理景观图片库将成为一个宝贵的资源库,为教学提供有力的支持。

(四)地理景观图片的拍摄

中学地理教师如果想要提高教学效果,不能仅依赖课本知识,而应该更多地通过实地考察和实践来深入理解地理学的内涵。在这个过程中,地理实践尤为重要。随着摄影技术的发展,地理教师有了更多机会在户外拍摄地理景观图片,这些图片可以作为教学资源的重要补充。教师应该积极行动,利用手机等设备广泛积累地理景观图片,形成自己的图片库,为教学提供宝贵的素材。

1.主动捕捉地理美景

如今,地理教师走出教室,踏入大自然的机会日渐增多。然而,有些教师在户外活动中忽略了地理景观图的拍摄与收集。实际上,每一次的外出都是一次学习的机会。通过细致的观察与拍摄,教师可以获得更为生动和真实的教学资源。这样的教学资源,不仅丰富了课程内容,也使得课堂氛围更为活跃,更能吸引学生的兴趣。

随着手机摄影技术的飞速发展,以及自媒体的普及,地理教师拍摄地理景观图变得轻而易举。只要教师有意识地捕捉这些美景,广泛积累并加以整理,就能形成自己的地理景观图片库,这将为教学提供有价值且独一无二的图片素材。[①]

### 2.专题摄影助力教学

有时候,为了更好地满足教学需求,教师可以针对特定的教学课题进行专题拍摄。当然,专题拍摄需要结合实际情况,因地制宜,不能过于理想化或不切实际。尽管中学地理教师并非专业的地理科研人员或摄影师,但仍可以充分利用现有条件和机会,努力完成一些有价值的地理景观拍摄,以提升教学效果。

## 二 地理景观图的类型

地理景观图是地理学中重要的可视化工具,用于描绘地球表面的自然和人文现象。这些图以形象、直观的方式呈现了地理信息,帮助人们更好地理解地理环境和人类活动与自然环境的相互关系。地理景观图的类型主要有地形图、水文图、气象图、专题图等。

### (一)地形图

地形图是地理景观图中最为基础和常见的类型,主要用于表示地球表面的地形起伏和地貌特征。地形图通常采用等高线、高程点、分层设色等方式来表示地形高度和坡度变化,以便人们能够直观地了解地形的起伏和走势。地形图广泛应用于军事、水利、城市规划等领域。

地形图,作为地理信息的重要载体,以其独特的视觉语言描绘了地球表面的起伏变化。它不仅可以帮助我们了解地形的特点,还可以为我们提供关于自然资源和环境的重要信息。下面是关于地形图的"图·思·记"教学探讨,以培养学生对地形学的理解和探索。

### 1.图:观察与认知

在"图"的环节中,教师需要引导学生仔细观察地形图。这包括识别图中的

---

① 杨清.地理景观图在地理课堂教学中的运用[J].中学地理教学参考,2019(3):39.

地形要素,如山峰、山谷、河流、湖泊等,以及理解它们的空间关系。学生应学会从图中获取数据和信息,了解不同地区的地形特征和差异。此外,教师还可以引导学生认知地形图的制作方法和流程,以提高其对地形信息的认知能力。

2.思:分析与探索

在"思"的环节中,教师需要引导学生深入思考地形图所呈现的现象和特征。学生应学会运用地理学的原理和方法,分析地形形成的原因、影响因素及其与周围环境的相互关系。例如,学生可以探究河流的侵蚀和沉积作用对地形的影响,理解山脉的形成和演化过程。通过这种方式,学生不仅能够深入理解地形现象的本质,还能够培养其分析和解决问题的能力。

3.记:归纳与运用

在"记"的环节中,教师需要引导学生对所学的地形知识进行归纳和总结。学生应学会将地形图中的信息与课堂上学到的理论知识相结合,形成完整的知识体系。同时,教师还应引导学生总结学习过程中的心得体会和经验教训,以便在未来的学习和实践中加以应用。此外,教师还可以引导学生运用所学的地形知识解决实际问题,如进行土地利用规划、资源调查等。通过这种方式,学生不仅能够巩固所学知识,还能够培养其归纳和运用的能力。

(二)水文图

水文图主要表示地球上水体的分布、特征和变化情况,包括河流、湖泊、水库、水坝等。水文图通常采用蓝色表示水体,并根据水深和流速的不同,采用不同的深浅色调来表示。此外,水文图还能够表示包括潮汐、海流等海洋水文现象。水文图对于水利工程、航运、渔业等领域具有重要意义。

水文图,作为地理学中的一种重要工具,以其独特的视觉语言和信息承载能力,成为地理教学中不可或缺的元素。它不仅可以帮助我们直观地了解水文现象,还可以引导我们深入思考其背后的原因和规律。下面是关于水文图的"图·思·记"教学探讨,以期为地理教育工作者提供一些有益的启示。

1.图:观察与解析

在"图"的环节中,教师应引导学生仔细观察水文图,识别其中的关键要素和信息。这包括河流、湖泊、水库、水坝等水体,以及等高线、等深线、流速线等重要的地理信息。学生应学会从图中获取数据和信息,了解不同地区的水文特征和差异。同时,教师还应引导学生解析水文图中的符号、色彩和标注,理解其背后的含义和用途。

2.思:分析与推理

在"思"的环节中,教师应引导学生深入思考水文图所呈现的现象和特征。学生应学会运用地理学的原理和方法,分析水文现象的形成原因、影响因素及其与周围环境的相互关系。例如,学生可以探究河流的流向、流速、流量等要素的变化规律,理解其与地形、气候、植被等自然要素的相互影响。通过这种方式,学生不仅能够深入理解水文现象的本质,还能够培养其分析和解决问题的能力。

3.记:归纳与总结

在"记"的环节中,教师应引导学生对所学的水文知识进行归纳和总结。学生应学会将水文图中的信息与课堂上学到的理论知识相结合,形成完整的知识体系。同时,教师还应积极引导学生总结学习过程中的心得体会和经验教训,鼓励他们将这些宝贵的经验在未来的学习和实践中加以应用。通过这种方式,学生不仅能够巩固和深化所学的地理知识,还能够有效培养其归纳、总结以及反思的能力,为他们的终身学习和发展奠定坚实的基础。

(三)气象图

气象图主要用于表示大气圈中的天气现象和气候特征,包括温度、湿度、降水、风速等内容。气象图通常采用等压线、等温线、等降水量线等方式来表示气象要素的分布和变化。气象图对于天气预报、气候变化研究等领域具有重要意义。

气象图,作为气象信息的主要载体,以其独特的视觉语言描绘了大气状态的变化。它不仅可以帮助我们了解天气的特点和趋势,还可以为我们提供关于气候和环境的重要信息。下面是关于气象图的"图·思·记"教学探讨,以培养学生对气象学的理解和探索。

1.图:识别与理解

在"图"的环节中,教师需要引导学生仔细识别和理解气象图。这包括识别图中的气象要素,如风向、风速、气压、温度等,以及理解它们的空间和时间变化。学生应学会从图中获取数据和信息,了解不同地区的气象特征和差异。此外,教师还可以引导学生了解气象图的制作方法和流程,以提高其对气象信息的理解能力。

2.思:分析与应用

在"思"的环节中,教师需要引导学生深入分析气象图所呈现的现象和特征。学生应学会运用气象学的原理和方法,分析天气系统的形成、演变和影响。例如,学生可以探究气压系统的发展和移动,理解气候变化对全球的影响。通过这种方式,学生不仅能够深入理解气象现象的本质,还能够培养其分析和解决问题的能力。

3.记:归纳与运用

在"记"的环节中,教师需要引导学生对所学的气象知识进行归纳和总结。学生应学会将气象图中的信息与课堂上学到的理论知识相结合,形成完整的知识体系。此外,教师还可以引导学生运用所学的气象知识解决实际问题,如天气预报、气候变化应对等。通过这种方式,学生不仅能够巩固所学知识,还能够培养其归纳和运用的能力。

(四)专题图

除了以上几种类型的地理景观图外,还有许多专题图,这些图根据不同的主题和需求进行编制,旨在反映特定领域的地理信息和特征。专题图的编制需要针对具体问题进行深入分析和研究,以确保地图信息的准确性和可靠性。

专题景观图是针对某一特定主题或领域的图形展示,如人口分布图、交通流量图、经济发展图等。这类图通常具有专业性和复杂性,需要特定的知识和方法来解读。以下是对其他一些专题景观图"图·思·记"教学的一般性建议。

1.图:获取与理解信息

在"图"的环节中,教师需要引导学生从专题景观图中获取关键信息。这包括识别各种图形符号、颜色编码以及它们所代表的特定含义。学生应学会使用图例、比例尺等工具来帮助理解图形内容。此外,教师还应引导学生了解不同专题景观图的制作方法和流程,以提高其对专业信息的理解能力。

### 2.思:分析与解释

在"思"的环节中,教师需要引导学生对专题景观图所呈现的现象进行深入分析。学生应学会运用相关的专业知识和理论,解释图形中的数据和信息。例如,对于经济发展图,学生可以探究不同地区之间的经济差异和发展趋势。通过这种方式,学生不仅能够理解图形的表面信息,还能够培养其深入分析和解释的能力。

### 3.记:归纳与运用

在"记"的环节中,教师需要引导学生对所学的专题景观图知识进行归纳和总结。学生应学会将图形中的信息与课堂上学到的理论知识相结合,形成完整的知识体系。此外,教师还可以积极引导学生运用所学的地理知识去解决实际问题,如参与政策制定、城市规划等实践活动。通过这种方式,学生不仅能够巩固和深化所学的地理知识,还能够在实践中培养其归纳、分析和运用的能力,实现知识与技能的有机融合。

总之,地理景观图的类型多种多样,每种类型的地图都有其特定的应用领域和价值。随着科技的不断发展,地理景观图的编制技术和表现形式也在不断进步和创新。未来,地理景观图将继续发挥其在地理信息传递和科学研究中不可替代的作用,为人类的发展和进步提供重要的支持和帮助。

## 三 地理景观图的特点

地理景观图是一种以地理学为基础,以景观图形式表达地理信息的图表。它通过地图的形式,将地理信息以直观、形象的方式呈现出来,帮助人们更好地理解地理环境和自然现象。地理景观图具有以下几个特点。

(1)直观性。地理景观图最大的特点就是直观性,通过丰富的色彩和多样化的符号,将地理信息以更加生动的方式呈现出来,使读者能够更加深入地了解地理景观的细节和特点。同时,地理景观图是一种可视化的表达方式,它将复杂的地理信息和自然现象以图形的形式呈现出来,使得人们能够更加直观地理解和分析。这种可视化表达方式有助于人们发现地理环境和自然现象的规律和趋势,为科学研究和决策提供更加准确的依据。比如,通过地图上的等高线,我们可以清晰地看出地形的起伏变化;通过地图上的色块和符号,可以直观地了解各个地区的分布情况和特点。这种直观的表达方式使得地理信息更加易于理解和记忆。

(2)详细性。地理景观图能够详细地展示地理信息。它不仅包括地形、地貌、水文等基本地理要素,还可以展示人口分布、交通线路、经济状况等各种信息。这些信息在地图上以各种符号、色块、文字等形式呈现出来,使得人们能够全面了解地理环境和自然现象的各个方面。

(3)动态性。地理景观图可以反映地理环境的动态变化,如土地利用变化、城市化进程、气候变化等。通过不同时间点的地理景观图对比,我们可以直观地看出地理环境的变化趋势和影响。通过揭示各种地理组成要素的发展规律,展示它们之间的相互联系和制约关系,为区域地理景观提供一个完整的概念。

(4)综合性。地理景观图综合了自然地理和人文地理的各个方面,能够全面反映一个地区的地理特征和人类活动的影响。地理景观图包含了丰富的地理信息,如地形、水文、植被、土壤、气候等,能够全面反映地理环境的各个方面。此外,地理景观图还能够表达人类活动和自然过程的空间关系,如城市扩张、土地利用、生态变化等。地理景观地图通过三维建模的方式来表达地理实体,不仅能准确反映地物的位置坐标等信息,还能展示地物的高度、形状、大小、色调等属性信息。在大比例尺条件下,地理景观地图还可以包含更多间接信息,如图片、视频、声音、动画等多媒体信息。这有助于用户从整体上认识一个地区的地理环境,并分析其内在的联系和规律。

(5)广泛的应用性。地理景观图涉及的领域广泛,它不仅在地理学、环境学、城市规划等领域有着广泛的应用,而且在旅游、交通、气象等领域也有着重要的应用价值。比如,在旅游领域,地理景观图可以帮助游客了解景区的地理环境和景观特点,为游客提供更好的旅游体验和服务;在交通领域,地理景观图可以帮助人们了解道路、桥梁、隧道等交通设施的分布和特点,为人们的出行提供更加便捷的服务。

总之,地理景观图作为一种重要的地理信息表达方式,能够帮助人们更好地理解地理环境和自然现象，为科学研究、规划决策等方面提供了重要的参考依据。

## 四 地理景观图的作用

在地理的世界里，有一种特殊的画卷，它不同于我们常见的地图。这张地图上，没有繁复的线条和符号，却以画面为媒介，生动地呈现了地理事物的真实面貌。它，就是地理景观图。

地理景观图，以其独特的魅力，赋予了地理事物生命。在这张图上，山川、河流、森林、草原，乃至城市和乡村，都以最直观的方式呈现在我们眼前。它不仅仅是一张图，更是一个世界的缩影，一个生命的舞台。

客观存在的地理信息，通过图像的形式传递给我们，这是一种任何文字和语言都无法替代的方式。它以无声的方式诉说着大地的故事，让我们在欣赏的同时，也能感受到大自然的魅力和力量。这种传递方式，不仅快速，而且深刻，它帮助学生迅速认识并理解地理事物，形成对地理的初步认知。图文结合，讲练结合，师生互动，能正确导向中学地理的教与学。[①]

地理景观图是一种重要的地理信息媒介，它在地理教学中有着广泛的应用。它不仅能够直观、形象地展示地理现象和地理空间分布，还能帮助学生更好地理解和掌握地理知识。其主要作用主要体现在以下几个方面。

### 1. 提供直观的地理信息

地理景观图通过地图、卫星图像、航空照片等手段，利用图形和色彩的组合，将地理信息以直观、生动的方式呈现出来，显示制图区域各种地理组成要素的发展规律等，如山脉、河流、森林、城市等地理要素的分布和特征。这种可视化的方式有助于人们快速理解地理信息，提高认知效率，深入理解地理环境的发展和变化。

---

[①] 邓带. 人教版八年级《地理》图像系统的读图导学[J]. 中学地理教学参考, 2013(6): 36-37.

### 2.揭示地理要素之间的关系

地理景观图不仅展示了各种地理要素的形态和分布,还揭示了它们之间的相互关系和相互作用,揭示了它们之间的深刻联系和互相制约的关系,这种关系有助于人们理解地理环境中的相互作用和平衡。例如,通过地理景观图,我们可以观察到河流的流向和地形的关系,理解地形对水文的影响,以及这一影响如何进一步作用于当地的气候和生态系统。地理景观图不仅有助于我们对制图区域进行综合性分析和研究,还有利于我们通过分析地图上的各种地理要素,深入探究该区域的自然和社会经济状况,为科学决策提供重要的依据。

### 3.提供区域地理景观的完整概念

地理景观图提供了一个区域地理景观的完整概念,通过地图,人们可以全面了解该区域的地理特征、地貌形态、自然资源分布等情况,为研究和规划提供全面的基础资料。地理景观图与普通地图不同,它不使用符号来表示地理事物,而是直接通过画面来展示地理事物。这使得普通地图上的符号更加具体化和形象化。通过图像形式传递客观存在的地理信息,可以非常具体、生动地将地理事物呈现给学生,这是任何文字和语言都无法替代的。这种形式有助于学生快速理解并认识地理事物,形成地理概念。例如,当学习"重要的水田农业区"这一知识点时,我国北方的学生对"水田"和"梯田"等概念可能不太清楚。但是,通过使用"元阳梯田"图,学生便可以获得直观的认识,从而快速理解这些概念,并了解梯田的一般属性。这就是地理景观图的魔力,它能将抽象的概念变得具体,将复杂的事物变得简单。

### 4.辅助教学与学习

地理景观图可以作为教师讲解的辅助工具,可以帮助教师更好地讲解地理知识,通过地图上的标注和解释,使学生更清晰地理解地理概念、地貌特征、气候变化等问题。同时,学生也可以利用地理景观图进行自主学习和探究,激发学生对地理学的兴趣,并加深对地理知识的理解。与文字相比,地理景观图提供了更为直观的信息,更容易吸引学生的注意力,同时提高可读性。乌申斯基曾说过:"把图片带进教室,就是哑巴也会说话了。"这句话充分体现了地理景观图在地理教学中的价值。通过观察、阅读、记忆、思考、对比和理解地理景观图,初中学生能够更好地掌握地理知识,提高解决问题的能力,从而使教学更具成效。

### 5.促进地理探究和实践

地理景观图可以作为学生进行地理探究和实践的工具。学生可以利用地图进行实地考察、测量、调研等活动,通过实际操作提升他们的地理实践能力和探究精神。通过观察和分析地理景观图,学生可以更好地理解地理现象的空间分布和相互关系,提高他们的空间认知和思维能力。这种思维能力在日常生活和工作中具有广泛的应用价值。

### 6.促进地理研究和决策

地理景观图为地理研究和决策提供了重要的支持。研究人员可以利用地理景观图进行空间分析和模拟,探讨地理现象的演变规律和预测未来发展趋势。政府和企业也可以利用地理景观图进行资源调查、规划和管理,提高决策的科学性和合理性。

## 五 地理景观图的判读

### 1.解读地理景观图的技巧

在解析地理景观图时,关键在于从图中提取重要信息,如独特的植被、标志性建筑和地形特征等。将这些标志性元素与地理知识相结合,便能准确解答相关问题。

### 2.解读地理景观图的方法

首先,要明确地理景观图的主要内容或制作目的。然后,深入研究图中各种地理信息之间的关系。最后,利用图中的标志性信息,如植被类型、建筑或地形特征等,作为答题的切入点,并结合地理知识和其他相关学科知识来解答问题。

### 3.判断类型

(1)鉴别地域位置。

借助地理景观图中的特色地域环境和地理景观的地域性、稳定性或固定性特点,我们可以判断出该景观所处的区域位置。由于地理景观占据一定的地域空间且位置相对固定,我们可以通过识别具有代表性的地理事物或现象,结合所学的知识,来确定该景观的具体区域位置。

(2)解读环境特点。

在地理景观图上,通过观察特定地域的环境特色和地理景观的真实性、直观性特点,我们可以理解该景观所处的环境特征。由于景观图直接以真实的画面展示地理事物或现象的外貌特征,我们可以通过观察这些外貌特征,如地形特点等,来解读该景观的环境特点。

(3)挖掘形成根由。

通过观察地理景观图上的地域环境和地理景观与环境的一致性、适应性特点,我们可以探究该景观的形成原因。因为每一种地理景观都是自然与人文在一定条件下的产物,是特定时间或时代地理环境的体现。所以,只要深入分析图中具有代表性的地理事物或现象,结合所学的知识,我们就可以挖掘出该景观形成的根由。

(4)识别社会活动类型。

借助地理景观图中的特色地域环境和景观的功能性、差异性、直观性等特点,以及与人类活动的关联,我们可以判断出该景观所反映的社会活动类型。由于不同的地理景观有不同的功能和价值,包括生产功能、生态功能等。因此,只要深入分析图中反映社会活动的代表性现象,结合所学的知识,我们就可以识别出该景观所反映的社会活动类型。[①]

### 4.判读步骤

对地理景观图的判读,可以遵循以下步骤。

(1)明确主题。

首先要确定景观图所表达的主题或关注点。这通常可以通过观察图的标题、图例或其他标识来识别。

(2)深入观察。

对地理景观图中的各个地理要素进行仔细的观察,包括地形、地貌、植被、水文、建筑等。了解它们各自的特点和相互之间的关系。

(3)关联知识。

将观察到的信息与已知的地理知识进行关联,尝试理解景观的形成原因、

---

① 秦晋.地理景观图的类型及判读[J].高中生地理,2005(2):49.

环境特点和社会活动类型等。

(4)分析推断。

基于观察到的信息和关联的知识,进行深入的分析和推断,以得出关于该景观的更深入的认识。

(5)提取信息。

根据问题的需求,从地理景观图中提取相关的信息,并进行正确的分析判断。

通过以上步骤,可以有效地从地理景观图中获取所需的信息,并进行正确的解读和分析。

地理景观图,是大自然的诗,也是地理的画。它以最直接的方式,让我们感受到大地的温度和气息,让我们在探索地理的道路上,不再迷茫和困惑。它是我们理解地理的一把钥匙,也是我们走进大自然的一扇窗。地理景观图在提供直观的地理信息、揭示地理要素的发展规律、揭示地理要素之间的关系、提供区域地理景观的完整概念、便于综合性分析和研究、辅助教学与学习、激发兴趣、促进实践探究、培养空间思维能力以及促进地理研究和决策等方面具有重要的作用。地理景观图在地理教学中的作用,就是把实际的地理事象"缩小"后搬进了教室,这给地理教学带来了极大的便利。地理学是一门特别强调理论联系实际的科学。在当前的条件下,要把学生大规模、经常性地带到户外进行观察与实习,仍是一件很困难的事情。在此背景下,如果地理教师能善用各类地理景观图来辅助地理课堂教学,必能帮助学生拓宽地理视野,培养其热爱地理的兴趣,提升地理学科核心素养水平。[1]

在地理教学中,使用地理景观图是不可或缺的环节。这些图片在课堂教学中占据着至关重要的地位,因为它们能够为学生提供直观的地理信息,帮助学生更好地理解地理知识。为了在课堂中合理、正确地使用地理景观图,地理教师需要具备相应的技能和素质。因此,这要求我们更新观念,加强学习,提高自身的专业素质,以便更好地利用地理景观图来提高教学质量。同时,地理教师还应该留心搜集身边的地理景观图片,并将其应用于课堂教学中,以便于落实课程标准的要求。通过这样的方式,学生可以真正学习到对终身发展有用的地理知识。

---

[1] 杨清.地理景观图在地理课堂教学中的运用[J].中学地理教学参考,2019(3):39.

## 六 地理景观图的运用

在地理课堂教学中,地理景观图的运用是必不可少的。无论是收集还是拍摄地理景观图,其目的都是为了更好地辅助教学。为了更好地利用这些图片,我们可以采用"图到知识"和"知识到图"这两种方式进行分类。通过这种分类方法,可以使复杂的问题变得相对简单,方便教师在教学中更加高效地运用地理景观图。

### 1. 从图中学习地理原理

地理景观图虽然包含了大量的信息,但这些信息并不等同于地理知识和技能。因此,教师需要引导学生深入挖掘图像中的信息,并分析这些信息背后的地理原理。这种方法,我们称之为"由图求理法"。但遗憾的是,一些一线地理教师并未充分利用这种方法,他们只是简单地将景观图与地理原理进行对应,而没有引导学生深入解读景观图中隐含的知识和原理。这导致学生的地理读图能力无法得到有效的提升。这一现象的出现,可能与"由图求理法"在教学中的不当运用有密切关系,需要引起地理教师的足够重视。

由图求理法是一种非常重要的地理教学方法,它能够帮助学生更好地理解地理原理,提升地理读图能力。通过引导学生从地理景观图中挖掘信息、分析原理,可以培养学生的分析能力和解决问题的能力。因此,地理教师应该充分认识到由图求理法的重要性,并在教学中合理运用这种方法,以提升学生的地理学习效果。同时,教师也应该注意避免简单地将景观图与地理原理进行对应,而应该引导学生深入解读景观图中隐含的知识和原理。只有这样,学生的地理读图能力才能得到真正的提升。

### 2. 从地理原理分析图像

在中学地理教学中,基本地理原理的教学是重点之一。为了使学生更好地理解和掌握这些原理,教师需要使用地理事象来检验原理,并使用原理来分析地理事象的形成、发展与变化规律。这种方法,我们称之为"由理析图法"。为了达到更好的教学效果,教师需要注意两个方面。首先,选择的图片应该具有典型性,能够紧扣地理原理;其次,教师设置的问题需要将图像与地理原理、相关知识紧密联系起来,符合学生的认知规律。只有这样,学生才能真正通过图像理解地理原理,提升自身的地理学习能力。此外,教师还需要根据学生的实际情况和认知规律来设置问题,使问题更加贴近学生的实际生活和经验,帮助他们更好地理解地理知识。最后,教师需要不断地进行反思和总结,不断地改进教学方法和技巧。通过不断地实践和反思,教师可以更好地掌握"由理析图法"的运用技巧,提高地理教学质量和效果。

### 3.科学使用地理景观图提高教学效果

科学使用地理景观图能够提高地理教学效果,培养学生的地理思维和技能。在教学过程中,教师应根据实际情况选择合适的地理景观图,并引导学生深入挖掘其中的信息,以提高教学质量和效果。以"南方地区的自然特征与农业"为例,可以采取以下措施。

(1)利用地理景观图导入新课。通过展示南方地区的茶园和山水景观图,引导学生观察图片,让他们了解这是来自南方地区的景观,从而引入新课。

(2)以地理景观图引导学生自主思考。例如,当学生看到茶园和山水景观时,可以引导他们思考南方地区的自然特征,如湿热的气候等,并探究这些特征对农业的影响。

(3)利用地理景观图激发学生的学习兴趣。当学生看到茶园和山水景观时,教师可以引导他们搜集一些描写南方的诗词名句,如《忆江南》,并背诵出来,以增加课堂的活跃气氛。同时,展示一些学生未见过的景观图片吸引他们的注意力,激发他们的学习兴趣。

(4)利用地理景观图培养学生的比较分析能力。教学中,教师可以用不同的景观图来培养学生进行对比、鉴别差异的能力。例如,教师展示南方地区东西地形的景观图,学生通过观察图片可以直观地看到不同地区的差异,由此培养他们的观察能力和语言表达能力。

(5)通过地理景观图来实现课堂目标。教师在教学过程中,可以将景观图与其他图像系统配合使用,以达到一定的教学效果。例如,将茶园和山水景观图与南方地区地形图相结合,帮助学生更好地了解南方地区的范围、气候特点以及红色土壤的形成过程等。

## 第二节 以景观图为载体的"图·思·记"教学策略

地理图片,作为地理事物与人的认知活动的桥梁,以其独特的符号手段,综合、形象、直观地传输地理信息,成为地理教学中不可或缺的一部分。它如同明亮的镜子,反映出地理事物的外貌特征或景象,给予我们直观、形象的视觉冲击。与其他图片相比,景观图更加直观、形象、感性,使地理事物的特征更加突出和鲜明。

对于初识地理的初中生来说,他们的地理知识还比较零碎和浅显,加之地理学科的广袤性和复杂性,许多地理事物和现象难以直接观察,从而增加了理解的难度。然而,景观图以其直观、形象的特点,为初中生提供了形成具体、形象的地理表象的机会,有助于他们更好地理解地理概念、规律、特征及成因等理性知识,从而形成系统、本质的学科观念,提升学习效果。

地理图表是地理学习的重要工具。读图获取、分析地理信息,得出合理解释与结论是初中地理最常见的学习活动。但读地理图表,不仅涉及如何读懂图例和注记,如何理解横坐标纵坐标等"技术"层面的内容,更重要的是,通过读图引导和培养学生的地理思维。这是"读图"这项地理学习活动中最基本、最核心的任务。地理图表蕴含着丰富的地理思维教育因素,但在实际教学中这些因素往往并未被充分挖掘,其中蕴含的丰富的地理思维教育价值也因此被"浪费"掉了。在湘教版初中地理教材中,景观图占据了相当大的比重。这些图片不仅数量众多,而且种类丰富,从世界到中国,从高山到平原,从农村到城市,无不涵盖。这些图片以其生动的画面和鲜明的色彩,向学生展示了地理的魅力。那么,在景观图中具体怎样挖掘具有地理思维价值的信息呢?我们认为,以"5W"为线索挖掘景观图中的地理思维教育价值,是一条可行的路径。引导学生学会从"5W"的视角阅读地理图表思考和解决地理问题,是地理图表"5W"教学策略的基本特征。这一教学策略的基本目的有两个:一是提供给学生读地理图表的基本思维路线,教给学生读图的方法,提高读图效率;二是以地理图表为载体,引导学生从地理的视角看问题,培养学生的地理思维。①

"它是什么样子的(what)"具体表现为地理事物和现象的特征,读图时其外在的特征容易被感知,也是学生比较感兴趣的内容。以此为切入点展开系列读图探究活动,更加贴近学生认知的特点。因为真实、生动、直观地表现地理事物的外在特征是地理景观图的突出优势和特征,所以在以"5W"为线索挖掘景观图中地理思维价值的信息时,应从"这种景观具有什么特征?"入手进行分析,这是解读景观图中蕴含的地理思维因素的关键。教学中,教师应注意引导学生通过观察景观图所表征的自然或人文地理"显著征象与标志",形成对"它是什么样子的——即景观特征"的准确认知,在此基础上,再引导学生去推断这种景观特征"在哪里(where)",继而引导学生分析这种景观特征是"如何形成的(why)"。这样,景观图所蕴含的"地理思维价值"由此得以凸显。在引导学生做地理思考的同时,还要在"记"字上作"功课",即要在以"图"为载体的"思"的基础上对"核心、重点的地理知识进行记忆"。

"图·思·记"教学策略强调的是学生的主动性。教师通过引导学生观察景观图,激发他们的好奇心,鼓励他们提出问题、解决问题。在这个过程中,学生的思维能力得到了锻炼,对地理知识的理解也更加深入。他们开始学会从地理景观图中提取信息,分析地理现象,进而解决实际问题。这种教学方法可培养学生的地理素养和综合能力,使他们能够在生活中运用所学知识。

例如,在教学"世界主要气候类型"这一课时,教师可以利用与气候特征相对应的植被景观图,提出一系列问题来引导学生观察和思考。通过对比不同气候类型下的动植物景观,让学生深入理解气候对地理环境的影响。同时,教师还可以通过展示五岳的壮丽美景图片,让学生了解五岳的特色景观,激发他们热爱祖国、保护祖国锦绣河山的真挚感情。在当今的教学中,我们还可以充分利用多媒体技术,制作精美的课件来达成课堂目标。在课件中,我们可以展示许多平时被忽视的景观图片。这些图片不仅能帮助我们突出重点、突破难点,还能培养学生的广阔视野,激发浓厚的学习兴趣,点燃爱国热情,并助力形成正确的人生观。

另外,地理景观图也是学生记忆知识的重要工具。通过将知识点与生动的图像相结合,学生能够更加轻松地记忆知识。教师可以将地理景观图作为教学

---

① 沈汝丑.以"5W"为线索的地理读图策略[J].中学地理教学参考,2016(7):41.

素材,让学生通过观察、描述和记忆,巩固所学知识。此外,教师还可以鼓励学生自己绘制地理景观图,将所学知识以图像的形式呈现出来,加深记忆和理解。

因此,以景观图为载体的"图·思·记"结合策略是一种有效的地理教学方法,它通过将地理景观图、思考和记忆有机结合,能帮助学生更好地理解和掌握地理知识。然而,在以"5W"为线索挖掘和体现景观图中蕴含的地理思维价值及记忆引导时,我们还需注意以下几个问题。

1.选择合适的景观图

教师需要根据教学内容和目标,选择恰当的地理景观图。尽量选择有代表性且能反映某一景观特征的清晰图片,必要时要对所选择的图片进行删减等处理。如果图名即能看出景观"在哪里",建议隐去图名;对某些信息比较杂乱但又不得不选的图片,可用PhotoShop等软件进行处理,以突出重点信息。这些景观图应能够直观地展现地理现象,有助于学生理解抽象的地理概念。

2.设计有针对性的思考问题

教师需要设计具有针对性的问题,引导学生从景观图中提取关键信息,并进行深入思考。问题的难度应适中,这样既能激发学生的思考兴趣,又不会让他们感到过于困难。以"5W"中的"what"作为切入点,设计层层递进、环环相扣的问题链,用问题牵引学生的思维,达到从"看图说话"到"看图说理"的目的。"看图说理"之后,要通过巧妙的教学设计,促进学生有效记忆相关的核心、重点的地理知识,使学生在看到类似的景观图时,能使图更快"说话",提高其图文转换能力。

3.激发学生的记忆潜能

在引导学生观察景观图的过程中,教师需要培养学生的观察力和分析能力。通过指导他们如何观察、分析和解读景观图,帮助学生形成科学的思维方式并激发记忆潜能。教师需要采用多种方法,如复述、联想、归纳等,帮助学生记忆地理知识。同时,还可以通过组织小组讨论、竞赛等活动,激发学生的记忆潜能。

### 4.评估和反馈

最后,教师需要对学生的学习成果进行评估和反馈。通过观察学生在课堂上的表现、作业完成情况以及考试成绩等,生成阶段性评价审视目标达成情况并驱动教学活动,优化教师的"教"和学生的"学",对学习成果作出个性化、发展性的解读。

综上所述,以景观图为载体的"图·思·记"结合的教学策略,为地理教学提供了一种卓有成效的方法。通过解决关键问题并有效运用这一策略,教师可以帮助学生更好地理解和掌握地理知识,提高他们的地理素养和综合能力。

在未来的地理教学中,我们应进一步探索和推广这种教学方法,为学生提供更优质的教育资源,促进他们的全面发展。

## 第三节 以景观图为载体的"图·思·记"教学案例

初中地理新课程标准提出培养有地理素养的社会公民,这是具有时代感和使命感的教育观念,它要求地理教学进行相应改变,教师、教材和教辅等都需要做出相应调整。初中地理教材已经作出了很多改变,其中重要的一点是教材中选用了大量地图和各种景观图。

地理教学应充分利用这些教材资源,以实现教学最优化。在近年来的中考试卷和模拟试卷中,以地理景观图为切入点来考查学生能力的考题不断增多。因此,在地理学习过程中,学生需要弄清地理景观图的类型,并加强地理景观图的判读和训练。

通过地理景观图的学习,学生可以更好地理解地理知识,以此提高思维能力、实践能力和记忆能力。地理景观图不仅是一种教学工具,更是一种教育方式。它能够激发学生的学习兴趣,培养他们的观察力、思考力和表达能力。同时,地理景观图还能帮助学生更好地认识世界、了解不同地区的文化和特点。

为了更好地利用地理景观图进行地理教学,教师需要具备一定的专业素养和教育智慧。他们需要掌握地理景观图的基本知识,了解不同类型的地理景观图的特点和用途。同时,教师还需要具备引导学生观察、思考和记忆的能力,能够根据学生的实际情况灵活调整教学策略。

在地理教学中,教师需要充分认识到地理景观图的重要地位与作用。通过引导学生读图、用图、析图,帮助他们形成地理专业知识技能,同时拓宽他们的视野空间,激发他们的学习热情和爱国情怀。在这个过程中,教师需要灵活运用专业知识,熟练掌握读图和析图的技巧,并拥有自如地进行图文相互转换等能力。

总的来说,地理景观图在地理教学中具有不可替代的作用。我们应该重视地理景观图的地位与作用,充分利用它来启发学生理解和掌握地理知识。通过引导学生读图、用图、析图,培养学生的观察能力、思维能力和实践能力。地理教学应当以地理核心素养为指向，以人为本，以学生为主体，以学生终身发展为重，激发学生的学习内驱力，将核心素养内化为学生的地理品格。[1]只有这样，我们才能真正发挥地理教学的价值，帮助学生形成全面而深刻的地理观念。

## 一 以"5W"为线索体现地理思维价值的教学设计

地理景观图包括景观照片、人物照片、物品照片等，能够反映和表征自然或人文地理事物的"显著征象与标志"，具有真实、生动、直观的特征。"情在图中，理在图外。"在实际教学中，对于教材中景观图的处理，往往只注重其外在的表现或对其外在特征的观察，而对地理景观图所蕴含的地理思维教育价值的关注和挖掘还不够。在地理教材中的图像系统中，景观图占有极大的比重。以湘教版初中地理教材为例，其中收录的地理景观图达三百多幅。这些景观图不仅能够显示地理事物的外在特征，还蕴含着丰富的地理思维教育价值。如果不对其进行深入挖掘与利用，将会造成巨大的"地理思维培养价值"机会的流失。因此，在教学过程中，教师应以"图"为载体，深入挖掘出地理景观图中的地理思维教育价值的信息，引导学生的地理思维，同时在"思"的基础上，再辅之以"记"，实现地理景观图教学功能的最大化。

**【案例】以"5W"为线索分析春节期间某两地不同景象的教学设计**

首先出示图中A、B两地的景观图片，引导学生观察比较：春节期间A、B两地的景观主要差别是什么？请你用简练的词语加以概括。（A图呈现"白雪皑皑"的特征，B图呈现"绿意盎然"的景象）之后，教师出示"中国政区图"，在这张图上着重显示"黑龙江省""浙江省""福建省""海南省"，向学生提出问题：A、B两张图片反映出的景象特征，分别最可能发生在图中四省区的哪一个？学生经过简单思考得出：A图发生在黑龙江省，B图发生在海南省。之后，教师再提出问题：为什么同样在春节期间，黑龙江省和海南省会产生景观差异，出现"白雪皑皑"和"绿意盎然"两种不同的景观呢？

---

[1] 张小丽，赵生龙.核心素养引导下的地理教学新方向[J].中学地理教学参考，2016(11)：13.

A 黑龙江省双峰农场　　　　　　　　B 海南省海口万绿园

**春节期间A、B两地的不同景观**

学生以小组合作的形式讨论得出：同样是春节期间，因黑龙江省在我国最北部，而海南省在我国最南部，两地纬度差异导致两地气温差异。北方纬度高气温低、南方纬度低气温高，越往北气温越低，所以，黑龙江省出现"白雪皑皑"，而海南省却是"绿意盎然"。最后，在教师的引导下，学生思考得出：影响黑龙江省和海南省两省在春节期间的景观差异，是由纬度因素引起的气候中的气温差异导致的，进而得出地理环境呈现的不同景观是各地理要素相互影响、相互作用形成的。

教师随后出示"滑雪图"，提出问题："图中给你印象最深的景象是什么？"此问题期望学生得出"厚厚的积雪"的结论。接着提出：中国的哪些地方会有厚厚的积雪呢？学生简单思考得出：我国的北方地区。紧接着教师再提出问题：我国北方地区为什么有厚厚的积雪呢？学生小组合作学习得出结论：因为我国北方冬季降雪量大且气温较低不易融化，所以积雪很厚。教师最后提出：还有哪些地方有类似的景观？学生探究得到：从积雪景象的形成条件来看，滑雪活动主要出现在海拔较高、纬度较高且降雪丰富的地区，同时这些地区交通也较为便利。进而得出结论：自然地理和人文地理是有机联系的，自然环境深深地影响着人类活动。

教师再次出示"滑雪图"，要求学生完成下列各题：①图中反映的是一项什么运动？②这项运动是在我国的什么季节什么地方发生的？③谈谈地理环境对人类活动产生的影响。学生回忆、思考并得出结论。（说明：因为在前面的教学过程中，我们以"5W"为线索，深入挖掘了"滑雪图"中的景观有什么特征、分布在哪里、如何形成等具有地理思维教育价值的信息，学生很容易回忆起所学过的重点知识，如"人地观点"等，并得出正确答案。）

"5W"读图策略：

"它是什么样子(what)"——图中A、B两地景观主要差别是什么？

"它什么时候发生(when)"——图中A、B两地景观发生在什么时候？

"它在哪里(where)"——图中A、B两张图片反映出的景象特征，最经常发生在"黑龙江省""浙江省""福建省""海南省"四省区的哪一个？

"为什么在那里(why)"——为什么同样在春节期间，黑龙江省和海南省会产生景观差异，出现"白雪皑皑"和"绿意盎然"不同的景观呢？

"它产生了什么作用、怎样使它有利于自然环境和人类(how)"——谈谈地理环境对人类活动产生的影响有哪些？

## 二、以"它是什么样子的"为切入点的地理景观图阅读

地理景观图，不仅展示了地理环境的独特面貌，还蕴含着丰富的地理信息。以"它是什么样子的"为切入点开展读地理景观图的活动，首先注意引导学生通过观察景观图所表征的自然或人文地理"显著征象与标志"，形成对"它是什么样子的"——即景观特征的准确认知。在此基础上，教师再去引导学生分析这种景观"在哪里(where)""为什么在那里(why)"等问题，建立"它是什么样子的"—"它在哪里"—"它为什么在那里"—"它产生了什么作用"的地理思维逻辑链，引导学生由表及里地思考景观图所反映的地理信息。

真实、生动、直观地表现地理事物的外在特征是景观图具有的突出优势，所以在以"5W"为线索读景观图时，可从"它是什么样子的"，即这种景观具有什么特征作为切入点引导学生的读图。我们以地理景观图的读图为例，说明这一策略的具体运用，可参考案例如下。

【案例】以"它是什么样子的"为切入点阅读"木屋居民"图

出示"木屋民居"的景观图，教师先从"它是什么样子的(what)"的角度提出问题："说说图示民居建设材料和形态有哪些显著特征？"

当学生观察得出"木屋民居"以木材作

木屋民居

为主要建筑材料、屋顶坡度大、窗户较小等特征后,教师接着围绕"为什么在那里(why)",提出"当地为什么多建有这种民居?"或者提出"根据这种民居的特点,你可以推测出当地的自然环境有怎样的特征?"这样的问题,引导学生分析得出"采用木质材料建筑民居,就地取材,充分利用当地森林资源,当地气候较为湿润,降水充沛,冬季有降雪,民居屋顶坡度大可以加快泄水和减少屋顶积雪"等结论。随后,教师再从"它在哪里(where)"的角度提出问题:"这种民居可能分布在哪里?"继而出示相应的地图,引导学生进行分析。

这样,形成了"它是什么样子的(what)"——"为什么在那里(why)"——"它在哪里(where)"的地理思维逻辑链,力图达到引导学生从地理角度去思考、解读日常生活中所观察到的自然现象,形成地理思维的目的。

"5W"读图策略:

"它是什么样子(what)"——说说图示民居建设材料和形态有哪些显著特征?

"为什么在那里(why)"——当地为什么多建有这种民居?根据这种民居的特点,可推测出当地自然环境有怎样的特征?

"它在哪里(where)"——这种民居可能分布在哪里?

提醒注意的是,这种地理思维逻辑链并非固定的,而是根据教学内容的特点和学生探究的实际需要,可灵活地将"5W"的次序打乱,重新加以组合,形成其他形式的思维逻辑链。

## 三、以景观图为载体的"图·思·记"结合案例解析

**【案例1】以"5W"为线索解读"建筑"景观图的教学设计**

出示"福建土楼"的景观图,引导学生认真观察图名及图注,仔细阅读图文资料,随后教师提出问题,图中的建筑有什么样的特点?

"图·思·记"：指向核心素养的初中地理教与学

福建土楼依山就势，以当地特有的泥土、细沙、木材和楠竹等为建筑材料，采用特殊工艺建造而成，是我国特色鲜明的大型夯土民居建筑。2008年，福建土楼被列入《世界遗产名录》。

**福建土楼**

通过观察，学生发现土楼的建筑外观可分为方楼、圆楼两种形式。接着教师可提出问题，土楼采用了哪些材料？学生利用图注和观察图片得出土楼的建筑材料，主要是泥土、竹木、石料细沙等。紧接着教师提问：土楼采用围屋结构的原因？学生结合搜集的材料，小组合作研究得出土楼的建筑方式是出于族群安全而采取的一种自卫式的居住样式。在早期外有倭寇入侵、内有连年战乱的情势之下，举族迁移的客家人从家族团聚、防御战争的角度出发，考虑采用围屋这种建筑结构。随后，教师提出：土楼作为文化遗产，它的价值有哪些？在对其进行开发时，我们又应注意哪些问题？学生通过分享搜集的材料，小组探究得出：客家土楼不仅仅是一种建筑形式，更是客家人的历史故事和民俗传说得以文化传承的重要象征，体现了客家人对家族和社区的重视以及传统价值观的延续。加强土楼的管理和维护工作，可通过组织相关的展览、讲座和培训活动，向公众普及土楼文化的意义和价值。旅游产业的发展，将会进一步提升土楼的知名度和影响力。最后，教师再出示"福建土楼"的景观图，请学生完成下列各题。

(1)福建土楼所在地区的地形类型为（　　）。

A.平原　　　　B.高原　　　　C.山地　　　　D.盆地

(2)福建土楼是典型的客家民居，它用生土夯筑而成，福建土楼反映出当地自然的特点是（　　）。

A.气候寒冷，多大风天气　　　　B.土质黏重，降水较多

C.河流稀少，水资源匮乏　　　　D.地形平坦，森林茂密

同样地，以下的"建筑"景观图，我们如何以"5W"为线索来解读呢？

东南亚传统民居　　　　　　　　北非传统民居

传统窑洞

晾晒葡萄干的"荫房"　　　　　　蒙古包

**【案例2】以"5W"为线索解读"民族服饰"景观图的教学设计**

出示图,引导学生仔细阅读图文资料,教师提出问题,图中的阿拉伯人的服饰有什么样的特点?

阿拉伯人驼队

111

"5W"读图策略：

"它是什么样子(what)"——阿拉伯人服装特点？

"它在哪里(where)"——阿拉伯人分布在哪里？

"它什么时候发生(when)"——阿拉伯人什么时间穿着这样的服装？

"为什么在那里(why)"——阿拉伯人为什么会穿着这样的服装？

"它产生了什么作用、怎样使它有利于自然环境和人类(how)"——阿拉伯人的服装与地理环境有什么关系？

学生通过观察可得出图中阿拉伯人服饰以白色为主，宽松长袍，还戴有头巾。教师接着提出问题，阿拉伯人服饰特征与当地自然环境有什么样的联系？学生结合观察到的图片和已知的气候材料，通过小组探究得出阿拉伯人的生活地区主要以热带沙漠气候为主，这些地区炎热干燥、风沙大，白色的服装不易吸热，宽松长袍利于挡风沙和散热，头巾还可起到防晒、防风沙的作用。

以此类推，我们还可以思考如何以"5W"为线索来解读以下"民族服饰"景观图。

| 藏族传统穿着 |  锅庄舞 |  因纽特人 |

**【案例3】以"5W"为线索解读"农业"景观图的教学设计**

出示以下三张图，引导学生认真观察图，教师提出问题，图中采用了哪些农业技术？

| 大棚农业 |  无土栽培 |  滴灌农业 |

学生通过观察可得农业大棚技术、无土栽培技术和滴灌技术。教师提出问题,大棚农业和滴灌农业主要改善农业种植的什么条件?学生结合已有的知识回顾,思考得出大棚农业主要改善热量条件,滴灌农业主要改善水分条件。紧接着教师提出:结合图说明科学技术在农业生产中有什么作用?学生结合前两个问题,通过讨论可以得出科学技术通过改变农业种植条件,提高产量和品质。随后,教师让学生举例说明科学技术在农业生产中有哪些应用?学生可以根据生活实践和讨论说出生活中实例,如:培育优良品种、施有机肥料提高产量、农业机械化提高生产效率等。最后,请学生思考并完成下列各题。

(1)"温室大棚"能反季节种菜,引起变化的因素主要是(　　)。

A.水分　　　　　　　　　　B.土壤

C.热量　　　　　　　　　　D.光照

(2)冬季傍晚小明进入"温室大棚",棚内顶部发现有两排密集排列的灯,这些灯具的作用是(　　)。

A.提供照明　　　　　　　　B.提升热量条件

C.提升光照条件　　　　　　D.提升土壤温度

(3)"温室大棚"内,灯照明时间最长的季节是(　　)。

A.春季　　　　　　　　　　B.夏季

C.秋季　　　　　　　　　　D.冬季

**【案例4】以"5W"为线索解读"工程建设"景观图的教学设计**

| 杭州湾跨海大桥 | 甘肃省的引大入秦工程 |
|---|---|
| 杭州湾跨海大桥经过我国濒临的哪片海?该大桥在修建过程中会遇到哪些困难? | 修建引大入秦工程的目的是什么? |

113

| 矮寨大桥 | 侗族风雨桥 |
|---|---|
| 教师出示图"矮寨大桥",引导学生认真观察图并提出问题:图中桥梁修建地区的地形类型是什么?学生通过观察可得出当地地形以山地为主,地形崎岖。接着提出图中公路为何"之"字形修建?学生观察图,并结合上一个问题的答案容易得出当地以山地为主地形起伏大,公路"之"字形设计主要是为了减缓坡度。紧接着提问:图中修建斜拉大桥对当地有什么样的影响?学生结合所学知识通过小组讨论可以得出斜拉桥的修建缩短了桥两岸地区的时间距离和空间距离,提高了出行效率,促进沿线地区的发展。<br><br>读图完成下列题目:<br>图中大桥修建的地形类型是什么,该大桥在修建过程中可能遇到的困难有哪些? | 教师出示图"侗族风雨桥",引导学生认真观察图并提出问题,图中的建筑主要在四大地理区域中的哪个地区?你是依据什么判断出来的?学生通过阅读相关材料,可以得出该桥主要位于湖南、广东、广西等地的南方地区。接着提出问题:风雨桥是一种集桥、廊、亭三者为一体的桥梁建筑,那它有什么样的作用?学生利用已知材料和观察图片得出,风雨桥可供人行走,又可挡风避雨,还能供人休息或迎宾接客。<br><br>读图完成下列题目:<br>侗族风雨桥反映出的当地自然地理特征有( )。<br>①降水日数较多 ②有河流分布<br>③地势较为崎岖 ④森林资源稀少<br>A.①②③ B.①②④<br>C.①③④ D.②③④ |

## 第三章 以景观图为载体的"图·思·记"教学

| | |
|---|---|
| 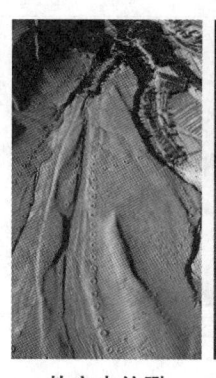 从空中俯瞰坎儿井 　　坎儿井内部 |  新疆穿越沙漠的公路 |
| 教师出示图"坎儿井内部"及"从空中俯瞰坎儿井",引导学生认真观察图,提出问题:图中"坎儿井"所在地的自然环境有什么样的特点?学生通过观察"从空中俯瞰坎儿井"可以得出当地植被稀疏、自然景观以荒漠为主,所以自然环境具有干旱的特征。接着提出问题:"坎儿井"主要位于我国四大地理区域中哪个地区?它的水资源主要来源是什么?结合图以及自然环境特征可以得出"坎儿井"位于我国西北地区,观察"从空中俯瞰坎儿井"图发现"坎儿井"从山麓一路延伸过来可以得出它的水资源主要来自高山冰雪融水。紧接着提出问题:"坎儿井"工程为什么采用竖井加暗渠的方式引水?学生结合图中获取的"坎儿井"所在地区环境及小组讨论可以得出,当地风沙大、气候干旱蒸发旺盛,所以暗渠引水主要为了减少风沙影响,避免水分大量蒸发,起到稳定流量的作用。 | 教师出示图"新疆穿越沙漠的公路",引导学生认真观察图,提出问题:图中公路所在地自然环境具有什么样的特点?学生通过细致观察地理景观图,可以得出当地植被稀疏、自然景观以荒漠为主的结论,进而推断出该地区的自然环境具有干旱的特征。接着提出问题:图中公路两侧的植被起到什么样的作用?结合图以及自然环境特征可以得出图中的植被主要起到防风固沙、保护公路的作用。紧接着提出问题:修建穿越沙漠的公路所遇到的困难可能有哪些?学生结合所学知识通过小组合作探究可以得出,在沙漠地区修建公路难度有沙漠缺水、松散沉积物路基不稳、风沙大、昼夜温差大、交通不便不利于运输施工材料等困难。 |

同样地，我们还可以思考如何以"5W"为线索来解读以下景观图。

| | |
|---|---|
| 新疆农田防护林 | 浮冰上的北极熊 |
| 袋鼠 | 南美洲安第斯山脉 |

# 第四章

# 以分布图为载体的"图·思·记"教学

　　以分布图为载体的"图·思·记"教学是一种将地图、思考和记忆相结合的教学方法。通过这种教学方法，学生可以在学习地理知识的过程中，更好地理解地理现象和规律，提高自己的地理思维能力。

## 第一节 地理分布图

地理分布图是初中地理教材中最基础、最重要的内容之一。它以直观的形式呈现了地理事物在地球表面的分布情况,帮助学生更好地理解地理现象和规律。它是一种展示地理事物在地球表面分布情况的图表。它通过将地理信息以视觉化的方式呈现在地图上,使得人们可以清晰地了解到不同地理事物的空间分布、数量、质量等方面的特征。

地理分布图的制作通常基于地理信息数据,这些数据可以通过各种方式获取,例如卫星遥感、实地调查、地图资料等。在制作地理分布图时,需要根据数据的性质和特点选择合适的图表形式和符号,以便更准确地表达地理事物的分布特征。

地理分布图在多个领域都有广泛的应用。例如,在环境监测中,地理分布图可以用来展示污染物的分布和扩散情况;在城市规划中,地理分布图可以用来展示城市基础设施和功能区的分布情况;在农业研究中,地理分布图可以用来展示农作物生长和分布的情况。[1]

总之,地理分布图是一种重要的地理信息可视化工具,它可以提供丰富的地理信息,帮助人们更好地理解地理事物的分布情况和空间关系。

### 一、地理分布图的概念

#### (一)概念阐释

在地理课程标准中,"位置与分布"构成了描述区域地理内容的基础维度。正如普雷斯顿·詹姆斯所说,"回答有关位置的问题是这门叫作地理的学科的重要特点之一。"

地理分布图,即使用象征性符号表示地理事物的位置与分布的地图,是表示各种地理要素分布的地图。这些地图主要反映了地理要素的分布范围、地

---

[1] 钱鑫.基于核心素养的地理课程理念[J].中学地理教学参考,2016(16):4-5.

点、特征和规律。因此,教授和学习地理分布离不开使用地理分布图。教师需要教导学生如何从分布图中获取关于地理要素分布的知识,也就是如何将图像信息转化为语言信息。这需要教师在读图方法、文字表达、概括和归纳等方面给予指导和训练,以培养学生的读图技能和思维能力。[①]

然而,学生在解读地理分布图时,往往会出现各种状况,如解读不到位、析图思维定式、图中信息提取不准确、图文转换能力不足、语言表达缺乏逻辑性和层次性等。在地理教学中,还存在一些问题,如教学目的不明确、教材编写不合理、教学手段单一、教学形式僵化以及教学资源利用不充分等。因此,为了提高地理学习效果,需要解决这些问题,并重视提高地理分布图判读的准确度。

(二)利用地理分布图存在的问题及建议

1.存在的问题

(1)教学目的上,教材中的多数分布图是为课文中的活动题服务的,教师在教学时常常重视活动题的解决,而对于分布图自身的一般读图方法却不够重视。

(2)教学手段上,读图教学往往重读不重写,对于地理事物的填图、绘图重视不够,导致学生的空间概念难以准确建立。

(3)读图教学形式上,多为师传生受,课堂上虽有师生互动,但缺乏有效的教学交往。

(4)教学资源的利用不够充分,开发更少,比如,图中重要的潜在信息常被忽略,图与图的综合训练不够,对于地图册中大量详实的分布图,课堂教学时却很少利用。

2.改进建议

(1)任务驱动型读图策略。

任务驱动型读图策略是指教师根据教学内容和教学目标,设计一系列具体的任务,引导学生通过完成任务来主动获取地理信息,以此提高读图能力。这种策略以学生为中心,以任务为驱动,让学生在完成任务的过程中,发挥主观能动性,主动思考、探索,从而培养他们的地理思维能力和实践能力。

---

[①] 王明礼,黄占东.地理分布图的种类及读法[J].宁夏教育,2002(4):47.

在地理课堂中,教师可以通过以下方式实施任务驱动型读图策略。

①明确任务目标。

在布置任务时,教师首先要明确任务目标,即通过完成任务要达到的学习目标。任务目标应该具体、可操作,并且与教学内容和教学目标紧密相关。

②选择合适的地图。

地图是任务驱动型读图策略的基础。教师要根据任务目标选择合适的地图,确保地图信息丰富、准确,能够满足任务的需要。同时,教师还要根据学生的实际情况和认知水平选择难度适中的地图。

③设计多样化的任务形式。

任务形式多样化可以激发学生的学习兴趣和积极性。教师可以根据任务目标设计个人任务、同桌合作任务或小组合作任务等形式。同时,任务形式也可以是分析型、整理型、实践型等不同类型,以满足不同学习需求和教学目标。

④注重任务评价和反馈。

任务评价和反馈是任务驱动型读图策略的重要环节。教师要及时评价学生的任务完成情况,反馈学生的表现和进步,引导学生发现问题、解决问题。同时,教师还应注重评价方式的多样性,以便能够全面、客观地评价学生的读图能力和综合素质。综上所述,任务驱动型读图策略是一种有效的地理教学方式。通过实施这种策略,教师可以引导学生主动读图、用图,提高他们的地理思维能力和实践能力。同时,任务驱动型读图策略还可以激发学生的学习兴趣和积极性,培养他们的自主学习能力和合作精神。因此,教师在地理教学中应该积极探索和实践这种策略,以提高教学质量和效果。

(2)发散思维型读图策略。

发散思维型读图策略是一种创新的读图教学方法,旨在激发学生的创造力,培养他们的独立思考和多角度思维能力。这种策略在地理教学中尤其适用,因为地理学是一门需要综合运用多种知识和思维的学科。

在实施发散思维型读图策略时,教师首先需要选择具有代表性的地图,引导学生从多个角度进行观察和分析。这些角度可以包括地理位置、地形地貌、气候条件、人口分布、经济状况等。教师还可以鼓励学生提出自己的问题和假设,然后通过地图查找相关信息,尝试解答自己的问题。

其次,教师需要引导学生进行联想和比较。教师可以让学生将地图上的信息与其他地区的类似情况进行比较,或者将不同时期的地图进行对比,找出变化和趋势。[1]这种联想和比较可以帮助学生深入理解地理现象的内在联系和演变过程。

最后,教师需要对学生的读图成果进行及时的反馈和评价。鼓励学生展示自己的读图成果,对他们的努力和成就给予积极的肯定,并提出建设性的建议以促进其进一步发展。同时,教师还可以组织学生相互评价和讨论,为他们提供一个交流和学习的平台,通过彼此的分享和反馈,帮助学生更好地认识自己的读图能力,借鉴他人的优点和经验,实现共同进步和提升。总的来说,发散思维型读图策略是一种能够培养学生创新思维和地理素养的有效方法。它不仅可以帮助学生更好地理解和掌握地理知识,还可以提高他们的观察力、分析力和表达能力。因此,在地理教学中,教师应该积极尝试和推广这种策略,以促进学生的全面发展。

(3)建构知识型读图策略。

建构知识型读图策略是一种重要的地理教学方法,它通过引导学生读图、分析地图信息,自主建构地理知识体系,从而加深对地理现象和原理的理解。

①逻辑建构。

地理要素的分布并非随意,而是有其成因联系。因此,在解读地图时,我们需要揭示这种联系,从而在逻辑上构建知识。例如,世界年降水量的分布受到海陆位置、纬度位置和地形等多种因素的影响。因此,在解读"世界年降水量分布图"时,我们应当按照成因联系,从赤道与两极、回归线附近的大陆东岸和西岸、温带地区的大陆内部与沿海、雨极与干极等方面来构建知识体系。同样地,在阅读"欧洲西部的气候图"时,我们可以从其纬度位置、海陆位置、大陆轮廓和地形特点等方面来构建该区域气候知识的内在逻辑。[2]再比如,阅读"我国西北地区地形图",我们可以看到地表自然景观和居民点分布等人文景观都表现出"干旱"的特征,而这背后则是海陆位置和地形因素的影响。

②"5W"建构。

"5W"(即where、what、when、why和how)是地理学中一种重要的研究方法,也是阅读和理解地理分布图的基础手段。通过这五个关键问题,我们可以深入

---

[1] 李完晶.培养高中生地理核心素养的教学方法初探[J].当代教研论丛,2017(9):76-77.

[2] 刘施政.浅谈薄弱高中地理教学中如何培养学生核心素养[J].中学课程辅导(教师通讯),2018(4):40.

挖掘地理分布图的内在信息,从而更好地理解和掌握地理知识。

例如,在阅读"我国人口密度图"时,我们可以按照"5W"的思路来系统地分析和理解地图上的信息。首先,我们要明确地图上的各个区域(where),这包括我国东部和西部地区。接下来,我们要观察地图上各个区域的具体情况(what),比如各区域的面积和人口数量。然后,我们要探究这些情况发生的时间(when)。进一步地,我们要探究这些情况发生的原因(why),比如自然条件和社会经济因素的影响。最后,我们要探讨如何应对这些问题和采取的措施(how),如人口迁移和发展教育等。

### (三)分布图"读图"教学的有效方法

一幅地理分布图为使其具有科学性、完整性,通常涵盖较多的知识内容,承载较多的地理信息,如"亚洲的地形""世界1月平均气温的分布"等。对于此类地图教学,教师首先要立足于对学生识读地图能力的培养,着眼于读图教学是否有效。把握以下"三个关键"能有效突破分布图教学的"瓶颈",达到化繁为简、深入浅出的效果,同时还能提高学生学习的积极性和有效性。①

#### 1.关键要教给学生读图的程序

在浩瀚无垠的地理世界中,地图如同一扇通往神秘境地的门户。透过这扇门,我们可以窥探到大自然的奥秘,感受到地球的呼吸。读图,便是引领我们走进这个神奇世界的向导。它教会我们如何从地图中获取丰富的地理信息,如何用心灵去触摸那些遥远而真实的地理特征。

(1)地图,是地理学的语言,是地理知识的载体。

读图教学中,我们首先要学会解读地图的语言。这不仅需要我们对地图的基本要素有清晰的认识,还需要我们掌握解读地图的技巧。读图教学,不仅仅是学习地理知识的过程,更是一场心灵的探索之旅。

(2)地图上的每一个符号,都蕴含着丰富的地理信息。

我们需要用心去观察、去思考,才能将这些信息转化为自己的知识。在这个过程中,我们会发现,地理世界并不是冷冰冰的,而是充满了生命活力的。每一座山峰、每一条河流、每一片森林,都在诉说着它们的故事。而读图教学,就

---

① 廖宝华.初中地理分布图的读图与析图教学[J].福建教育学院学报:2015(8):113.

是让我们成为这些故事的倾听者。

（3）在读图教学中，教师的作用是至关重要的。

他们需要引导学生正确地解读地图，帮助学生理解地图上的信息。同时，教师还需要培养学生的读图兴趣，让他们在探索地理知识的过程中感受到快乐。只有这样，学生才能真正地爱上地理，才能真正地理解地图的魅力。

（4）读图教学需要遵循一定的顺序。

首先，我们需要读图名，了解地图的主题和范围。然后，我们需要关注地图的三个基本要素：比例尺、方向和图例。这些要素是解读地图的基础，只有掌握了它们，我们才能更好地理解地图的内容。接下来，我们需要认真阅读正图，把握地理事物的分布和特征。最后，我们需要关注辅图，了解一些细节信息。

（5）在读图教学中，我们还需要注意一些问题。

首先，我们需要培养学生的空间思维能力。因为地理事物是三维的，我们需要从多个角度去理解它们。其次，我们需要培养学生的综合分析能力。因为地理事物是相互联系的，我们需要从整体上去把握它们的关系。最后，我们需要培养学生的实践应用能力。因为地理知识来源于实践，我们需要将所学知识应用到实际中去。在读图教学中，教师可以引导学生进行思考和分析，以便他们通过自己的思考和理解来掌握地理知识。在这个过程中，教师可以提出一些问题，引导学生进行思考和探究，帮助他们建立正确的思维模式和掌握必要探究方法。

读图教学是地理教学中不可或缺的一部分。它不仅可以帮助学生掌握地理知识，还可以培养学生的观察力、思考力和实践能力。因此，我们应该重视读图教学，将其作为地理教学中的重要环节来对待。只有这样，我们才能真正地发挥出地图的价值，才能真正地让学生感受到地理学的魅力。

### 2.把握关键要点，化繁为简

地理事物分布图往往包含大量的地理信息和数据，这使得学生难以快速理解和掌握。因此，教师在教学中应该引导学生抓住重点，化繁为简。为了达到这个目的，教师可以通过以下方法进行改进：首先，给予学生足够的时间来观察和理解地图，让他们反复查看，逐步加深对地图的理解；其次，指导学生根据学习需求提取关键信息，使他们能够快速找到所需内容；最后，利用地理简图将复杂的地图简化为简单易懂的形式，帮助学生更好地理解地理事物的分布规律和内在联系。通过这些方法,学生可以更好地掌握关键要点,提高学习效率。

为了帮助学生更好地理解地理事物分布图,教师需要采用简洁明了的语言和表达方式。首先,教师应该避免使用过于复杂和专业的术语,而选择简单易懂的语言来解释地理概念和规律。这样能够帮助学生更好地理解地理知识,提高他们的学习兴趣。其次,教师在讲解地图时应该突出核心内容,强调重要的地理信息和特征。这有助于学生更好地抓住重点,加深对地图的理解。最后,教师可以通过举例和比较的方法来帮助学生更好地理解地理事物之间的关系和差异。通过这些方法,学生可以更好地掌握地图的核心内容,提高他们的地理素养。

3.关键在于学生的读图技能必须在经常的体验和操作中形成

在地理教学中,学生读图技能的形成需要经常的实践操作和体验。除了教师的引导,学生还需要亲自动手进行"划""描""摹"等操作,以加深对地图的理解和记忆。重要的地理事物名称、位置等都应反复练习,强化记忆。[1]

对于重要的"面""线""点",教师应引导学生反复勾画、描摹,强化记忆。例如,地球上的五带分布、板块分布、全球火山地震分布等示意图,都应在理解的基础上进行临摹,以加深记忆和理解。

通过动手操作,学生可以更好地掌握地图的细节和要点,提高读图技能。因此,地理教学中应重视学生的动手实践,提供足够的操作机会。

**【案例】以"5W"为线索解读"地形"分布图的教学设计[2]**

1.引导:看图名,明确主要任务——了解美国的地形。

2.读地图的三要素:

(1)比例尺:明确图上1 cm代表的实际距离;

(2)图上方向:根据30°N和40°N判断方向;

(3)图例:分层设色高度表的解读。

3.正图读图顺序建议:

(1)从西往东:太平洋—科迪勒拉山系—大高原—落基山脉—大平原—密

---

[1] 范泰洋,黄文斌,彭清思.核心素养视域下的地理教学目标设计[J].课程教材教学研究(教育研究),2017(Z6):93.

[2] 廖宝华.初中地理分布图的读图与析图教学[J].福建教育学院学报,2015(8):114.

西西比河—中央平原、滨海平原—阿巴拉契亚山脉—大西洋沿岸平原—大西洋;

(2)由北向南:加拿大(分界线、五大湖)—美国本土—墨西哥及墨西哥湾。

4.简图配合,从面、线、点三个层次把握主要地形。

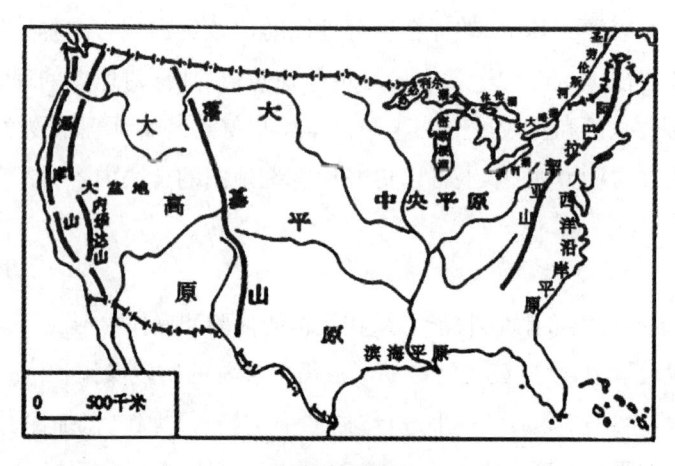

**美国地形简图**

5.读辅图:阿拉斯加、夏威夷示意。(若有)

6.学生体验:

(1)在"美国地形简图"中按由东到西的顺序用铅笔画出美国的主要山脉(系);

(2)在图中圈出主要的高原、平原、湖泊。

### (四)地理事物分布图析图教学的有效方法与运用

分布图析图教学是帮助学生理解地理事物特征及分布规律的重要过程。在这个过程中,学生需要展开思维,思考地图中的信息,以理解地理事物的特征和分布规律。这不仅有助于学生掌握地理知识,还能培养他们的地理思维能力和运用地图的能力。

教师的导析方法在析图教学中起着至关重要的作用。为了提高教学的有效性,教师需要采用有效的方法引导学生进行思维活动,帮助他们理解"为什么"的问题。这需要教师具备丰富的地理知识和教学经验,能够根据学生的实际情况和需求,灵活运用不同的教学方法。

案例分析与习题讲解是析图教学的重要应用场景。通过分析具体的地理案例和解答习题,学生可以更好地理解和掌握地理知识,提高解题能力和地理思维能力。因此,教师在教学中应注重案例的选择和习题的设计,以帮助学生更好地掌握地理知识。

学生的积极参与是提高析图教学有效性的关键。教师需要引导学生主动参与思维活动,激发他们的学习兴趣和积极性。同时,教师还应注重培养学生的自主学习能力和合作学习能力,让他们在互相交流和合作中提高自己的地理思维能力。

评价与反馈是提高析图教学有效性的重要手段。教师需要及时评价学生的学习成果和表现,提供反馈和建议,帮助他们发现自己的不足和问题,并指导他们如何改进。同时,教师还需要不断反思自己的教学方法和效果,根据学生的反馈和表现进行调整和改进,以提高教学的有效性。[1]

### (五)教师的地图教学习惯决定教学是否有效

身教重于言传,对于学生用图习惯的养成同样适用。在教学过程中,教师应该始终坚持使用地图来分析和解决问题。除了要做到"教不离图,图不离手",更为关键的是要通过日常教学将良好的读图和析图习惯潜移默化地传递给学生。

在读图教学中,教师应该始终遵循基本的读图程序,帮助学生养成阅读图上方向、比例尺以及熟记重要图例的习惯。这不仅有助于提高教学的实效性,更有助于稳固学生的读图技能。

此外,教师在析图导学过程中所展现的清晰的逻辑推理和习惯性的地理思维方式,也会影响和促使学生逐步养成地理思维方式[2]。

## 二 地理分布图的类型

地理分布图可以根据不同的背景和目的进行分类,具体分为以区域图为背景的分布图、以统计图为背景的时空分布图。以区域图为背景的分布图主要展

---

[1] 郭芳英."以核心素养为本"的高中地理教学设计思考与策略[J].地理教育,2018(6):8-11.
[2] 廖宝华.初中地理分布图的读图与析图教学[J].福建教育学院学报,2015(8):115.

示地理区域内的各类要素分布情况,而以统计图为背景的时空分布图则更注重时间和空间的变化,用于展示动态的地理现象或数据变化趋势。这样的分类有助于更好地理解和分析地理信息,从而做出更有针对性的决策。

## (一)以区域图为背景的分布图

### 1. 点状分布图

在宏观的区域地图中,点的分布确实是一个重要的解析角度。这些点代表的地理事物,如世界主要港口或长三角城市的分布,能够揭示出地理规律和内部联系。重点并不只是局限于每个单独的点,而是通过观察点的整体分布、密度和相互关系来探究地理现象的内在逻辑。这样的分析方法有助于培养学生综合运用地理知识的能力,提升他们对于地理现象的认知和理解。

点状分布图,表示的地理事物是标定在图上离散的点。用点来表示分布地点,用不同图例来表示类别,定位符号的大小来表示数量。在点状地理事物的描述中,关于点的疏密:①均匀一致,②分布不均(总分结构描述),沿什么线(或面)密集,沿什么线(或面)稀疏。关于点的位置:在线(沿河谷、海岸线、边境线、交通线)上分布,在面(面的什么位置)上分布。关于点的数量:多少(极值最多、最少、最集中等),反映的规律(哪多哪少)。

点状分布图主要包括城市分布图、物产分布图、矿产分布图等。在解读这些点状分布图时,我们需要采用部分—整体的方法。首先,我们要观察地理事物或要素的分布情况,它们通常遵循一定的线状规律,如沿江、沿河、沿海或沿山脉、铁路线等。接下来,运用分析技巧,总结出这些分布的规律。最后,运用联系的方法,深入理解主体地理要素与客体地理要素之间的关系,并找出其分布规律的原因。例如,在解读"百万人口城市分布图"时,首先明确这是一张特大城市人口分布图,城市以点状形式呈现。然后,在读出各个特大城市后,引导学生思考这些城市的分布规律。学生可能会发现这些城市沿长江及其支流、京广线或沿海地区分布。最后,从影响城市分布的自然和人文因素出发,分析城市分布规律的原因。结论可能是地形平坦、水源充足、工农业生产水平高、人口稠密和交通发达的地区容易形成城市等。同时,我国特大城市在东部的分布多于西部。这种部分—整体的教学方式不仅能帮助学生复习已学知识,还能提高他们分析问题和解决问题的能力。

## 2.线状分布图

线状分布图在地理学习中也是非常重要的一部分。在读线状地理分布图时,特别要注意这些地理要素的起点和终点、沿途的变化以及它们的走向。此外,还要注重同一空间内不同地理事物之间的联系,理解它们之间的内在联系,形成对地理事物空间位置和相互影响关系的完整认知。这样的学习方法有助于培养学生的空间思维和综合分析能力。

线状地理分布图,常用线状符号来表示交通线、河流、山脉、洋流、等值线等。带箭头的表示动态,不带箭头的表示静态。线段的长短、粗细表示量的大小。读线状地理分布图要注意事物的起止点、事物的沿途变化和事物的走向。注重同一空间内不同地理知识之间的联系,认识和理解不同地理事物之间的内在联系,包括它们之间的相互作用、相互影响以及它们在空间上的分布和排列规律,逐渐形成一个关于地理事物空间位置和相互影响的结构体系,从而更好地理解和把握地理环境的整体性和复杂性。在线状地理事物的描述中,若描述一条等值线应突出位置、延伸方向,凸出(弯曲)方向,明显转折时要分段描述。应从以下几个方面描述一组等值线。①变化趋势:由总体延伸方向的递变规律,向什么方向逐渐变大(变小)。②分布范围:最大到最小的范围是什么。③分布凸变:某地区偏大(小)、极值或特殊值。[①]

线状分布图,主要有等值线分布图(包括等温线、等压线、等降水量线等)、河流分布图、交通线分布图等。对等值线分布图的阅读,需注意以下三点:

(1)判断地理要素差异:依据等值线的疏密程度,在同一幅地图上,等值线越稀疏,两地的差异越小;反之,差异则较大;

(2)关注关键等值线:要注意地图上的关键等值线及其所在的位置。这类等值线往往具有重大的意义,是不同地理事物之间的分界线;

(3)理解等值线的意义:对于关键的等值线,应引导学生深入理解其背后的意义,通常,关键等值线代表着同类两种地理事物的分界线。

在阅读河流或交通分布图时,需注意以下两点:

(1)明确主要走向:对于河流或交通线,首先要明确其主要走向或路线;

(2)总结空间组合特征:要总结或找出线与线的空间组合特征。例如,在阅

---

① 张林林.浅谈初中地理分布图信息获取和解读能力的培养[J].课程教育研究,2017(46):165.

读"我国铁路交通线分布图"时,首先应让学生找出主要的铁路干线,然后分辨哪些是东西走向,哪些是南北走向,最后总结出我国铁路的总体分布特征。

3.带状分布图

带状分布图,主要包括气候带分布图、热量带分布图、干湿地区分布图、风带和气压带分布图、洋流分布图、地震带分布图、工业地带分布图、农业地带分布图等。在阅读带状分布图时,主要关注的是地理要素在空间上的连续性。①

气候带分布图:这类地图展示了地球上不同地区的气候类型。通过观察,可以了解不同地区的气候特点、变化规律及其影响因素。

热量带分布图:显示了地球上的热量区域,如热带、南北温带和南北寒带。这有助于理解不同地区的热量差异和气候变化。

干湿地区分布图:显示了湿润地区、半湿润地区、半干旱地区和干旱地区的分布。这对于理解水资源的分布和利用、农业发展等方面至关重要。

风带和气压带分布图:这类地图揭示了风和气压在不同地区的分布情况。这对于气象预测、航空航海等领域具有重要意义。

洋流分布图:显示了海洋中洋流的流向和分布,这对于航海、渔业和全球气候变化都有重要影响。

地震带分布图:揭示了地球上地震活动的区域。这对于地质研究、防灾减灾等方面具有重要意义。

工业地带分布图:显示了工业在地理上的分布情况,有助于理解工业发展的地区差异和趋势。

农业地带分布图:揭示了农业在不同地区的分布情况,有助于理解农业生产的地区差异和特点。

在阅读以上这类地图时,要注意各地理要素的连续性分布,理解其形成的原因和影响因素,以及它们对当地环境和人类活动的影响。

4.面状分布图

面状分布图仍然是地理学习中非常重要的一部分。其主要用于表示面状

---

① 刘启银,梅国红.围绕"主题+区域"探究地理核心素养的培育策略——以"风沙"主题为例[J].福建基础教育研究,2016(8):115-117.

的地理要素,如地形区、气候区、农业地域和工业区等。在读面状地理分布图时,首先要明确这些地理事物的分布范围。地图上通常会用封闭的界线或不同的图例、颜色来表示某种或多种呈面状分布的事物的范围和数量。通过观察这些要素的分布特点和相互关系,可以深入了解地理现象的内在规律和相互影响,有助于培养学生的综合分析能力和空间思维能力。

面状地理分布图可表示以下几个内容。①表示分布范围:在地图中用封闭的界线,或一种图例表示某种呈面状分布事物的范围。②表示类别:在某种地理事物的分布范围内,用不同的颜色或图例,在各个范围内用不同图形加以区分类别。③表示数量:常用散点法(点数多少)、等值线法。读面状地理分布图时,要明确事物的地理范围。在面状地理事物的描述中,应描述位置属性(相对位置):分布方位、分布范围、伸展方向;数量属性(面积、形状):面积大小、形状、延伸方向动态变化趋势。

面状分布图都有范围,有范围就有界线的存在,所以在阅读面状分布图时,需要关注几个关键点。

首先,了解区域的周边界线是确定其范围的基础,这有助于我们更好地掌握其整体轮廓特征。

接下来,分析地理要素的分布规律至关重要。以我国地形分布图为例,通过观察可以总结出地形分布的规律性:我国东部的地形以平原和丘陵为主,而西部则以高原和盆地为主。这种规律性的分布不仅反映了我国地形地貌的多样性,还揭示了自然地理要素之间的相互关系和影响。[①]

最后,理解地理要素分布规律的原因是阅读面状分布图的更深层次要求。例如,在阅读"世界三大粮食主要产区分布图"时,我们不仅要了解小麦的分布区域,还要结合小麦的生长习性和气候条件等因素来分析其分布的原因。这样,我们才能更全面地理解地理要素分布背后的自然和社会经济因素。

综上所述,阅读面状分布图需要关注区域的界线、地理要素的分布规律以及其背后的原因。通过这样的分析,我们可以更好地理解和解释地理现象的空间分布特征。

---

① 王明礼,黄占东.地理分布图的种类及读法[J].宁夏教育,2002(4):47.

### (二)以统计图为背景的时空分布图

在地理学的领域中,时空分布图是揭示地理现象和事物时空分布特征的重要工具。它们可以细分为随时间变化的分布图和随空间变化的分布图,为我们提供了丰富的信息,使我们能够深入了解地理现象和事物的变化规律。

一方面,随时间变化的分布图,它以时间为横轴,地理要素为纵轴,清晰地描绘了地理现象和事物的动态变化。这种图表能够揭示地理事物在不同时间点的分布特征,以及随着时间的推移所发生的变化。在阅读这类图表时,我们需要密切关注图中的数据,特别是数据的变化趋势,以了解地理现象和事物的发展动态。

另一方面,随空间变化的分布图则以空间位置为坐标轴,展示了地理现象和事物在不同地理位置的分布特征。这类图表可以帮助我们了解地理现象和事物在空间上的分布规律,以及它们在不同地区的差异。在阅读这类图表时,我们需要关注图中的区域分布,以及各区域之间的差异,以全面理解地理现象和事物的空间分布特征。

无论是随时间变化的分布图还是随空间变化的分布图,我们在阅读时都需要注意以下几点。首先,我们需要明确图表所表示的地理事物类型,了解图表所代表的具体含义。其次,我们需要密切关注图中的数据和变化趋势,以深入了解地理现象和事物的动态特征。最后,我们还需要注意坐标图中线或点的分布及其变化趋势,以揭示地理现象和事物的空间分布规律。

总的来说,时空分布图是地理学中非常重要的工具。通过深入阅读和分析时空分布图,我们可以更好地理解地理现象和事物的时空分布特征和规律。这将有助于我们更好地理解地球的运作机制,以及人类活动与自然环境之间的相互影响。

## 三 地理分布图的特点

在我们的生活中,地理分布图是一种非常实用的工具,它可以帮助我们更好地了解世界的地理分布情况。地理分布图也是一种重要的地图类型,它能够清晰地展示地理要素在空间中的分布情况。其特点主要表现在以下几个方面。

(1)地理分布图具有空间性。地理要素在地球表面的分布是无处不在的,因此地理分布图必须具有空间性，能够准确地反映地理要素在空间中的位置和分布情况。地理分布图通常采用平面投影的方法，将地球表面的地理要素投影到地图上，以便更好地展示地理要素的分布情况。通过地理分布图，我们可以对各种地理要素进行空间分析和可视化，例如计算距离、测量面积、确定方向等。这些空间分析功能可以帮助我们更好地理解地理要素之间的空间关系和相互作用。

（2）地理分布图具有符号性。为了能够清晰地展示地理要素的分布情况，地理分布图通常采用各种符号来表示不同的地理要素。例如，可以用不同的线条、颜色、形状等来表示河流、山脉、城市等不同的地理要素。这些符号在地图上具有特定的含义，能够准确地传达地理信息。

（3）地理分布图具有动态性。随着时间的推移，地理要素的分布情况也会发生变化。因此，地理分布图也需要不断地更新和修正，以反映最新的地理信息。同时，随着技术的发展和进步，地理分布图的制作技术和表示方法也在不断地发展和完善。例如，我们可以比较不同时期的地图，观察到城市的发展扩张、山脉的移动、河流的改道等现象。这种动态的展示方式，使得地理分布图成为研究地理环境变化的重要依据。

（4）地理分布图具有艺术性。地图的制作需要考虑到很多因素，如比例尺的确定、色彩的搭配、符号的设计等。一幅精美的地图，需要选择合适的比例尺，以便更好地展示地理要素的分布情况，不仅具有实用价值，更是一件艺术品。它能够带给人们美的享受，激发人们对地理的热爱。

（5）地理分布图还可以帮助我们进行地理信息系统的建设和管理。地理信息系统是一种集成了计算机技术、地图技术和地理学等学科的综合性技术系统，它可以帮助我们进行各种空间数据的处理和分析。[1]而地理分布图则是地理信息系统的重要组成部分，它可以帮助我们更好地管理和利用各种空间数据。

总之，地理分布图，是我们探索世界的一扇窗户。它以图形的形式，将大千世界的地理信息浓缩在一张纸上，让我们可以一目了然地了解各地的地理特征。地理分布图是一种非常重要的地图形式，它具有空间性、符号性、比例性、

---

[1] 贾丽.核心素养视域下高中生地理实践力培养的现状分析与实践探索[D].海口：海南师范大学,2018:13-16.

动态性、直观性、综合性、艺术性以及地理信息系统建设和管理能力等特点。它的这些特点,也是其魅力所在。通过地理分布图,我们可以更好地了解世界的地理分布情况,也可以更好地进行各种空间数据的处理和分析。这些特点使得地理分布图成为我们认识世界、研究地理环境变化的重要工具。在今天这个信息爆炸的时代,我们更应该好好利用地理分布图,去探索这个充满奥秘的世界。

## 四 地理分布图的作用

地理分布图:揭示世界之美的有力工具。

在我们的日常生活中,地图作为一种常见的工具,帮助我们了解我们所处的位置,规划行程,探索未知的领域。然而,地图不仅仅是路线的指南,它更是我们理解世界的重要方式。地理分布图,作为地图的一种特殊形式,更是如此。

首先,地理分布图是一种视觉化的表达方式,通过图形和符号将地理信息呈现出来。这种表达方式使得复杂的数据和信息变得直观易懂,使得我们能够更好地理解地理现象和过程。无论是想要了解某个地区的自然资源分布,还是想要探究全球气候变化的趋势,地理分布图都能为我们提供有力的支持。

其次,地理分布图在科学研究中扮演着重要的角色。科学家们通过地理分布图来研究地理现象的分布规律,探究其形成原因和演变过程。例如,生物学家可以通过地理分布图来研究物种的分布范围和生态习性,地质学家则可以通过地理分布图来研究地壳的运动和地质构造。

此外,地理分布图还在资源开发和环境保护方面发挥着重要的作用。通过地理分布图,我们可以清楚地了解到资源的分布情况,以便制订合理的开发计划。同时,我们也可以了解到环境的变化情况,从而及时采取措施来保护环境。[1]

总的来说,地理分布图不仅能够帮助我们更好地理解世界,还能在科学研究、资源开发和环境保护等方面发挥重要的作用。随着科技的不断发展,地理分布图的制作技术和表现形式也在不断进步,相信未来地理分布图将会在更多领域发挥更大的作用。

---

[1] 王丹丹.基于教师视角的高中地理教学中区域认知核心素养培养研究[D].南充:西华师范大学,2018:24-25.

在我们的生活中,地理分布图的应用场景也非常广泛。例如,在旅游领域,它可以帮助我们规划行程,了解景点的分布情况;在商业领域,它可以帮助企业了解市场需求和竞争情况,有助于制定合理的营销策略;在教育领域,它可以帮助学生更好地理解地理知识,提高他们的空间思维能力。此外,地理分布图还是一种重要的历史记录工具。通过历史地理分布图,我们可以了解到历史时期的各种地理现象和过程,从而更好地理解历史事件的发生和发展。例如,历史战争的地理分布图可以帮助我们了解战争的进程和战略布局;历史人口迁移的地理分布图可以帮助我们了解人类社会的演变和发展。在未来,随着科技的不断进步和应用领域的不断拓展,地理分布图的发展前景将会更加广阔。例如,利用人工智能技术,我们可以更加高效地制作和应用地理分布图;利用虚拟现实技术,我们可以更加生动地呈现地理分布图的内容和形式;利用大数据技术,我们可以更加深入地挖掘地理分布图的潜力和价值。

当然,地理分布图的制作和使用也需要遵循一定的原则和规范。首先,我们需要确保地理分布图的准确性和可靠性;其次,我们需要根据不同的应用场景和目标受众选择合适的地理分布图的形式和内容;最后,我们还需要不断探索和创新地理分布图的表现形式和技术手段。

综上所述,地理分布图作为一种重要的工具和媒介,其作用和应用价值不言而喻。无论是对于科学研究、资源开发、环境保护还是对于日常生活、商业应用、教育普及等各个领域来说,地理分布图都是不可或缺的重要工具。在未来,随着科技的不断发展和社会需求的不断变化,相信地理分布图将会在更多领域发挥更大的作用和价值。

教会学生读图、析图、归纳总结,是分布图教学的三个层次,这三个层次,环环相扣,层层递进,不仅能培养学生的看图用图能力,也能培养学生的语言表达能力和思维能力。[①]初中地理事物分布图的教学有效性在于帮助学生建立起一套规律性的识读程序和析图思维方式,使得学生在"读""析"地图时,有章可循。教师通过日常教学强化学生分析、利用地图的习惯和思考方式,并逐步提高学生对新问题的推理、分析和解决能力。

---

① 刘玉岳.基于学科核心素养"五有四化"主题式探究地理教学——以"流域的综合治理与开发"教学设计为例[J].地理教学,2018(6):15-19.

## 第二节 以分布图为载体的"图·思·记"教学策略

将自然地理要素和人文地理要素以图例和注记的方式表达地理事物的"位置与分布",即地理分布图。分布图是初中生地理学习的重要工具,它蕴含着丰富的地理思维教育价值。可以这么说,在整个初中地理教学中教材里的地理分布图所占比重较大,且运用得比较深入。通过分布图能够反映出"它在哪里(where),它是什么样子的(what),它是什么时候发生的(when),它为什么在那里(why),它产生了什么作用或怎样使它有利于自然环境和人类(how)",即"5W"等思维教育信息。教学实践发现,分布图教学过程存在诸多问题,如以教师机械讲授为主,过多关注地理事物名称或位置的识记,对图中地理事物空间分布特征、形成原因及区域差异等解读不够,忽视对学生"识图表理"能力的培养等。即未能做到"图""思""记"的有效整合,难以实现以"思""记"识"图",以"思""图"助"记",以"图""记"促"思"的目的,导致学生在地理学习过程中,要么死记硬背、要么觉得地理学习起来枯燥无味不具挑战性、要么觉得学习地理没有多大用处等而放弃学习,学生地理核心素养的培养更是无从谈起。

在湘教版初中地理教材中,地理分布图约有两百幅,图量仅次于景观图,如果不能充分用于培养学生的地理思维能力,其很多作用就会失去。因此,应积极引导学生认真读图并挖掘出图中具有的地理思维价值的信息,认识图中地理事物的空间分布状况,概括其分布特征,总结其地理分布规律,并挖掘各地理事物之间的关系,特别是在空间上的联系。让学生做到不仅能"识图",而且能"表理",以此培养他们的地理空间思维能力。

在分布图中具体怎样挖掘具有地理思维教育价值的信息呢?我们认为,应围绕"5W",并紧紧抓住"5W"线索中体现某一地理要素或几个要素空间性的"在哪里(where)?"这一关键信息展开挖掘是一条重要路径。"区位要紧",地理位置是地理事物发展的前提,判读并确定了地理事物的位置(经纬度位置、海陆位置和相对位置),才能进而准确抓住分布图所反映地理事物的空间性,准确解读分布图中蕴含的地理思维因素。即解读出了"这一分布图具体的空间性即分布特征",是进而分析"为什么具有这样的分布特征(why)?""这种分布特征对人类的生产及生活可能产生怎样的影响(how)?"等问题的一个关键环节。

基于思维引导的地理图表"5W"读图认知策略是以"图"为载体、以"思"为核心、以"记"为辅助的一种综合教学策略。以初中地理分布图为例总结的"5W"读图认知的具体策略,重在以"5W"为逻辑起点挖掘地理分布图中的地理思维因素,将"图""思""记"整合起来,以"思""记"识"图",以"思""图"助"记",以"图""记"促"思",进而达到培养学生综合思维等地理学科核心素养的目的。

以分布图为载体的"图·思·记"结合策略是一种创新性的学习方法,它将分布图、思考和记忆有效地结合起来,以提高学习效果。在以"5W"为线索挖掘分布图中具有地理思维教育价值的信息及记忆引导时,还需要解决以下几个关键问题。

(1)确定合适的分布图类型。不同的学习内容需要不同类型的分布图,因此,选择合适的分布图类型是首要解决的问题。这需要考虑学习目标、学习内容的特点以及学习者的需求和偏好。根据"5W"主题,选择或设计适当的分布图。这可能涉及各种类型的地图,如政区图、人口分布图、气候图等,确保它们能够有效地传达教育信息。图片的选择,要尽量选择单一要素的分布图;选择图例、注记清晰,轮廓清楚的地图等。为了方便教师和学习者使用"图·思·记"结合策略,可开发易于使用、可定制化、适应性强、支持多种分布图类型等特点的学习工具以满足不同学习者的需求。例如,可以使用数字地图软件来制作和展示分布图,使用在线学习平台来组织学习活动等。这些工具和技术可以帮助教师和学生更高效地进行学习活动。

(2)设计有针对性的思考问题。抓住"5W"中的"where"这一关键信息后,要紧紧围绕"空间分布"做文章,巧妙设计问题,引导学生积极思维,达到"识图表理"的目的。"表理"之后,要通过巧妙的教学设计,促进学生有效记忆相关的核心、重点的地理知识;反过来,使学生在解读分布图时,能快速"由果导因"或"由因到果",从而促进空间觉察能力的发展。在地理思维教育中,这涉及如何从分布图中识别和提取特定的地理信息,深入挖掘地理思维教育价值,在分布图中,不仅要看到表面的信息,同样还要深入挖掘其背后的地理思维教育价值。例如,从人口分布图中可以分析人口分布的特点和影响因素,进一步理解地理环境与人类活动的相互关系。

（3）激发学生的记忆潜能。记忆是学习的核心目标之一，为了提高记忆效果，需要采用有效的记忆方法，如复述、联想、重复等。同时，教师或学习者也可以采用一些记忆技巧，如利用分布图的视觉效果、将信息与已知知识关联起来等。通过"图·思·记"结合策略，引导学生对分布图中的信息进行思考和记忆。也可以采用一些记忆技巧，帮助学生更好地记住相关的地理知识。

（4）评估和反馈。采用适当的评估方法，如测试、作品展示、学习日志等，评估学生的学习效果。注重学生的情感体验和思维过程，更能反映学习者本质，更能引起深度学习，更有助于教师了解学生的学习状况，从而及时调整教学策略，提高学习效果。

通过解决以上关键问题，以分布图为载体的"图·思·记"结合策略能够更好地应用于地理思维教育，提高学生的地理素养和学习效果。

总之，以分布图为载体的"图·思·记"教学是一种实用的教学方法，它将地图、思考和记忆三者紧密结合，通过这种教学方法，学生可以在观察和分析地理分布图的过程中，更深入地理解地理现象和规律，把握地理环境的整体性和差异性。教师在教学中应该注重引导学生观察地图、思考和分析、记忆和理解地理知识，采用不同的教学方法和记忆方法，帮助学生更好地掌握地理知识。

## 第三节 以分布图为载体的"图·思·记"教学案例

在教育领域,数据可视化同样具有广泛的应用价值。通过"图·思·记"的教学方式,教师可以更好地引导学生理解知识、培养思维能力,并促进知识的内化与记忆。

教学中应注意引导学生根据图例和注记,仔细读出分布图所表征的自然或人文地理"显著空间性特征",形成对"分布特征"的准确认知,在此基础上,再引导学生去推断这种分布特征是"怎么形成的",继而引导学生分析这种分布特征"对人类产生的影响"。这样,分布图所蕴含的"地理思维价值"才能得以充分体现。当然,在引导学生做地理思考的同时,也要在"记"字下"功夫",即要对"核心、重点的地理知识进行记忆"。

**【案例1】以"5W"为线索解读"中国1月平均气温分布"图的教学设计**

例如,在教学湘教版地理八年级上册"中国的气候"这一节时,引导学生读"中国1月平均气温分布"图,根据图例和注记仔细读图,教师可以设计一些互动环节,如让学生动手描绘出0 ℃等温线;找出图中气温的最高值、最低值并计算温差;思考中国1月平均气温的分布特点。大部分学生通过动眼、动脑、动手并经过简单合作学习可得出正确答案(0 ℃等温线穿过秦岭—淮河一线;图中气温最高值在我国南部大约24 ℃,气温最低值在我国北部大约-40 ℃,南北温差大于60 ℃;中国1月(冬季)越往北气温越低,南北气温差异很大)。教师接着提问:我国1月平均气温为什么会呈现上述的分布特点?教师提醒学生可回忆影响气候的主要因素等相关知识来回答这个问题。学生小组合作探究得出正确答案:如纬度因素,北部纬度高气温低、南部纬度低气温高;太阳直射点的移动,我国冬季正值太阳直射点在南半球,我国南北部的日照时间差异大,南部日照时间较长、北部日照时间较短;另外,我国北部距离冬季风源头近,降温明显,更加剧了南北部的温差。教师进而提出:这种气温分布特征会对我国人民的生产、生活带来什么影响?提示学生主要从有利影响和不利影响两个方面展开分析,阐述地理环境对人类产生的影响。

**【案例2】以"5W"为线索解读"中国四大地理区域"图的教学设计**

再如,在教学湘教版地理八年级下册"四大地理区域的划分"这一节时,引导学生读"中国四大地理区域"图,教师提出问题:找出我国四大地理区域的名称,以及它们的分布及范围。学生通过读图并结合教材当中的文字介绍得出:我国四大地理区域分别是南方地区、北方地区、西北地区和青藏地区。教师接着提出:我国四大地理区域的特征是什么?学生合作学习得出:南方"暖湿",北方"冷湿",西北"干旱",青藏"高寒"。教师继续提出问题:它们为什么这样分布及划分依据是什么?学生根据教师提示:依据其分布及特征回忆相关的影响因素等知识,经过小组合作探究,得出:先以400 mm年等水量线为界,划分出东部季风区,西部非季风区;东部季风区内,以"气候"为划分依据,1月0 ℃等温线和800 mm年等降水量线以北为北方地区,1月0 ℃等温线和800 mm等降水量线以南为南方地区,西部非季风区内,青藏地区因海拔高、气温低,"高寒"而成为一个独特区域,除青藏地区外,因深居内陆,距海遥远,气候干旱,400 mm年等降水量线以西为西北地区。随后,学生再稍加思考就能得出我国四大地理区域主要是依据气候要素来划分的。

以上案例均以分布图为切入点,探讨了基于思维引导的地理图表"5W"读图认知的具体策略,旨在引导学生学会从"5W"的视角思考和解决地理问题,即如何挖掘地理图表中有关"5W"的信息来引导学生的更敏捷地"思"与更高效地"记",进而达到培养学生综合思维等地理学科核心素养的目的。

## 一、提取信息,全面认知

这里的"是什么样子的(what)",主要是指分布图反映的是哪一地理现象或地理事实的分布情况,它是最应先被观察到的信息,所以,"是什么样子的(what)"是准确把握分布图所蕴含思维因素的切入点。对于分布图中所描述的地理现象,我们一般可从以下几个方面展开分析:一是大多分布图的图名直接反映了图中的主要内容,主要是单一要素的分布图,如世界1月气温分布图;二是有些信息则需要通过图例或注记间接体现,如中国矿产资源分布图,图中的煤、铁、石油等具体矿产资源的分布情况需借助图例来辨识;三是有的分布图中没有直接或间接提供相关信息,而是通过旁白、材料或问题的形式加以呈现。这种情况在地理试题中尤为常见,如经常看到这样的描述"读某图,完成下列各题",其中问题本身提示了所描述的地理现象,教师可引导学生观察、解读并得出正确答案。

**【案例】分布图中的地理现象认知教学案例**

读图,完成1—2题。

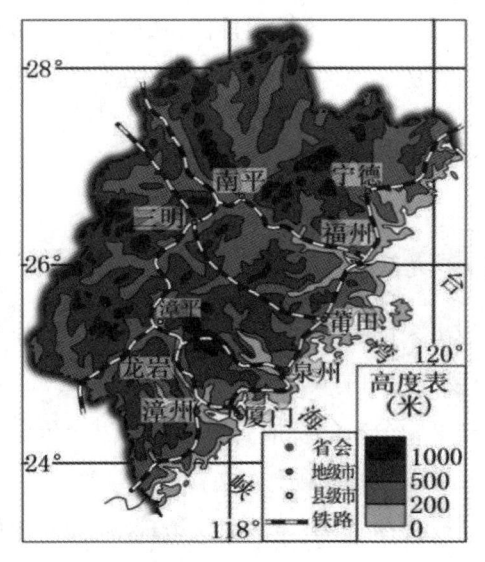

1.关于福建省地形地势特征的描述,正确的是(　　)。

A.地形以山地、丘陵为主,地势西北高东南低

B.地形以山地、平原为主,地势北高南低

C.地形以平原、丘陵为主,地势东南高西北低

D.地形以山地、丘陵为主,地势南高北低

2.小明从厦门乘火车去福州旅游,最便捷的旅行线路是(　　)。

A.厦门→三明→南平→福州　　　　B.厦门→泉州→莆田→福州

C.厦门→三明→莆田→福州　　　　D.厦门→漳平→泉州→福州

设计意图:这样的试题中,图名或图例、注记并没有直接或间接体现哪一地理现象或地理事实的分布情况,但在提出的问题中有所体现。如第1小题反映出该图是描述地形的分布图,第2小题则反映出该图还是描述铁路的分布图。在教学时,教师应引导学生注意审题并仔细观察地图加以解读,方能得出正确答案。

需要注意的是,分布图中的地理现象认知教学,教师应先选择单一要素且图名清晰的分布图来引导学生解读出所反映的地理现象或地理事实,而后慢慢过渡到让学生通过图例或注记即在反映多要素的分布图中辨别所反映的地理现象或地理事实,并加以训练,最后再引导学生在没有直接或间接体现的分布图中,从旁白、材料或提出的问题中找到所描述的地理现象,由易到难,循序渐进,提高分布图中地理现象的认知效率。学生在读图过程中能提取单一的地理事象的分布及其地理概念,描述地理特征,从而具备初级综合思维——单点结构水平。需要强调的是,以"是什么样子的(what)"为线索挖掘分布图的思维因素时,只要让学生知道有这几种情况即可。

## 二 区位整合,多元思维

分布图中体现出来的"在哪里(where)"的信息,是分布图呈现给读者最主要的内容,也是解读分布图的关键。这里的"在哪里(where)",主要是指分布图反映了怎样的地理事物分布的特征或规律。其思维价值主要体现在对地理事物的空间排列状态的辨识和总结上。在辨识地理事物的空间排列状态,归纳地理事物分布的特征或规律时,引导学生从地理事物的"占位状况"——点状、线状、面状入手,是辨识地理事物的空间排列状态的要领所在。其中,点状分布图主要辨识地理事物和现象的"方位、疏密、数量、极值"等,线状分布图主要辨识"位置、疏密、渐变方向、走向(延伸方向)"等,面状分布图主要读出"范围(方位)、面积(大小、面积的变化)、伸展方向、极值区的分布"等。如何抓住这些关键来促使学生去分析归纳"点状""线状""面状"事物的分布特征或规律,是体现分布图思维价值的基本路径。

**【案例】"点状"分布图中的分布特征认知教学案例**

出示"中国高新技术产业开发区分布"图后,提出下列问题供学生思考,以此引导其地理思维过程。

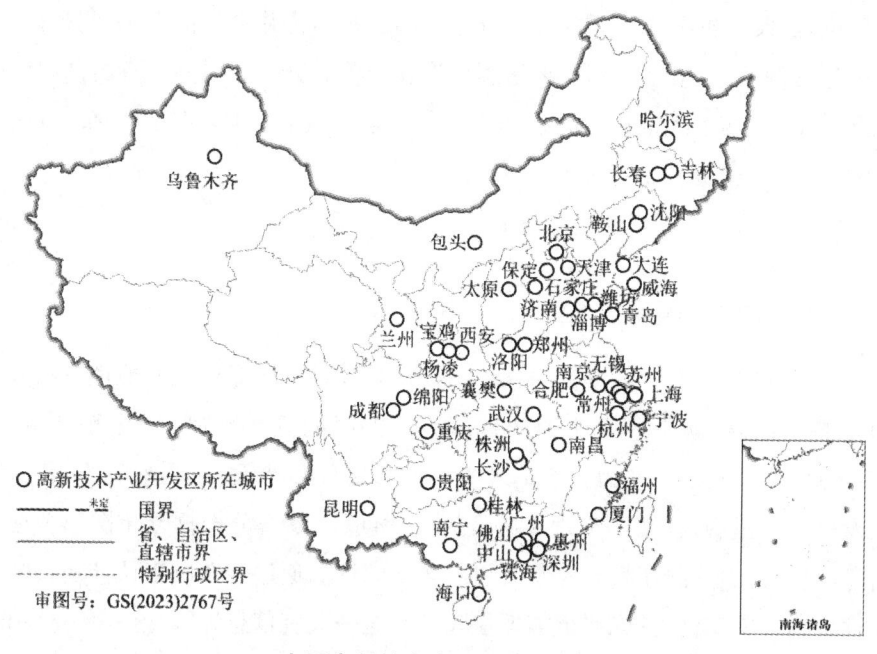

第四章 以分布图为载体的"图·思·记"教学

**中国高新技术产业开发区分布**

思考：(1)观察"中国高新技术产业开发区分布"图，用尽可能短的语言概括我国高新技术产业开发区的总体分布特征。

(2)高新技术产业开发区在我国东部分布有何特点？

设计意图：第一个问题，预设的学生的答案是"我国高新技术产业开发区分布不均衡，东部多，西部少。"其设计意图在于引导学生注意从点状事物的疏密状况、是否均衡等角度归纳分布特征或规律。紧接着提出第二个问题，其设计意图在于引导学生把握"极值区位置名称"这一观察关键点，去发现我国高新技术产业开发区最多、最集中的地带在哪里，沿什么线分布。

需要强调的是：

(1)在分布图中进行分布特征认知的教学时，教师应引导学生抓住"5W"中的"在哪里(where)"这一关键信息，紧紧围绕"空间分布"做文章，促进其空间觉察能力的发展。

(2)以"在哪里(where)"为线索挖掘分布图的思维因素时所体现的"记"，不是机械记忆知识，而是对地理认知结构的记忆。在教学中要不断强化，点状分布图主要从方位、疏密、数量、极值等要素，线状分布图主要从位置、疏密、渐变方向、走向(延伸方向)等内容，面状分布图主要从范围(方位)、面积(大小、面积的变化)、伸展方向、极值区的分布等方面来辨识地理事物和现象。在"思"的过程中,构建及辨析不同"占位状况"分布图的认知结构并进行记忆,达到知识、能力的迁移,使学生不论遇到什么地理事物和现象的分布图,都能进行有效判读。在此水平上,学生具备从空间视角去定位地理位置和地理事物的分布,进而培育学生的地理中级综合思维——多点结构水平。

## 三 关注时间,体现过程

这里的"是什么时候发生的(when)",主要是指分布图反映的地理事物分布的发展变化,也就是通常所说的地理事物的时间分布规律,这是除"在哪里(where)"空间分布之外的又一地理事物的重要分布特征,主要是解决"什么时候发生在那里(when)"等地理事物发展变化问题,是充分挖掘分布图蕴含地理信息的重要一环,需在教学时及时引导学生解读。通过分布图来认知所反映的地理事物发展变化,首先要牢牢抓住"时间"这一关键信息,顺着这一信息,引导学生仔细观察"是如何变化的",再及时加以归纳,看是否有规律可循。这是在分布图中对所反映的发展变化进行认知的目标所指,在此基础上,启发学生高效解决"为什么在那个时候在那里分布"等问题。

**【案例】分布图中的发展变化认知教学案例**

出示图,提出下列问题供学生思考,以此引导其地理思维过程。

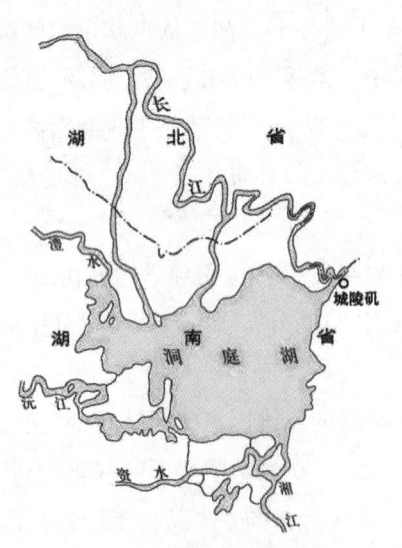

17世纪中期的洞庭湖分布 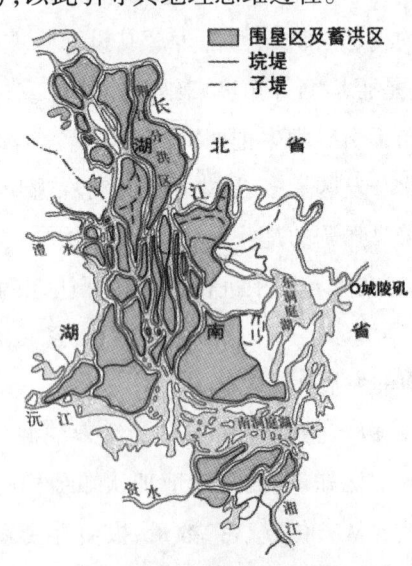　　20世纪中期的洞庭湖分布

思考：(1)观察"17世纪中期洞庭湖分布""20世纪中期洞庭湖分布"，这是洞庭湖在哪两个时间段的分布状况？

(2)洞庭湖在这两个时间段发生了哪些变化并归纳其发展变化特点？

设计意图：第一个问题，答案是显而易见的，分别是17世纪中期和20世纪中期两个时间段，其目的是引导学生抓住"时间"这一关键信息。紧接着，教师提出第二个问题，其设计意图在于引导学生观察洞庭湖在这两个时间段发生了怎样的发展变化，比如面积大小的变化、用途的变化、利害关系的变化等并尝试归纳其发展变化特点，为学生分析"为什么会有这样的变化"埋下伏笔。

需要指出的是，在以"是什么时候发生的(when)"为线索挖掘反映地理事物分布的发展变化时，可选择动态分布图或必要时自制动画让学生直观、形象地观察到地理事物随时间的发展变化，或选择像案例3中的系列分布图，让学生对比判读或是按时间顺序来判识，读出各图之间的异同点并发现其发展变化特点。且因地理现象尤其是人文地理现象具有常变、多变等特点，教材无法及时更新。在教学时，要充分利用网络资源等及时更新加以弥补，使学生能够更加科学、高效地找出地理事物随时间的发展变化特点及规律，从而具备从时间视角描述单个或多个要素的地理演变和地理过程的中级综合思维——多点结构水平，真正达到以"图"促"思"的目的。

## 四　综合分析，究根溯源

这里的"为什么这样分布(why)"，主要是指分布图反映了地理事物和现象分布的"果"与影响分布的"因"之间的关系。分布图的思维价值主要体现在如何由"果"追"因"或者由"因"寻"果"的分析与推理过程中。通常情况下，分布图呈现的大多是分布的"果"，而影响分布的"因"并非"外显"，而是"内隐"的。因而，更多的时候需要通过判读分布图，由结果追究原因。在判读分布图由"果"追"因"时，引导学生将影响分布的"果"的诸因素分解出来，以及学会运用诸如求同和求异、因果类比、演绎和归纳等推理方法，是理清地理因果关系的要领所在，也是体现分布图所蕴含的"为什么这样分布(why)"思维价值的基本路径。

**【案例】分布图中的规律成因认知教学案例**

出示"中国水稻产区分布"图后,提出下列问题供学生思考,以此引导其地理思维过程。

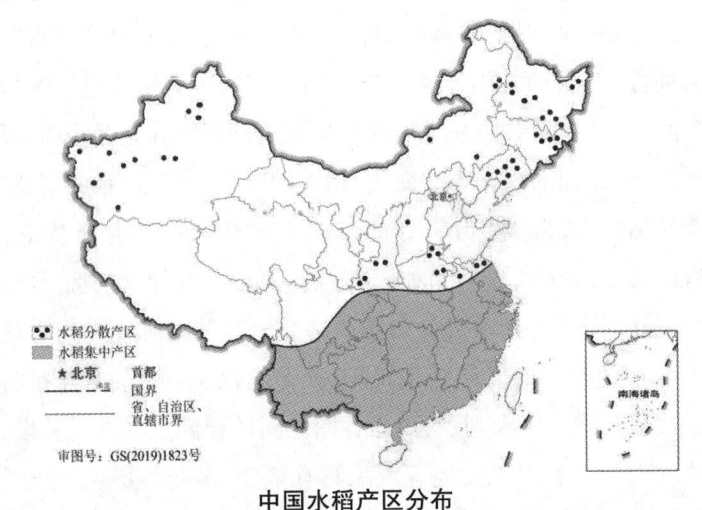

中国水稻产区分布

思考:(1)观察"中国水稻产区分布"图,用精练的语言概括我国水稻产区总体分布概况。

(2)结合我国水稻产区的分布特点,谈谈影响水稻种植的自然因素有哪些?

(3)如图所示,新疆位于我国西北地区,自然环境的突出特征是干旱,那为什么也有水稻的分散产区呢?

设计意图:第一个问题,旨在引导学生以我国水稻产区分布"在哪里(where)"这一地理事实的"果"为切入点,为分析"为什么这样分布(why)"的"因"做准备。设计第二个问题的意图为,由"果"追"因"。期待学生回忆影响农业生产的因素,进而从影响因素中通过求同和求异、归纳等推理方法分解出影响水稻种植的自然条件,如光热充足、水源充足、雨(水)热同期、地形平坦易于储水、土壤肥沃等。在此基础上,通过第三个问题引导学生由"因"寻"果",从影响水稻种植的自然因素中,分析出新疆夏季热量充足、有高山冰雪融水的灌溉水源、光照强等有利条件。

可见,以"分布图"为载体,以"为什么这样分布(why)"为线索,通过这样一系列的由"果"追"因"、由"因"寻"果"的过程,学生不仅掌握了知识,而且提高了运用求同和求异、因果类比、演绎和归纳等推理方法的水平,还增强了对学习知识的思想方法、技术路线的记忆。通过建构解读地理分布图的地理思维模式,达到以"思""记"识"图",以"思""图"助"记",以"图""记"促"思"的目的,实现以"分布图"为载体的学习效率最优化。学生能够分析涉及多个要素的地理现象产生的原因,而且能够建立合理的联系,提高高级综合思维——关联结构水平。[1]

### 五 揭示规律,构建策略

这里的"产生了什么作用或怎样使它有利于自然环境和人类(how)",主要是指分布图所反映出来地理事物和现象的分布与人类活动之间的关系。人地关系揭示的是人类对自然环境的"作用"、自然环境对人类的"反作用"以及给人类发展提供的"启示"等问题,是挖掘分布图蕴含地理信息的最终目标,也是学生学习地理的目的所在,需在教学时及时引导学生解读并落实"感悟"、深化"认识",引导学生关注人口、资源、环境和区域发展问题,形成可持续发展观念,进而在实际生活中加以践行。在以"产生了什么作用或怎样使它有利于自然环境和人类(how)"为线索解读分布图反映的人地关系信息时,首先应明确是哪一地理事物或现象与人类活动的关系,其次说明人类与这一地理事物或现象的"作用"与"反作用"问题,最后谈及如何改善、协调或促进人地关系,使之更有利于人类社会的可持续发展。

**【案例1】分布图中的人地关系认知教学案例**

思考:(1)观察"影响中国的台风移动路径"图,这是反映哪一地理现象发生与发展的分布图,这一地理现象的发生与发展和人类有关系吗?

(2)请具体谈一谈这一地理现象的发生与发展对人类活动的影响以及人类活动可能对它的

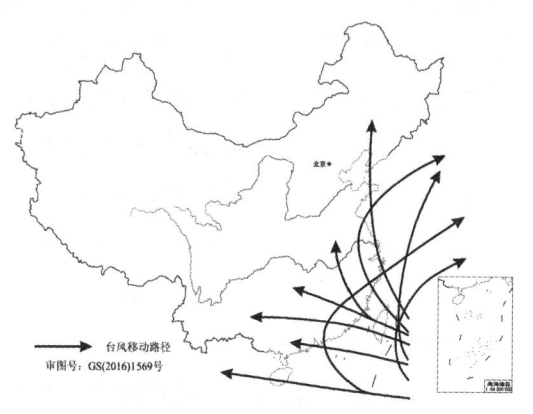

**影响中国的台风移动路径**

---

[1] 曹宁宁,周毅,张莲.问题串联课堂小组合作展讲共塑地理核心素养[J].中学地理教学参考,2017(2):32.

影响？

（3）如何改善、协调或促进这一地理现象的发生、发展与人类的关系，使之更有利于人类社会的发展？

设计意图：第一个问题旨在提高学生获取信息的能力，引导学生快速获得反映"哪一地理事物或现象与人类活动的关系"这一信息。紧接着提出第二个问题，其设计意图在于引导学生思考"这一地理事物或现象与人类活动的'作用'与'反作用'"，揭示了人地关系中哪些关键信息问题。比如：台风会带来狂风暴雨，直接影响人民的生活和生产；台风临近或正面袭击时，有排山倒海之势，毁坏陆地上的房屋，破坏农田水利设施，影响庄稼收成，中断交通，淹没土地；在海上，台风会毁坏、颠覆渔船，造成船只损毁甚至人员伤亡。因此，研究"影响中国的台风移动路径"并从中充分挖掘出关键信息具有十分重要的意义，这为分析"如何改善、协调或促进人地关系"埋下伏笔。随后，教师可进一步深入，提出第三个问题，目的是激发学生思考"如何尽量避免台风给人类带来的影响"等，教会学生在日常生活和生产中敬畏自然，践行和谐的人地关系，形成人与环境和谐共存的环境价值观，以达到"学好地理是为了更好地生活、更好地发展"的终极目标。[①]

需要强调的是，运用分布图反映地理要素之间的联系以及人地关系时，自然现象与人类活动都涉及诸多方面，纷繁复杂，解读时要注意对有关联的多幅图进行判读，要注意使用"图层方法"对相关的多幅图进行叠加解读，找出它们之间的内在联系。另外，再以"产生了什么作用或怎样使它有利于自然环境和人类(how)"为线索解读出分布图反映的人地关系，自然现象与人们的日常生产生活关系密切，所以在解读时可辅之以视频，讨论并解决问题，说出协调人地关系的主要途径；辅之以图片、解读材料，认识人口、资源与环境的现状，分析人类与环境相互作用的关系；辅之以具体实例，探索人地关系协调发展的有效措施。以"产生了什么作用或怎样使它有利于自然环境和人类(how)"为线索解读分布图反映的人地关系所体现的"记"，应是对已掌握地理知识的有效"回忆"，以便更高效地解读人地关系，并通过实际的人地关系分析加强对地理知识的"记忆"与"理解"，以达到知识巩固及运用的目的。在此水平上，学生能够运用高级的

---

① 贡和法.基于核心素养提升学生学力——评居加莉执教的"中国的地理差异"一课[J].江苏教育，2015(30)：72-74.

综合思维——关联结构水平来分析地理规律,做出地理评价并提出相应的地理策略。

**【案例2】以"5W"为线索体现分布图中地理思维价值的教学设计**

湘教版地理七年级下册"西亚"一节,对于初中学生来说最期待的学习内容可概括为:西亚为什么会成为全世界关注的焦点、热点地区?通过本节内容的学习,解开关于西亚地区的上述谜团,是学生学习本节内容心理期望的突破点。教师应紧扣这一突破点,层层深入,引导学生合作探究西亚深受全世界关注的缘由。

一是特殊的地理位置。关于这个知识点的学习可设计以下环节:(1)读图:引导学生读图找出西亚紧邻的里海、黑海、地中海、红海和阿拉伯海等重要地理事物,找出西亚的主要国家。(2)填图:学生在西亚地区空白图中,填注西亚的主要国家,以及五海、三洲、两洋。(3)合作探究:引导学生合作探究,描述西亚在世界及亚洲的位置。西亚地理位置可以概括为"两洋三洲五海之地",即西亚地处联系亚洲、欧洲、非洲三大洲,沟通大西洋和印度洋的枢纽地位,是古代"丝绸之路"的必经之地,现在也是东西方的交通要道。由此,学生就能理解西亚正是因为特殊的地理位置,无论从政治、经济还是军事方面,它都备受关注,这就是西亚成为热点地区的原因之一。

二是极端干旱的自然环境。关于这个知识点的学习可设计以下环节:(1)读图:指导学生阅读"世界年平均(1月、7月)气温分布图""世界年平均降水量分布图""西亚地形图",读出西亚地区年平均(1月、7月)气温、年平均降水量,以及沙漠分布情况。(2)合作探究:引导学生讨论西亚沙漠广布的原因,西亚地区自然环境的特点,以及对西亚人民的生活的影响。(3)情感升华:使学生认识到水在中东国际关系中的重要性,这也是西亚成为热点地区的原因。

三是各国文化差异大,信仰复杂。关于这个知识点的学习可设计以下环节:(1)读图:学生阅读"世界主要语言分布图"及"世界主要宗教分布图",找出西亚地区主要的语言、宗教及居民。(2)合作探究:学生了解西亚伊斯兰教、基督教和犹太教的相关背景知识,探究该地区争议不断的原因。正是由于三大宗教都将耶路撒冷作为圣城,各个宗教因信仰不同而发生摩擦。

四是各国的石油之争。关于这个知识点的学习可设计以下环节:(1)读图:指导学生阅读"中东的石油产区",找出重要产油国及从波斯湾到日本和到欧洲西部、美国的两条海上石油运输航线。(2)合作探究:引导学生从储量、产量、出口量等角度分析，讨论西亚石油资源在世界石油市场的重要地位，认识到石油是非可再生资源，以及石油资源在生产生活领域的重要作用。由此，理解因对石油资源的争夺而使西亚成为世界纷争之地。

总之，在每个知识点的学习过程中，教师可依据上述教学环节设计，让学生以"分布图"为载体，以"问题"为媒介，开展小组合作探究，并结合所搜集的资料用精练的语言表达西亚为什么成为世界热点地区。教师在此基础上进行点评，并引导学生进一步思考"追问"，环环相扣，紧扣学生学习心理期望的突破点来开展教学，以点带面。这样不仅达成了学生课前的心理期望，还让其全面掌握了本节的其他内容，从而提高了本节内容的教学有效性。

# 第五章

# 以示意图为载体的"图·思·记"教学

中学阶段是学生学习地理知识的关键时期,新一轮的教学改革要求他们必须掌握一定的地理知识、形成必备的地理技能和思维方式。为了实现这一目标,学生需要利用各种资料和形式进行学习。同时,他们还需要具备处理、判断、评价和解释资料的能力,以及根据调查结果和价值观采取有效行动的能力。这些技能可以通过训练和培养得到提升,而地理示意图则是实现这一目标的有效途径。

在地理教学中,地理示意图能够帮助学生更好地理解和掌握地理知识。同时,教师也需要具备一定的知识结构、综合素质、教育教学方法和技能要求等方面的能力,才能更好地运用地理示意图进行教学。通过系统的定性探究,可以更充分、高效地发挥地理示意图的功能,提高学生的地理操作技能和素质,从而提高中学地理教学成效和学生综合素质。

## 第一节 地理示意图

在初中的地理教学中,地理示意图扮演着重要的角色。由于初中生的抽象思维和空间想象力还不够成熟,地理示意图的出现,为他们提供了一种形象化的学习工具。它通过图形的方式,将复杂的地理原理和现象进行可视化表达,使得学生能够更加直观地理解地理知识。[①]

### 一、地理示意图的概念

#### (一)概念阐释

地理示意图是地理学科中不可或缺的一部分,它以简洁直观的图形形式,表征地理事物、说明地理现象的发生原理和演变规律。地理示意图一般用于说明地理原理及地理现象的成因、演变等,利于学生理解和掌握地理知识,是初中地理教与学的重要载体。这些地理示意图如同一张张地图,引领着我们探索地理世界的奥秘。

对于教材中的示意图,教师需要进行深入剖析,包括读图指导、原理知识应用等方面。通过对示意图的解读,学生可以更好地理解地理事物的分布、演变规律以及相互关系。在此基础上,教师还可以对示意图进行变式处理,通过改变图表的呈现方式或调整其中的信息内容,引导学生进一步拓展视野,加深对地理知识的理解。例如,在讲述板块构造理论时,一个简单的板块示意图就能清晰地展现出地球板块的分布、运动规律以及地质地貌的形成过程。通过观察示意图,学生可以直观地了解地球板块之间的相互作用,以及地震、火山等自然现象的成因。这种教学方式,不仅提高了学生的学习兴趣,还加深了他们对地理知识的理解和记忆。

根据所反映的内容,地理示意图有多种类型。比如:模式图主要反映某一

---

① 杨晓佳.浅谈核心素养背景下的初中地理教学实践途径[J].天天爱科学(教学研究),2021(10):2.

地理事物与上下级之间的关系;关联图则用于表示同级别之间的联系;原理图用于展示某一地理原理;地理过程示意图则用于描述某一地理原理或现象的发生发展过程;而景观图则用于展示某些具有独特性的地理事物。

在实际教学中,教师需要根据不同的示意图类型和具体的教学内容,选择合适的教学方法。例如,对于模式图和关联图,教师可以引导学生自主探究,通过观察、分析图表,发现地理事物之间的联系和规律;对于原理图和地理过程示意图,教师可以采用讲解与演示相结合的方式,帮助学生深入理解地理原理和现象的发生发展过程;对于景观图,教师可以结合实际案例,引导学生观察、分析和总结地理事物的特征和规律。

总之,地理示意图是地理教学中不可或缺的重要工具。通过深入剖析示意图、选择合适的教学方法以及引导学生自主探究,教师可以帮助学生更好地掌握地理知识、提高读图能力和综合分析能力。[1]同时,教师还需要不断更新自己的教学理念和方法,以适应不断发展的地理教育需求。

除了在课堂教学中的应用,地理示意图也是学生自学地理的重要工具。在地理教材中,许多章节都配有相应的示意图,帮助学生更好地理解地理现象和原理。学生们可以通过自主学习,探究这些示意图中的信息,从而培养他们独立思考和解决问题的能力。

总之,地理示意图以形象化的方式,帮助学生理解复杂的地理知识,提高他们的学习兴趣和自主学习能力。在未来,随着教育技术的发展,相信地理示意图在教学中的应用将更加广泛和深入,为培养新一代的地理人才发挥更大的作用。

## (二)利用地理示意图存在的问题及建议

### 1.存在的问题

(1)学生的地理示意图学习经验不足与学习习惯尚未养成、意识不强。

在初中阶段,学生接触的大多是以区域图为主的地理图,示意图的接触相对较少。部分学生虽然经常看教材中的图,但很少将文字与示意图结合起来,往往将二者割裂开。很多学生并不喜欢看图,觉得难以理解。极少数学生会通过绘制示意图来理解和记忆地理知识或原理。学生的阅读示意图习惯较差,应

---

[1] 许玲.初中地理生活化情境教学与实践[J].福建教育研究,2022(3):55-56.

用示意图的意识几乎为零。这些情况要求教师应当创设更多应用型的情境。

(2)学生对地理示意图学习认知水平与情感需求不高。

学生对示意图的认知水平普遍较低,缺乏分析和比较的能力,导致学习基础较差。大部分学生为了应付考试而机械地"背图",对示意图等地理图像存在恐惧心理。当被问及游览公园或景点时是否会先看景区示意图时,只有少数学生表示他们会先看图。当被问及是否会画图给陌生人指路时,只有少数学生表示他们会画图说明。这表明学生对地理示意图的认知和情感需求水平都很低。因此,教师需要设计注重过程与方法的问题,并适当创设趣味性、开放性的问题情境,引导学生主动参与学习过程,提高学习兴趣。

(3)教师地理示意图素养有待加强。

教师在教学过程中的作用至关重要,他们的素质和教学方式直接影响学生的学习效果。然而,许多教师对教材中出现的示意图缺乏分类总结,没有认真思考和总结每类示意图的特征和作用,以及如何教授学生学习每类示意图的方法。在听课过程中,也发现大多数教师在进行示意图教学时过于简单,指导学生看图的过程匆忙、凌乱,没有体现示意图学习的过程和方法,问题设计也较为呆板。此外,教师在板书中不常绘制示意图来反映教学内容,展示变式图像的也较少,并且极少教师会经常性地布置绘图作业。这些情况在一定程度上反映了学生使用示意图意识比较薄弱、学习兴趣不强的问题,这些都与教师的示范和引导作用有关,都会影响到情境创设的有效性。因此,教师需要提高自身的素质,改进教学方式,加强对示意图的分类总结和教学方法的探索,以便更好地引导学生学习地理知识。

(4)教师地理示意图应用的需求与水平不高。

教师在示意图教学中往往忽略了情境的创设,这在一定程度上导致无法激发学生的情感需求。一些教师在备课时对示意图教学的设计过于简单,仅仅按照教材中的问题进行教学,没有深入思考如何更好地利用这幅图,如何教会学生掌握这一类图的绘制技巧,以及如何将这一类图与其他图进行转换等。此外,尽管许多教师都听说过"图像系统"这个概念,但他们对其本质的理解并不深入,这限制了示意图的应用需求和使用水平。只有当教师的需求水平较高时,他们才会积极学习相关理论,提高自己的理论水平。同时,教师在教学实践中需要不断积累情境创设的策略,并进行反思,以促进示意图应用水平的提高。

### 2.改进建议

示意图是帮助学生进行意义学习的有效教学策略,对教师顺利完成教学任务起着至关重要的作用。为了有效地应用示意图,教师需要对教材中的图像进行深入的研究,了解它们的性质、特点以及在智育和德育方面的功能。只有这样,教师在讲解时才能得心应手、逻辑清晰。地理示意图教学可参考以下几种方式。

(1)图文结合。

地图作为地理的第二语言,与文字相辅相成,共同构成了地理学的重要基础。地理示意图能够形象地印证文字内容,而文字描述则能够详尽地解读地理示意图。在地理教学中,传授地理示意图知识的过程也是传授地理知识的过程。掌握了地理示意图,学生能够更好地理解教材中的文字内容。因此,教师在教学中应将文字与示意图有机地结合起来,使地理知识得以具体化并落实在地图上。

例如,在讲解矿产分布、工业布局、耕地利用、行政区划和自然资源等知识点时,教师都需要相应的地图作为辅助。教师需要引导学生一边看图(挂图、地图册或教材图像),一边进行讲解,做到"左图右书",图文结合。[①]这样,学生能够更加直观地理解、记忆知识,建立起空间概念,提高学习效率。

(2)以图引文。

在教科书中,"读图回答问题"这一栏目是至关重要的,它能够迅速吸引学生的注意力,使他们对地理知识产生浓厚的兴趣。通过这一栏目,学生可以积极主动地思考问题,复习旧知识,并为新课的学习作好铺垫。

为了提高课堂教学效果,教师需要充分利用课本中的地理示意图,并适当地补充、绘制板图。在设计问题时,教师应注重问题的启发性,使学生能够通过思考问题,进一步深入理解地理知识。通过这些方法,教师可以巧妙地导入新课,激发学生的求知欲,启发他们的思维。

(3)以图替文。

在教材中,有时候会使用图像来代替文字,以更直观地展示和说明一个问题。例如,在讲述世界人口从农村向城市的迁移时,教材并没有使用文字来描述迁移的原因,而是选择使用地理示意图。这幅图上画有三个箭头,分别代表

---

① 宋妍.强化地理读图教学 促进学生能力提高[J].中国科教创新导刊,2007(17):43.

人口迁移的三个主要原因。教师需要指导学生阅读这幅图,并展开讨论,以确保学生能够理解人口迁移的主要原因,以免遗漏知识点。

(4)读图训练。

读图是地理学习中的重要环节,它有助于学生获取地理知识、建立空间概念。在地理示意图教学中,教师需要始终贯穿读图训练,并逐步提高学生的读图能力。为了设计有效的读图问题,教师需要紧密围绕主题,由浅入深地引导学生逐步理解,最终揭示规律和成因。

以下是读图的五个步骤:

①识别图像类型和明确读图目的:学生需要判断地图的类型,并根据学习目标确定读图的目的;

②认识图例、了解方向和比例:学生需要了解地图上的符号、颜色和比例尺,以便更好地理解地图上的信息;

③认真读图、弄清问题:学生需要仔细阅读地图,并根据问题进行分析和归纳;

④自我检查、相互交流读图结果:学生可以自行检查答案的正确性,并与其他同学交流读图结果,互相学习和纠正错误;

⑤学生讨论得出结论:在教师的引导下,学生通过讨论和比较得出结论。

例如,在讲述我国降水分布特征时,教师可以引导学生阅读"我国年降水量分布"图,并按照上述的五个步骤进行分析。学生可以根据地图上的等降水量线,通过观察、分析和归纳,明确我国年降水量的空间分布特征和总趋势,即从东南沿海向西北内陆递减。与文字叙述相比,通过读图活动,学生可以更深刻地理解和记忆我国降水量的分布规律,并形成相应的空间概念。

(5)填图、绘图训练。

填图和绘图训练是巩固地理知识和培养地理技能的重要手段。因此,新课标强调学生需要正确填注地图、绘制示意图和地理图表。在进行填图练习时,我们需要培养学生严谨的学风,规范文字的大小和书写,确保间距和位置准确,避免随意和混淆。要让学生明白,地图上的微小差异可能导致实地位置的巨大差异。

绘图训练可以从两个方面进行。

①课堂训练:学生需要准备纸笔,根据学习内容进行动手操作。例如,在学习区域地理时,教师可以引导学生先画出区域轮廓,如非洲、南北美洲的倒三

形和中国的雄鸡形状。然后,学生再根据教师的讲解,将山脉、河流、矿产、铁路等地理事物画在轮廓图上。对于地理事物的运动和成因,教师可以要求学生画出地理示意图,通过分析资料,引导学生绘制地理图表。如果长期坚持这种训练,将有助于激发学生学习地理的兴趣,培养他们的动手动脑习惯,提高地理技能,并取得良好的教学效果。

②活动课训练:组织学生参加社会实践、进行地理调查和收集地理素材。在教师的指导下,学生可以尝试编制学校平面图、家乡交通图、工农业生产增长图等。通过这些活动,学生可以进一步巩固和应用所学的地理知识,提高他们的实践能力和创新能力。

(6)用图训练。

通过地理示意图教学,逐步培养学生独立阅读和运用地理图表的能力;能从地图上查找在课外阅读、听广播、看电视接触到的地名和国家并熟悉它们,以扩大自己的知识面;能从地图和图表中分析、解释一些地理问题和现象,以提高综合应用能力。用图训练可采取拼图游戏、知识竞赛、讨论会等多种形式进行。

(7)教师应用地理示意图进行教学设计。

教师的主要职责在于教学设计,而地理示意图则是教师在确定学习内容中重要概念及其相互关系时的有力工具。在教学设计过程中,教师首先需要构建宏观的整体示意图,将课程中需要体现的主要理念展现出来。随后,针对每一个主要理念,绘制出相关的小示意图,以展示某一教学环节的知识结构。这些示意图包括但不限于课程计划示意图、学年计划示意图、学期计划示意图、章节或单元计划示意图、课时计划示意图以及知识点计划示意图等。在整个教学设计过程中,地理示意图可被应用于各个教学环节,如教学目标设计、教学起点设计、教学内容设计以及教学措施设计等。[①]

在地理教学中,教师应充分利用地理示意图来设计具体课题,以帮助学生更好地理解和掌握地理概念。由于学生在学习过程中往往难以辨别和构建概念命题框架,导致他们只能机械地记忆大量的地理概念和事实。这种教学方式不仅效率低下,而且效果不佳。因此,教师需要改变传统的教学方法,利用地理示意图来设计具体课题,帮助学生顺利地进行概念的"移植和生长"。通过这种

---

① 田茂新.核心素养背景下的初中地理教学目标设计与实现——以《世界主要气候类型》一节为例[J].中国多媒体与网络教学学报(下旬刊),2022(1):199-200.

方式,教师可以更有效地提高学生的学习效果,让他们真正理解和掌握地理知识。

(8)教师可以应用地理示意图进行教学评价。

地理示意图在教学评价中具有不可替代的价值。首先,它能直观地展现地理概念的内在逻辑,使得学生掌握的知识一目了然。其次,通过观察学生所绘地理示意图中各个元素间的关联以及具体实例的应用情况,教师可以深入了解学生对地理概念理解的精确度。为了弥补传统考试的不足,教师可以灵活运用学生的地理示意图作品进行形成性评价,进而适时调整教学策略和进度。同时,地理示意图也为学生进行自我反思提供了有力工具。例如,当学生在尝试独立绘制地理示意图时遇到困难,这往往意味着他们的知识体系存在漏洞或对某些概念的认识还不够深入。另外,通过比较和交流各自的示意图作品,学生可以及时发现自己的不足并激励自己改进。除此之外,学生在绘制地理示意图时所展现的个性化图形和色彩也是他们认知情感的体现,这有助于教师更全面地了解学生。综上所述,地理示意图不仅有助于评价学生对知识的掌握程度,还能深入了解他们的情感态度。

(9)学生应用地理示意图培养信息加工的能力。

地理示意图制作技术的运用着重于激发学生的独立思考,其核心在于帮助学生不断构建、调整和完善地理知识结构。在处理信息的过程中,学生的思维技能得到了锻炼和提升。通过地理概念的构图活动,学生的独立学习能力和创新精神得到了培养。这种教学方法不仅使学生学会知识,更教会他们如何学习,使他们能够深入理解地理概念的本质特征。同时,地理示意图有助于学生全面认识地理概念之间的逻辑联系,促使他们将自己的想法和体验表达出来,从而加深对地理知识网络的理解。

在地理教学中,示意图的种类繁多,是地理教材和试题中常见的图形。它采用简洁直观的图形来阐述地理事物的成因、原理和发展演变规律。在复习过程中,学生需要具备用地理术语阐述地理原理和规律的能力,并通过读图提高获取新知识、处理信息和分析问题的能力。解读地理示意图的一般步骤包括:首先,了解图意并实现图文转换,即阅读图名、图例以及图示内容和功能等,从图中获取解答问题所需的信息;其次,回顾相关知识,为解题寻找依据;最后,根据题意准确答题,确保答案简明扼要且紧扣题意。

示意图的应用是一个逐渐发展和完善的过程,需要经历一个习惯养成的阶段。在开始阶段,教师可以主导设计示意图,随着时间的推移,逐渐过渡到以学生为主体进行示意图的设计。同时,针对不同层次的学生,教师应选择适合他们的示意图,使教学内容与活动更加贴近学生的实际需求和发展水平。

尽管示意图教学有其局限性,但其优势是其他教学方法无法替代的。它打破了传统课堂教学的封闭性,使课堂教学呈现出开放性和互动性。通过运用示意图,学生能够更好地理解和掌握地理知识,提高分析和解决问题的能力。同时,示意图教学也注重学生的实践和应用能力,使学生能够将所学知识运用到实际生活中,实现学以致用的目标。

与传统的重结论、轻过程的教学方法相比,示意图教学更加注重学生的思考和探究过程。它不仅关注知识的传授,更注重培养学生的思维能力和创新能力。通过运用示意图等地理图像,学生能够更好地理解和分析地理现象和问题,从而培养他们的实践能力和综合素质。

综上所述,示意图教学是一种有效的教学方法,能够提高学生的地理素养和实践能力。尽管存在一定的局限性,但其优势是显而易见的。通过合理运用示意图教学,可以促进学生的学习和发展,为他们的未来奠定坚实的基础。

## 二、地理示意图的类型

### (一)地理分布模式示意图

地理分布模式示意图,又称为地理模型图,是一种采用简化和抽象的手法将宏观地理事物的主要特征、发展演化过程及规律用一种模型表示出来的图形。它通过图形、线条和色彩的组合,将复杂的地理信息简化为易于理解的形式,帮助人们更好地认识和了解地理环境。

在地理分布模式示意图中,各种地理要素被简化成几何图形或符号,这些图形或符号按照一定的规则和比例进行排列和组合,从而形成了一个简化的地理模型。虽然在形式上是简化的,但它却能够揭示出地理事物的发展规律和演变趋势,帮助我们更好地理解和掌握地理知识。

地理分布模式示意图具有多种类型,在地理学研究中具有重要意义。它可以作为一种辅助工具,帮助研究者更好地理解地理现象的内在规律和变化趋势,如世界气候分布模式示意图、世界自然带分布模式示意图等。这些示意图通过不同的图形和符号,展示了地理事物和现象在不同地区的分布情况,以及它们之间的相互关系。又如,气候类型分布模式示意图,以简化的方式展示了不同气候类型在全球的分布情况,从而帮助研究者分析气候变化的规律和趋势。

地理分布模式示意图不仅可以帮助研究者分析和理解地理事物的分布规律,探究其形成原因和发展趋势。同时,在教学中,地理分布模式图,作为一种可视化工具,可以帮助学生更好地理解地理知识,提高他们的地理素养和空间思维能力。

除了在学术和教育领域的应用外,地理分布模式示意图还具有一些实际应用价值。例如,在自然资源开发、城市规划、环境保护等领域,它能够以直观、清晰的方式展示地理空间分布、资源状况、环境特征等关键信息,为决策者提供全面、准确的参考依据。

总的来说,地理分布模式图通过概括和提炼地理事物的本质属性,以简化的形式展现出地理事物的内在联系和动态变化。虽然它是一种简化的模型,但它在地理学研究和教学中都有着广泛的应用。它以简明直观的方式揭示了地理事物和现象的空间分布规律或特征,为我们认识地球、探索宇宙奥秘提供了重要的参考依据。在未来,随着科技的不断进步和应用领域的拓展,地理分布模式示意图将会发挥更加重要的作用。

### (二)地理景观示意图

地理景观示意图,是一类以图画、照片和卫星影像图片等形式展示自然地理和人文地理景物的图示。这些示意图通过形象直观的方式,呈现了地球表面的自然景观和人文景观,为我们了解和认识地理环境提供了重要的参考依据。

自然景观示意图包括地形、矿物、植物、动物等内容,展示了自然地理景物的形态特征和分布规律。人文景观示意图则涵盖人种、城乡风貌、名胜古迹、古今建筑、工农业生产情景等内容,反映了人类活动的痕迹和影响,以及人类与地理环境的相互关系。

地理景观示意图在地理学研究和教育领域具有重要意义。通过观察和分析地理景观示意图,我们可以深入了解地球表面的自然和人文现象,探究其形成原因和发展趋势。这不仅可以帮助学生更好地理解地理知识,提高他们的地理素养和空间思维能力,还可以为研究者提供重要的参考依据,帮助他们进行深入的地理学研究。

此外,地理景观示意图在自然资源开发、城市规划、环境保护等领域,还可以为决策者提供直观的参考依据,帮助他们制定合理的方案和措施。例如,通过观察和分析地形地貌示意图,可以更好地进行土地利用规划和矿产资源开发;通过研究名胜古迹示意图,可以深入了解历史文化遗产的保护和利用等。

地理景观示意图是地理学研究的重要工具之一。它们通过形象直观的方式揭示了地球表面的自然和人文景观特征,为我们认识地球、探索宇宙奥秘提供了重要的参考依据。

### (三)地理原理示意图

地理原理示意图是指反映地理事物的成因、原理和规律的图形。它是一种精妙绝伦的图示,其描绘着大千世界的万千景象。它以图形的形式,直观地揭示了地理事物的内在成因、原理和规律,令人叹为观止。它如同一座神秘的宝库,蕴藏着无尽的地理知识和奥秘,以无声的方式向我们述说着大地的故事。

例如,地球公转示意图,它向我们展示了地球绕太阳公转的过程,揭示了四季更替和昼夜变化的规律。看着它,我们仿佛能够感受到地球的脉动和呼吸,理解到自然界的和谐与平衡。季风成因示意图、台风示意图等,每一幅图都是一个知识的宝库,一个智慧的结晶。这些地理原理示意图,不仅在地理教学中发挥着重要的作用,也在我们的日常生活中扮演着重要的角色。它们能帮助我们更好地理解天气变化、自然灾害等现象,提高我们的生存能力和适应能力,也让我们更加敬畏自然、珍惜自然。

在地理原理示意图中,山川河流、森林草原、城市乡村等各种地理事物,都得到了细致入微的展现。这些示意图通过形象的符号、色彩和线条,将复杂的地形地貌、气候变化、自然生态等地理现象,以生动直观的方式呈现出来。观者只需一眼,便能领略到大自然的鬼斧神工,感受到地理世界的神奇奥秘。

地理原理示意图不仅仅是简单的图示,更是人类对自然界的认知和探索的结晶。它汇聚了无数先人的智慧与心血,是地理科学研究的宝贵财富。通过对地理原理示意图的解读和研究,我们可以深入了解地理事物的内在规律,洞悉自然界的奥秘,从而更好地保护和利用自然资源,促进人类与自然的和谐共生。因此,我们应该珍惜这些地理原理示意图,认真学习和掌握其中的知识和原理。同时,我们也应该尝试自己去绘制地理原理示意图,通过实践去加深理解和记忆。只有这样,我们才能真正成为地理知识的主人,更好地探索和发现这个美丽的世界。

在当今世界,随着科技的不断进步和人类对地球的深入探索,地理原理示意图也在不断地更新和完善。它不仅为地理学家提供了一种研究工具,也为广大民众提供了一种了解和认识地理世界的途径。通过这些精美的地理原理示意图,我们可以更加直观地感受到大自然的壮美与神秘,更加深入地领悟到人与自然和谐共生的真谛。

### (四)地理过程示意图

地理过程示意图是指反映地理事物的时间、空间变化过程及规律的图形,有些也会以数据统计图的形式出现。地理过程示意图是一种独特的图形,它以细腻的笔触描绘出地理事物在时间与空间中的流转与演变。它如同一位沉默的讲述者,用无声的画面诠释着大地的故事,让我们得以窥见那些隐藏在表面之下的奥秘。在这张地理过程示意图中,每一道线条、每一个色块都充满了生命的韵律。它们或婉转曲折,或笔直延伸,恰似大地的呼吸,时而平静,时而激昂。这些线条与色块交织在一起,形成了一幅幅生动的地理画卷,让我们领略到地理事物在时间与空间中的千变万化。

地理过程示意图,宛如一部生动的时间机器,将我们带入了地理事物演变的历史长河。在这片浩瀚的图海中,山川、河流、森林、城市等地理事物不再是静止的,而是以一种动态的方式展现出它们在时间与空间中的变化过程。

地理过程示意图以一种直观的方式揭示了地理事物的内在演变规律。在这类插图中,我们可以看到地理事物从无到有、从小到大的演变过程。它如同一位耐心的讲述者,向我们娓娓道来地理事物的成长、衰落与再生。地理事物的演变过程不再是抽象的概念,而是以一种生动直观的方式呈现在我们眼前。我们仿佛可以亲眼看见山脉的隆起,河流的奔腾,城市的扩张,森林的生长。这些生动的画面让我们更加深入地理解地理事物的演变过程,感受到自然界的神奇与伟大。

此外,地理过程示意图也是人类文明的见证。在它的描绘下,我们可以看到人类如何适应自然、改造自然,如何在时间的洪流中留下自己的印记。从农耕文明的兴起,到工业革命的繁荣,再到现代城市的崛起,地理过程示意图以其独特的视角,记录下了人类文明的辉煌历程。

地理过程示意图不仅是一种研究工具,更是一种传播知识的媒介。它通过形象的符号、色彩和线条,将复杂的地理演变过程以生动直观的方式呈现出来,让广大民众能够轻松地理解和领悟地理世界的奥秘。总的来说,地理过程示意图是一种富有哲理和诗意的图形。它以细腻的笔触描绘出地理事物在时间与空间中的流转与演变,让我们领略到世界的动态之美。在这张示意图中,我们不仅可以看到自然的奥秘,也可以看到人类文明的辉煌。

### (五)地理关联示意图

地理关联示意图,又称为地理因果图,是一种揭示地理事物间相互联系和因果关系的图形。它将复杂的地理系统简化为直观的图解,使得我们能够更好地理解地理事物间的内在联系。有些图形中地理事物的关系以数据的形式表现出来,则这类图形又属于地理统计图系列。

在这张示意图中,各地理事物被描绘为节点,它们之间的关系则被表示为线条。这些线条上带有方向的箭头,表示了因果关系。例如,箭头从A指向B,表示A是B的原因,B是A的结果。通过这种方式,地理关联示意图能够清晰地展示出地理事物间的相互作用和影响。这些线条不仅表示了地理事物间的联系,更揭示了它们之间的因果关系。例如,山脉与河流之间的线条可能代表了水流的形成与流向,而城市与交通网络之间的线条则可能代表了人口流动和物资流通。

地理关联示意图,犹如一张错综复杂的网络,将地理事物间的联系与因果关系展现得淋漓尽致。在这张网络中,各个地理要素相互交织、相互影响,形成了一个有机的整体。例如:地形和气候之间的关系,地形影响气候的形成和分布,气候又影响地表形态的塑造。再如:人口分布与资源之间的关系,资源的分布决定了人口分布的密度和格局,而人口的分布又会影响资源的开发和利用。

此外,地理关联示意图还能够帮助我们分析和预测地理现象的变化。通过了解各地理事物间的因果关系,我们可以推断出一个现象的变化如何影响其他现象的变化。同时,这种了解不仅有助于我们认识地理世界的整体性和系统性,还能帮助我们更好地进行地理研究和规划。例如,如果某地区的气候发生变化,我们可以预测该地区的植被分布、土壤类型和人口分布等方面也会发生相应的变化。又如,在城市规划中,了解城市与周边地区的关联关系可以帮助我们合理地配置资源和优化城市结构;在资源开发中,了解资源与市场的关联关系可以帮助我们制定更加合理的开发策略和市场营销策略。

总的来说,地理关联示意图是一种揭示地理事物间相互联系和因果关系的强大工具。它不仅能够帮助我们更好地理解地理系统的运行机制,还能够帮助我们预测地理现象的变化。在未来的地理学研究中,我们可以通过进一步完善和运用地理关联示意图,深入探究地理事物的内在联系和规律,为人类社会的可持续发展提供科学依据。

### (六)地理光照图

光照图是表示太阳光照射在地球表面的投影的图示,通常用于表示昼夜分布和日出日落时间等信息。根据地球自转轴的方向和角度不同,光照图可以分为侧视图和俯视图两种类型。侧视图通常以北半球为中心,北极在上,南极在下,赤道为一直线,位置居中。在侧视图中,晨昏线与太阳光线垂直,并平分赤道。而俯视图则是以地球表面为中心的投影图,通常以南、北极点为中心,射线为经线,同心圆为纬线。在俯视图中,晨昏线为弧线,与南北极圈相切。

掌握光照图的判读方法对于地理学研究和日常生活都非常有帮助。通过光照图的学习和应用,我们可以更好地了解地球表面的昼夜分布和季节变化,为天气预报、城市规划、环境保护等领域提供重要的数据支持。

### (七)地理主题漫画

地理主题漫画是一种独特的艺术形式,直观、寓意丰富,多以资源、能源、粮食、人口、环境等为主题,展示人地关系及其协调途径。这些主题与我们的生活息息相关,因此,地理主题漫画具有很高的教育意义和启示作用。

首先,在判读地理主题漫画时,需要抓住漫画所表达的主题。主题是漫画的核心,它决定了漫画的基调和意义。例如,如果漫画主题是关于资源枯竭的问题,那么漫画可能会通过夸张和幽默的手法来展示资源的浪费和枯竭,引起观众的警觉和反思。

其次,需要对漫画进行深入的分析。在分析的过程中需要找出导致问题的原因和影响。例如,如果漫画主题是关于人口增长的问题,那么需要分析人口增长的原因和影响,如资源压力、环境破坏等。

最后,需要有针对性地提出解决"主题"问题的途径或措施。这是判读地理主题漫画的重要步骤,也是漫画所要传达的主要信息。例如,如果漫画主题是关于环境破坏的问题,那么解决措施可能包括减少污染、推广可再生能源、加强环境监管等。

总的来说,判读地理主题漫画需要抓住主题、深入分析和提出解决措施三个步骤。通过这种方式,我们可以更好地理解地理主题漫画所要表达的意义,从中获得启示和教育。同时,我们也可以通过地理主题漫画来提高公众对地理学中重要问题的认识和理解,促进人类与自然环境的和谐共存。

## 三 地理示意图的特点

地理示意图在地理教学中扮演着重要的角色,它能够直观地展示地理事物的空间分布、演变过程以及相互关系,是地理教学的核心工具之一。利用地理示意图,学生可以更加深入地理解地理知识,培养地理思维和综合能力。

首先,地理示意图能够生动地呈现地理事物的区域性和空间性。地理学是一门研究地球表面的学科,地域差异和空间分布是地理学的重要特征。通过地理示意图,学生可以更加直观地了解地理事物的分布特点,理解不同地区之间的差异和联系。这有助于培养学生的空间思维能力,加深对地理知识的理解。

其次,地理示意图能够综合呈现多种地理事物的地域分布。地理学是一门综合性学科,涉及自然、人文等多个领域。通过地理示意图的呈现,学生可以全面了解不同地理事物之间的相互关系和影响,从整体上把握地理环境的特征和变化规律。这有助于培养学生的综合思维能力,提高对地理环境的整体认识。

此外,地理示意图还能够帮助学生实现由感性认识到理性认识的飞跃。地理学是一门以实践为基础的学科,通过观察、实验等活动获取感性认识是学习地理的基础。地理示意图作为形象思维的产物,能够帮助学生将感性认识转化为理性认识。通过地理示意图的分析和解读,学生可以深入探究地理事物的本质特征和变化规律,培养地理思维和创新能力。

综上所述,地理示意图在地理教学中具有重要的作用。它不仅能够生动地呈现地理事物的区域性和空间性,综合呈现多种地理事物的地域分布,还能够帮助学生实现由感性认识到理性认识的飞跃。因此,在地理教学中,教师应该充分利用地理示意图的优势,引导学生通过观察、分析、解读地理示意图来获取地理知识,培养地理思维和综合能力。同时,教师还应该注重培养学生的读图能力和绘图技能,引导学生主动运用地理示意图解决实际问题,提高地理教学的效果和质量。

### (一)演变性

演变意为发展变化,自然界的一切事物都处在永恒的运动和变化中,地理事物也是在不断发展变化的,地理示意图的演变性与地理事物的发展变化相适应。

地理示意图的演变性主要体现在地理过程示意图中,地理过程示意图具有把静态内容动态化的功能,尤其是在时间维度上。地理示意图的演变性特点主要表现在以下几个方面。

首先,地理示意图能够展现地理事物的动态变化过程。地理学研究的是地球表面的地理事物、地理现象和地理环境的产生、形成和发展的变化规律,而地理示意图能够通过图像的方式,将这种变化过程生动地展现出来。这种演变性特点使得学生能够更好地理解地理事物的变化规律,加深对地理知识的理解。

其次,地理示意图能够使静态内容动态化。在地理教学中,有些地理事物或现象是静态的,难以通过语言或文字进行描述。而地理示意图则能够将这些静态的内容动态化,通过图像的方式展现地理事物的运动和变化过程。这种将静态内容动态化的功能,使得学生能够更好地理解地理事物的运动和变化规律,提高学习效果。

此外,地理示意图还能够培养学生的时间综合思维。地理事物的演变过程往往需要经历很长的时间,而地理示意图则能够将这种时间尺度上的变化展现出来。通过地理示意图,学生可以更好地理解时间尺度对地理事物的影响,培养时间综合思维,提高对地理事物的全面理解。

综上所述,地理示意图的演变性特点能够帮助学生更好地理解地理事物的变化规律,提高学习效果。同时,这种演变性特点还能够培养学生的时间综合思维,促进地理综合思维素养的形成。

### (二)尺度性

地理学科的尺度可以分为时间尺度与空间尺度,如果说时间尺度是在纵向的动态演变,那么空间尺度就是在横向上的静态延伸。所有地理事物和现象的产生都离不开空间为依托,所有的地理研究就是要在一定空间范围内展开的。不同空间尺度的切入,会有不一样的视角,得出不一样的研究结果。在分析地理问题时,要注意空间尺度的选择,从不同的空间尺度去分析地理问题,同时也要注意空间尺度的切换与转化。

地理示意图的尺度性特点主要体现在以下几个方面。

首先,地理示意图能够展示地理事物和现象的空间尺度和时间尺度。空间尺度是指地理事物在空间上的范围和规模,时间尺度则是指地理事物随时间的变化和演化过程。地理示意图通过图像的方式,能够直观地展示地理事物在空间和时间上的尺度,帮助学生更好地理解地理事物的本质特征和变化规律。

其次,地理示意图能够展示不同尺度之间的关系。地理事物和现象在不同尺度上具有不同的表现形式和特征,地理示意图能够展示不同尺度之间的相互关系和影响。这种尺度性特点使得学生能够更好地理解地理事物的整体性和复杂性,提高对地理环境的认知和理解。

此外,地理示意图还能够培养学生的尺度思维。尺度思维是指学生在分析和解决地理问题时,能够考虑到空间尺度和时间尺度的变化,从而更加全面地理解和认识地理事物。通过地理示意图的展示和应用,学生可以逐渐培养出尺度思维,提高分析和解决地理问题的能力。

综上所述,地理示意图的尺度性特点能够帮助学生更好地理解地理事物的空间尺度和时间尺度,以及不同尺度之间的关系。这种尺度性特点还能够培养学生的尺度思维,提高分析和解决地理问题的能力。

### (三)目的性

地理示意图运用的目的性体现了心理学需求,地理示意图易诱发兴趣、易集中学生的注意力,并能长时间记忆。地理示意图运用的目的性特点主要体现在以下几个方面。

首先,地理示意图的运用要符合教学目的和任务。运用地理示意图是为了更好地完成教学任务,解决学生的学习难点和疑点,提高学生对地理知识的理解和掌握能力。因此,在选择和运用地理示意图时,教师应该根据具体的教学内容和目标,有针对性地选择适当的示意图,以达到最佳的教学效果。

其次,地理示意图的运用要与教师的启发点拨、文字符号的抽象概括相互配合。地理示意图的运用不能仅仅停留在直观的层面,而应该与教师的讲解、文字符号的抽象概括等教学方式相互配合,引导学生进行积极的思维活动,将感性认识上升到理性认识,形成正确的地理概念和发展地理思维。[①]

此外,地理示意图的运用还要考虑到学生的心理需求。地理示意图具有形象、直观的特点,能够有效地诱发学生的学习兴趣,集中学生的注意力。同时,通过地理示意图的运用,教师能够帮助学生更好地记忆地理知识,提高记忆效果。因此,在地理教学中,教师应该充分考虑到学生的心理需求,合理运用地理示意图,以达到最佳的教学效果。

综上所述,地理示意图运用的目的性特点体现了心理学需求,符合教学目的和任务,与教师的启发点拨、文字符号的抽象概括相互配合,能够有效地诱发学生的学习兴趣、集中学生的注意力并提高记忆效果。因此,在地理教学中,教师应该注重示意图的选择、设计和应用,充分发挥示意图的优势和价值。

### (四)综合性

地理是一门综合性强、地域差异性强的学科,地理示意图运用的综合性体现了地理学科特色。其综合性特点主要体现在以下几个方面。

首先,地理示意图的运用需要综合考虑各种因素。地理学科涉及自然、人文、经济、社会等多个领域,各种因素之间相互影响、相互制约。因此,在运用地理示意图时,需要综合考虑各种因素,从整体上把握地理事物的特征和规律。同时,不同种类的地理示意图具有不同的性能特点和应用范围,需要根据具体情况选择合适的示意图,以达到最佳的教学效果。

其次,地理示意图的运用需要与其他图像系列相互配合、互为补充。地理示意图、地理概念图和地理统计图等图像系列各自具有不同的特点和功能,在地理教学中应该根据需要选择合适的图像系列,并相互配合、互为补充,以提高教学效果。例如,在讲解自然地理知识时,可以选择地理示意图和地理景观图相互配合,帮助学生更好地理解自然地理现象的演变过程和形成机理;在讲解人文地理知识时,可以选择地理示意图和地理漫画相互配合,帮助学生更好地理解人文现象的内涵和意义。

最后,地理示意图的运用需要与现代教学媒体配合使用。现代教学媒体具

---

[①] 李晴.略论教学地图的功用与应用[J].地理教育,2002(4):27.

有直观、生动、形象的特点,能够更好地激发学生的学习兴趣和积极性。在地理教学中,教师应该根据需要选择合适的现代教学媒体,如幻灯片、投影、录音、电影、电视等,与地理示意图相互配合、互为补充,以提高教学效果。例如,在讲解世界各地的自然环境和人文现象时,可以选择与地理示意图相互配合的录像或幻灯片,帮助学生更好地了解各地的风土人情和人文景观。

综上所述,地理示意图运用的综合性特点体现了地理学科的特色和要求,教师需要综合考虑各种因素,使其与其他图像系列相互配合并与现代教学媒体配合使用。通过综合运用地理示意图和其他教学资源,教师可以更好地帮助学生理解地理知识,提高地理素养和综合能力。

### (五)创新性

地理示意图运用的创新性体现了教育学原理,地理课堂教学以地理示意图为主线,按地理知识的程序、按地理示意图设计和呈现的程序、按学生认知的程序、按地理课堂教学结构的程序进行教学的一种新的教学模式。其创新性特点主要体现在以下几个方面。

首先,地理示意图的运用要注重创新思维的培养。在地理教学中,运用地理示意图不仅旨在解决具体的地理问题,还应引导学生通过观察和分析激发创新思维,培养其创新意识和创新能力。因此,在选择和设计地理示意图时,应该注重创新思维的培养,引导学生从多个角度、多个层面思考问题,培养他们的创新思维能力。

其次,地理示意图的运用要注重创新教学方法的探索。传统的地理教学方法往往注重知识的传授和记忆,而忽略了学生创新思维的培养。因此,在地理教学中,应该注重创新教学方法的探索,将地理示意图的运用与其他教学方法相结合,如案例分析、小组讨论、探究学习等,引导学生积极参与、主动思考,培养学生的创新意识和创新能力。

最后,地理示意图的运用要注重创新实践活动的开展。地理示意图具有直观、形象的特点,能够帮助学生更好地理解地理知识。但是,仅仅依靠示意图的讲解和演示是远远不够的。因此,在地理教学中,应该注重创新实践活动的开展,如地理实验、野外考察、社会调查等,让学生亲身经历和感受地理知识的魅力,加深对地理事物的理解,同时这也有助于培养学生的实践操作能力和创新思维能力。

综上所述,地理示意图运用的创新性特点体现了教育学原理和地理学科特色,我们需要注重创新思维的培养、创新教学方法的探索以及创新实践活动的开展。通过创新性地运用地理示意图,可以更好地培养学生的创新意识和创新能力,提高学生的综合素质和竞争力。

### 四 地理示意图的作用

地理示意图是地理教学中不可或缺的辅助手段。它以直观、形象的方式呈现地理知识,帮助学生更好地理解复杂的地理概念和现象。通过地理示意图,学生可以清晰地看到地理事物之间的内在联系和动态变化,加深对地理原理和规律的理解。同时,地理示意图的使用也使得教学过程更加生动有趣,不仅能激发学生的学习兴趣和调动他们的积极性,还能够培养学生的观察、分析和实践能力,促进其全面发展。因此,合理利用地理示意图是提高地理教学质量的有效途径之一。

#### (一)提高课堂教学效果

在课堂上创设问题情境是提高教学效果的重要手段之一。通过问题情境的创设,教师可以引导学生主动思考和探究,激发学生的学习兴趣和好奇心,促进学生的主动学习和参与。同时,问题情境的创设还可以帮助学生更好地理解和掌握知识,提高他们的思维能力和解决问题的能力。

为了达到最好的教学效果,教师需要精心设计问题情境,将其与教学目标紧密结合,并根据学生的实际情况和教学内容选择合适的方法和手段。此外,教师还需要在问题情境中给予学生充分的思考时间和空间,引导他们逐步深入探究问题,培养他们的自主学习和合作学习能力。

1.有助于引起学生注意,提高参与热情

引起注意是有效教学的首要条件,它是学习主动性、积极性的重要标志。注意力是学习者在索取知识的过程中所表现出来的特殊的心理活动,它是学习者对某些学习内容的集中指向,就是说在某一时刻心理活动总是有选择地朝向某一学习对象,全神贯注的思考就是学习注意力的集中。学生在学习地理示意图之前可能从事各种各样的活动,其兴奋点可能还沉浸在刚才的活动中,因此,好的问题情境能使学生离开之前从事的活动,集中自己的注意力,全身心地投入到示意图的学习中来。而且,好的问题情境能消除学生对示意图恐惧畏缩的心理,积极参与到示意图的学习过程之中。在设计问题情境时,通过贴近生活实际、角色体验、设置趣味开放性等策略,来调动学生的投入热情,使其积极地参与到问题情境所隐含的知识探究和思考之中。

教育家第斯多惠说过:教育的艺术不在于传播的本领,而在于激励、唤醒和鼓舞。那么,利用地理示意图创设生动的问题情境就是激励、唤醒和鼓舞学生的一种教学艺术,能集中学生的注意力,提高学生参与的热情,从而提高教学效果。

### 2. 有利于发展学生的地理思维能力

"疑是思之始,学之端。"现代认知心理学关于思维的研究成果表明,思维通常是由问题情境产生的,而且以解决问题情境为目的。创设问题情境的实质是唤起学生的思维,激发起学生强烈的问题意识和求知欲望,引发学生积极思考,明确问题,进而愉快地解决问题。

地理示意图不仅是联结地理事物和地理原理的纽带,也是启迪人们认识地理特征、地理成因和地理规律的钥匙。新课程理念下的地理示意图教学,应结合具体的示意图内容采用"创设情境—观察理解—解释—应用与拓展"的模式展开,让学生通过示意图的观察掌握地理事实,进而在此基础上能说明示意图所反映的地理概念,或论证地理原理,或分析成因,或总结规律,从而使学生由感性思维深化发展为理性思维,达成教学的主要目标。

### 3. 激发学习兴趣

学习兴趣是指学生渴望获得科学文化知识,并着力去认识它,探索它的一种倾向,通常带有浓厚的情感色彩。独特的构思,不同凡响的问题情境能充分调动学生的学习积极性,激发学生的学习兴趣。

教师针对地理示意图创设"问题情境"就是把学生带入某种情境中去发现问题,以引起情境中的问题与原有自身认知基础之间激烈的矛盾。有了这种激烈的矛盾冲突即问题就可以激发学生认识上的矛盾,从而使学生在问题的刺激下进行反省性的探索。在这一状况下,学生的智力总是始于问题的提出,终于问题的解决。在这一过程中,问题会激起学生强烈的求知欲、好奇心和追求真理的愿望,并促使他们沿着问题的指向积极思考,兴致勃勃地钻研,从而产生浓厚的兴趣,形成持续性的学习动力。

在这个过程中,学生的智力因素与非智力因素得到有机结合和充分发挥,学生在轻松愉快的状态下获取新知识,排除学习心理压力,减轻学习负担,更有效地提高教学效果。

### (二)地理示意图易集中学生的注意力

地理示意图教学确实是一种有效的方法,通过将每一幅图作为单一信息源显示,可以更好地引导学生关注特定的地理要素,提高他们的学习效果。以下是地理示意图教学在集中学生注意力方面的具体作用。

①突出重点:地理示意图通过简化和提炼地理信息,将重点要素呈现出来。这种突出重点的方式有助于学生更好地理解地理知识,并集中注意力。学生在观察示意图时,可以迅速把握关键信息,提高学习效率。

②排除干扰:在地理示意图中,图面上反映的地理事物和现象都是简明扼要的,这样可以排除其他不相关信息的干扰,使学生更加专注于示意图中的关键信息。这种排除干扰的方法有助于学生集中注意力,提高学习效果。

③稳定注意力:地理示意图通过单一信息源的呈现方式,可以帮助学生稳定注意力。当学生在观察示意图时,他们的注意力会更加集中,不易被其他事物分散。这种稳定注意力的方法有助于学生更好地理解和记忆地理知识。

④促进思维连贯性:地理示意图通过直观的方式呈现地理事物的分布、特征和相互关系,有助于学生形成连贯的思维模式。学生在观察示意图时,可以更好地理解地理知识之间的联系和逻辑关系,促进他们的思维连贯性。

⑤提高学习效果:通过地理示意图教学,学生可以更加直观地理解地理知识,提高学习效果。同时,示意图的多样性和趣味性也可以激发学生的学习兴趣,使他们更加积极地参与课堂学习。这种积极的学习态度有助于提高学生的学习效果和思维能力。

综上所述,地理示意图教学在集中学生注意力方面具有重要的作用。教师在课堂上应该充分利用地理示意图的特点和优势,引导学生积极参与学习过程,提高他们的学习效果和思维能力。

### (三)科学地运用地理示意图,利于学生确立新型的知识观

地理示意图的运用确实有助于学生确立新型的知识观。在传统的教学中,知识通常被视为一种固定的、客观的存在,而地理示意图的运用则强调了知识的探索和创造过程。通过分析和解释地理示意图,学生不仅获得了地理知识,更重要的是培养了他们的探究精神和创造力。

其在培养学生新型知识观的具体作用体现在以下几个方面。

①强调知识的探索过程:地理示意图可以帮助学生将地理知识视为一种探索的过程。在分析和解释示意图的过程中,学生需要思考、探究和发现,这使得他们更加深入地理解地理现象和规律。这种探究过程有助于培养学生的科学精神和探究能力。

②促进知识的个性化生成:地理示意图的多样性和趣味性可以激发学生的个性化思考和学习。每个学生都可以从示意图中发现自己的问题和兴趣点,从而形成个性化的学习方式和知识生成方式。这种个性化生成方式有助于培养学生的创新能力和独立思考能力。

③提供独立学习和作业的机会:地理示意图可以为学生提供独立学习和作业的机会。学生可以在教师的指导下,通过观察、分析、绘制示意图等方式独立完成学习任务,这有助于培养学生的自主学习能力和解决问题的能力。

④促进合作学习和交流:地理示意图的运用还可以促进学生的合作学习和交流。学生可以通过小组讨论、合作探究等方式共同分析和解释示意图,这有助于培养学生的合作精神和交流能力。

综上所述,科学地运用地理示意图可以帮助学生确立新型的知识观,促进学生的全面发展。教师在课堂上应当充分重视示意图的运用,将其作为一种有效的教学工具,以引导学生更加积极地参与到学习过程中。

### (四)培养地理综合思维

地理综合思维作为地理核心素养的关键一环,是地理学习的基本思想和方法,对整个地理核心素养的养成起着重要作用。而地理示意图作为地理图像的重要组成部分,在地理教学中有着重要的作用。其在培养地理综合思维中的作用如下。

①丰富地理要素的呈现:地理示意图通过简洁的图像形式,可以展示多种

地理要素的相互关系。学生通过观察和分析示意图,可以了解不同地理要素之间的相互作用和影响,从而培养他们的综合思维。例如,气候分布示意图可以呈现不同地区的气候类型和特点,学生可以分析气候与地形、洋流等地理要素的关系,培养综合思维。

②反映地理事物变迁:地理示意图可以呈现地理事物的变化过程。通过比较不同时期的示意图,学生可以了解地理事物的变迁过程,探究其背后的原因和规律。这种对变化过程的思考和分析,有助于培养学生的动态思维和综合思维能力。

③体现地理区域联系:地理示意图可以呈现不同地区之间的联系和差异。通过比较不同地区的示意图,学生可以了解不同地区的地理特征和差异,探究其形成的原因和影响。这种对区域联系的思考和分析,有助于培养学生的整体思维和综合思维能力。

④作为考查工具:地理示意图也是考查学生地理综合思维的重要工具。通过绘制、解读和分析示意图,教师可以评价学生对地理知识的理解和掌握程度,以及他们的综合思维能力和解决问题能力。这种评价方式有助于教师了解学生的学习状况,调整教学策略,促进学生综合思维的发展。

地理示意图在培养地理综合思维中发挥着重要作用。教师在课堂上应该注重示意图的运用,引导学生观察、分析和探究示意图,培养他们的综合思维能力和解决问题的能力。同时,教师在运用示意图时,应充分考虑学生的实际情况和学习需求,灵活调整教学策略,确保示意图能够最大程度地服务于课堂教学和学生发展。

地理示意图能够直观地呈现地理知识和信息,帮助学生理解地理现象和规律,提高他们的地理综合素质。以下是一些关于如何利用地理示意图培养学生综合思维的解释和建议。

首先,地理示意图能够反映地理事物之间的相互关系和变迁过程,帮助学生全面地了解地理现象。通过观察和分析示意图,学生能够深入了解不同地理要素之间的相互作用和影响机制,这种学习方式对于培养他们的综合思维能力和系统思考方式具有显著效果。

其次,地理示意图可以培养学生的空间思维能力。地理示意图通常包括地图、图表、图片等多种形式,这些图像可以帮助学生建立空间概念,了解地理事物的分布和变化趋势。通过比较不同地区的示意图,学生可以更好地理解地理空间差异和联系,提高他们的空间思维能力。

此外,地理示意图还可以培养学生的分析和解决问题的能力。学生可以通过观察示意图发现问题、分析问题并寻找解决方案。这种探究过程可以帮助学生掌握科学的方法和思维方式,提高他们的分析和解决问题的能力。

为了更好地发挥地理示意图在培养学生综合思维中的作用,建议教师在教学中注重以下几点。

一是引导学生观察和分析示意图。教师应该引导学生仔细观察示意图,发现其中的地理信息和规律,并鼓励他们进行探究和思考。通过分析和解释示意图,学生可以培养综合思维能力和有效提升解决问题的能力。

二是多样化使用示意图。教师可以根据不同的教学内容和目标,选择不同类型的示意图进行展示和讲解。同时,教师也可以引导学生自己绘制示意图,加深他们对地理现象的理解和记忆。

三是注重实践和应用。教师可以将地理示意图与实际生活和案例相结合,引导学生运用所学知识解决实际问题。这种实践和应用的方式可以帮助学生更好地理解地理现象和规律,培养他们的综合思维能力和应用能力。

四是培养学生的自主学习能力。教师可以引导学生自主学习地理示意图的相关知识,培养他们的自主学习能力和探究精神。通过自主学习,学生可以更好地掌握地理知识和技能,提高他们的综合思维能力。

综上所述,地理示意图在培养学生综合思维方面具有重要的作用。教师在教学中应该注重示意图的运用,引导学生积极参与学习过程,培养他们的综合思维能力、探究精神和自主学习能力。同时,教师还应该不断探索和创新教学方法和手段,使地理示意图在地理教学中发挥更大的作用。

**【案例】以"5W"为线索体现培养地理综合思维素养的地理示意图应用策略**

(一)教学建议

1.树立正确的教学目标,明确教学思路

教学目标在教学过程中起着十分重要的作用,教学活动围绕着教学目标展开,教学目标是期待学生达到的学习结果。所以设立正确的教学目标是运用地理示意图培养学生地理综合思维的首要任务。教学目标的设计一定要清晰和明确,有时教学目标难以达成,是因为目标的设定过于夸大、浮于表面,所以可操作性差。教师在设计教学目标时要明确行为主体,哪些教学环节由教师完成,哪些教学环节要让学生参与;然后要确定需要学生达到的水平,是了解、理解、掌握还是说出等;最后针对不同的水平,设计不同的教学环节,指出学生应该如何做,做出什么样的反应才是达到规定的标准,如能够"简要绘制示意图并说出事物发展过程""能够通过示意图分析地理现象的成因"等。

教学目标除了是课堂教学的指向标外,还是教师设计教学过程的参考标准。教学目标中一定要明确是何地理知识通过何种地理示意图培养地理综合思维的哪一方面,需要学生达到什么样的思维水平。确立了教学目标后,教师即可依据目标设计教学方法,梳理教学思路,明确运用地理示意图培养学生综合思维的具体过程。

2.适应学生认识梯度,关注各个年级阶段学生思维的形成

不同程度的班级之间学生的认知水平都不同,在进行教学设计时,教师应该考虑不同学生的认知水平,这是不同学生之间的认知差异。由于地理综合思维属于抽象逻辑思维这种高阶思维,对学生认知水平的要求较高,所以教师在目标设定中要考虑学生已有的知识基础、学生已有的学习能力以及学生学习的态度和习惯等。

在同一堂课中教学过程也要循序渐进,要着眼于学生的最近发展区。教学内容有难度,要让学生通过努力且在教师的指引下可以达到教学目标。要注重对学生的启发诱导,"不愤不启,不悱不发",教师的启发要建立在学生"愤"和"悱"的状态上,只有学生感受到知识可以通过自己的努力学到,才能够激起他们学习的欲望,教师的引导才能起到应有的效果。所以教学的过程应该符合学生的认知过程,层层深入。依据抽象思维的形成步骤,运用地理示意图培养地理综合思维,也应该经历观察大量具体事物,发现规律,加以变化演绎,然后逐渐熟练形成抽象思维的过程。所以通过观察地理示意图,在教师的引导下发现其中的规律,再加之练习,可以有效形成地理综合思维。教师在教学中要关注学生思维在教学环节中的发展。

3.科学选图,多形式呈现

通过访谈,我们发现绝大多数教师使用的示意图素材主要来源于教材,或者直接从网络中寻找清晰度较高且匹配教学内容的示意图。然而,网络中的数据资源质量良莠不齐,甄别的过程往往会花去教师大量的精力和时间,就更不用说依据教学内容与课程的思路重新设计地理示意图。这样容易造成学生接触的示意图过于局限,不能够拓展思维。教师应该扩大地理示意图的获取渠道,如地学类的微信公众号就是一个很好的资源获取平台,里面会有专业人士

依据教学内容,采用专业制图软件制作的多种地理示意图,教师可以根据自己的需求选取示意图。教师在选图时要注意示意图的科学性与典型性,要结合教学重难点,要符合学生的思维发展过程,更要逻辑严谨无逻辑错误。

科学合理地选择示意图后,要注意示意图的呈现形式,目前教学中教师多采取的方式,分别是直接让学生使用教材观看地理示意图,以多媒体的形式呈现,以及利用板书呈现。不同的呈现方式适宜不同的教学方法,但总体而言,多媒体与板书结合是最适宜的呈现形式。利用多媒体呈现具有色彩丰富、效率高、容量大的优点,相对而言对教师专业技能要求较低,节约时间,能够用丰富的色彩图画吸引学生注意。利用板书以板图板画的方式呈现地理示意图,对教师的基本素养要求较高,需要教师具有熟练的三板教学技能。教师可以依据教学方式选择不同的示意图呈现方式,但最优的呈现形式是多媒体与板书相结合。地理示意图的呈现在精不在多,将最适宜的示意图,用多媒体呈现,可以充分发挥多媒体的动态演示功能,这样便于学生理解地理事象的形成过程,也适合教师一步一步讲解,通过多媒体展现讲解完,再以板书的形式凝练总结,起到加深印象的作用,两者的先后顺序也可以颠倒。如在讲解洋流时,可以依据不同类型洋流的成因在世界地图的基础上采用幻灯片演示的动画功能一一呈现洋流的位置,然后再以板图的形式画出世界洋流模式图,方便学生理解不同纬度的洋流特征,有利于学生理解洋流的时空分布,培养时空综合的地理思维。

### 4.丰富教学方法,促进学生自主探究

多媒体教学与讲授法结合是教师最常用的教学方法,但在常规课中教师容易出现过度使用多媒体,而整堂课没有板书的现象。多媒体教学固然有诸多优势,但它不应该成为唯一的教学方式。运用地理示意图培养综合思维,多数教师都会采取图文转化或者文图转换的方法,在呈现地理图像时加以简要文字说明,或将二维的文字转为三维的图像,以说明地理事象。还有教师采用图图转换的方法,通过呈现地理景观图或专题地图,教师指导学生发现其中的原理或者规律,然后自己总结地理示意图。如在讲解常见的地貌类型时,教师可以通过展现不同地貌景观,让学生总结各种地貌的形态特征,然后绘制地理原理示意图展现地貌特征。

此外,教师还可以采取问题式探究的方法,利用地理示意图结合教学培养目标设问。设置的问题要有层次,能够引发学生的探究欲望,让学生通过思考,在地理示意图中找到答案,获取知识。学生是教学的主体,有时教师在课堂中

会忽视学生的主观想法,这会使学生游离于课堂之外,以问题为导向,让学生自主探究,可以将学生的思维抓紧在课堂中。讲练结合也是很好的教学方法,地理示意图是考察地理综合思维的常用图像,可以通过学生练习的情况了解其对知识的掌握状况与思维的形成情况。教师应该依据教学内容拓展教学方式,使示意图学习具有趣味性与实操性。

5.注意评价总结,加强课后反思

教学评价是根据教学目标对教学活动结果进行价值判断的活动,教学评价一般分为对学生学的评价与教师教的评价。对学生学的评价又可分为课上和课下,课堂上对学生的回答要做出及时的评价,学生的正确回答要给予表扬并肯定,学生的错误回答则更需要重视,及时纠正学生跑偏的思路。可以让学生自己或者其他同学对回答进行评价,分析其错误的原因并给出正确的答案。学生自评与互评对提升教学效果有显著作用,评价错误答案的过程也是对知识的一种思考过程,有利于学生更牢固地记忆知识。学生学习效果的课下评价通常以考试与测验的方式展开,学生的综合思维水平在试题中可以得到清晰呈现。教师采用地理示意图分析的题目检测学生的综合思维,一定要依据综合思维的水平划分进行试卷分析,通过学生的回答了解他们的综合思维形成水平。多元的评价方式能够让学生获得及时的点拨,增强课堂参与的积极性,也能够让教师准确了解学生的掌握情况。

教师的评价包括课上教师对学生的评价,以及教师在课后对教学设计、教学组织方式、教学过程等的评价。通常课堂中都是教师评价要多于学生自评或他评,这样会使学生的课堂参与度不高,难以发挥学生的主体地位。教师应该加强学生自我评价,鼓励学生发现问题,并主动思考解决的办法。教师及时在课后总结归纳教学过程中的优点与不足,思考教学过程中的言语是否启发学生的思考,教学活动的开展是否达到了预期效果,学生的接受程度如何,这些课后反思有利于教师不断提升运用地理示意图培养学生综合思维的教学能力。

(二)应用策略

1.运用地理示意图培养要素综合的策略

(1)图像叠加,综合地理要素。

地理示意图包含着丰富的地理要素,且这些地理要素之间相互作用相互影响,但是也有着一定规律,就是具有层级性,在进行地理示意图学习中教师要帮助学生理清图中包含的地理要素及他们之间的层级关系,以形成对地理事象中要素的完整认识。

通常来说教师在分析地理事物和现象成因、原理等时如果呈现景观图或地图等，往往看到的地理要素较为单一，不利于学生从全面综合的角度分析其中的地理要素综合，但地理示意图可以将所有的要素都呈现在一张图上，帮助学生从各个要素综合的角度思考问题。如教师可以采用GIS图层叠加示意图，这是利用GIS相关软件将表示不同要素的专题图层，按照教学需要组合起来的示意图。地理要素叠加后产生的图像，常见于地理试题中。图像的叠加可以清晰地将各种地理要素综合起来，也可以明确各个地理要素之间的空间关系，帮助地理要素综合思维的形成。

图像可以叠加，也可以拆分。教师可将地理事象中的各个要素拆分开来，帮助学生分别对地理各要素进行分析，有效区分地理要素之间的主次关系，将同一地区的不同地理要素分层，分析造成某地理事象的主导因素。此外，教师还应该增强自己的地理专业技能，学会拆分组合地理要素，利用地理信息技术使示意图在视觉上活起来，更好地体现地理要素综合。

(2)图文互换，叙述思维过程。

图文互换的教学策略包括以图释文、以文释图和图图转化三种类型，前两者也可以合称为图文互释。示意图和语言文字都可以解释地理事象的成因、原理、规律等。在教科书中通常都会图文互释，在文字后配以示意图加以说明文字所阐述的内容，这就是以图释文；或者在示意图后配以文字来解释图中所展示的内容，则是以文释图。在教学中，教师也可以用图文互释的教学方法进行教学，如通过语言讲解地理事象的地理要素相互作用和影响，然后用地理示意图展示讲解内容；或直接展示地理示意图，然后据图讲解。板书是较好帮助教师使用图文互释教学策略的形式，教师一边在黑板上绘图，一边用生动的语言讲解，加以标准的指图，可以帮助学生对应示意图展示的内容。学生也要具有图文互释的能力，能够通过语言文字对地理示意图进行要素综合与分析，或者利用地理示意图总结大量文字表述的内容，教师需要在课堂中让学生不断练习，掌握这种能力。

图图转化是在深度理解地理事象中各要素之间相互关系的基础上进行的，可以使学生更透彻地理解地理要素之间的关系，得到对地理要素的综合分析。地理示意图也是课堂小结的实用工具，通过一个图文并茂的地理示意图，可以清晰地梳理出本节课的思路过程，轻易展现课程的重点内容，并在小结的过程中加深学生对所学知识的记忆。

2.运用地理示意图培养时空综合的策略

(1)转变尺度,深化时空感知。

"旁日月,挟宇宙,为其吻合。""宇宙"一词始见《庄子》,所谓"上下四方曰宇,古往今来曰宙。"自此宇代表空间,宙代表时间,时间与空间紧密相连。地理研究向来是从时间和空间两个维度综合进行的。根据尺度思想,依据研究需要时间与空间可以划分不同的尺度,如时间可以分为过去、现在和未来;空间可以分为宏观尺度、中观尺度和微观尺度等。地理示意图可以展现不同尺度的层次关系,也可以进行尺度之间的相互转化,帮助学生形成对时空尺度的清晰认知。所以教师在教学中可以充分利用地理示意图的尺度性,转换示意图的维度,进行图像变式,深化学生对时间和空间的感知。

不同尺度的地理示意图帮助学生对地理知识的理解,深化对地理时空的感知。所以利用地理示意图的尺度转化有利于打破学生对时间和空间的认知屏障,深化时空综合思维。

(2)善用过程图,展示事物演变。

尺度转化更能够展现的是地理事象空间上的变化,那么地理过程图更能展现的则是地理事象在时间上的演变,体现地理示意图的演变性。在使用地理过程示意图时可采用化繁为简,由简延繁的教学策略。在教学中选择地理示意图要注意数量不能过多,但是为了化繁为简,一图多型也是可以采取的。

同时,教师在讲解地理过程示意图时需要加强动态语言的描述,增强对事物动态运动过程的分析,加强运用板书、幻灯片演示、动画以及视频等,增强地理事象的动态变化,深化学生对地理事象时空演变的认知,从而提升从时空综合的角度分析地理事象的能力。

3.运用地理示意图培养地方综合的策略

(1)创设情境,理论与实际结合。

地理知识与生活紧密相连,体现地理的生活性就是要从生活中学地理。在教学中学生时常反映难以提起对地理学习的兴趣,就是将知识与生活割裂造成的。地理就是应该在生活中学习的一门学科,所以教师应该将地理知识都融入真实的生活情境中,从而帮助学生对地理知识的理解,并提升其解决生活中遇到的地理问题的能力。

如学生每天都会经历日升日落,但很少有学生去关注每天太阳起落的时间和方向,不同季节的太阳高度角是否一致,不同纬度的太阳又有什么变化。所以在讲解正午太阳高度和昼夜长短变化时,教师就可以让学生们去主动观察一周内的太阳高度变化以及日出和日落的时间,然后将观察的结果与书中的范例进行对比,从而总结规律、学习知识。将知识与学生生活中可见的自然现象相融合,给学生创建一个和生活紧密相连的问题情境,可以提升学生学习地理的兴趣,消除学习抽象地理示意图的恐惧,让他们知道示意图也只是生活中常见现象的一个提炼归纳。给地理示意图创设生活情境,有利于学生将理论与实践相结合,形成从感性思维向理性思维的转化,促进综合思维的形成。

(2)巧用模式图,打开思维局限。

地理模式图是对不同区域间地理现象和规律的一个高度概括。通过一个地理模式图讲解清楚一种地理事象,就可以给学生设立针对一类地理事项的标准范式。然后,根据不同地区的现实状况,可以依据这个地理模式图的结构做出变式,形成符合不同地区的地理示意图。

地理模式图还可以一图多用,类似于"同课异构"的思路,用一张模式图使学生往不同的方向思考,跳出思维的局限,考虑地理事物之间的联系。以地理模式图为思维的起点,展开联想,思考事物的共性和对立,将其置于思维的统一平面,建立他们之间的联系。可以将复杂的事物简单化,打开学生的思维,帮助学生建立地理思维体系,培养地理综合思维。

以上从要素、时空、地方综合三个角度提出了一些应用地理示意图的策略,但这些策略并不是一成不变的。如图文转换教学策略,不仅可以培养要素综合,也可能培养时空综合;模式图的一图多用在要素、时空和地方综合中均有可能涉及。所以在选择应用策略时需要灵活机动。

### (五)提升地理空间思维能力

地理空间思维能力的培养对于学生的地理学习至关重要。地理示意图作为一种形象直观的地理教学用图,是培养学生地理空间思维能力的有效途径。通过合理运用地理示意图,教师可以帮助学生更好地理解和掌握地理知识,提高他们的空间感知和思维能力。

首先,地理示意图可以增强学生的空间感知。示意图通过图像的形式呈现地理事物的空间分布和相互关系,帮助学生建立起对地理事物的直观印象。通过观察示意图,学生可以更好地理解地理事物的空间特征和变化趋势,从而增强他们的空间感知能力。

其次，地理示意图可以激发学生的地理空间想象。示意图呈现的是一种简化的地理模型，通过这种模型，学生可以在脑海中构建出更为复杂的地理场景。这种想象过程有助于培养学生的空间思维能力，使他们能够更好地理解和探究地理现象的本质和规律。

再者，地理示意图有助于学生进行地理空间解析。通过对示意图的分析，学生可以深入探究地理事物的空间关系和演变过程。这种解析过程有助于培养学生的分析能力和解决问题的能力，提高他们的地理思维能力。

最后，地理示意图有助于学生形成正确的地理思维方式。通过运用示意图，学生可以建立起对地理事物的整体观念和综合思维方式。这种思维方式有助于学生全面地认识地理现象、探究地理规律、解决地理问题，提高他们的综合素质和能力。

地理示意图在培养学生地理空间思维能力方面具有重要作用。教师在地理教学中应该注重示意图的运用，通过合理的教学技巧和方法，引导学生观察、分析和探究示意图，培养他们的空间思维能力和解决问题的能力。教师还应该根据学生的实际情况和学习需求，灵活运用示意图，使其更好地服务于课堂教学和学生发展。

通过运用地理示意图，教师能够为学生搭建一座理解与掌握地理知识的桥梁，助力他们提升空间感知与想象能力。示意图以直观、形象的方式展现地理现象与空间关系，使学生在观察与分析中逐步构建起地理空间概念，进而形成科学、准确的地理思维方式。而在运用过程中，教师需要通过一定的技巧与方法来加深学生对地理现象、原理及规律的感知与理解，可参考以下一些建议。

一是选择合适的示意图类型。针对不同的教学内容和目标，教师可以选择不同类型的地理示意图，如原理示意图、过程示意图、分布示意图等。合适的示意图类型能够帮助学生更好地理解地理事物的空间特征和变化规律。

二是注重示意图的解读与分析。教师在运用地理示意图时，需要引导学生深入解读和分析示意图。通过观察、思考和讨论，学生可以更好地理解地理事物的空间关系和变化过程，培养他们的空间思维能力。

三是结合实际案例进行教学。教师可以结合具体的实际案例，运用地理示意图进行讲解和分析。通过实际案例的引入，学生可以更好地理解地理知识在实际生活中的应用，提高他们的空间思维能力。

四是利用信息技术辅助教学。教师可以利用信息技术手段,如多媒体、数字地图等,制作动态的地理示意图,模拟地理事物的空间变化过程。这种教学方式可以帮助学生更加直观地理解地理事物的空间变化规律,提高他们的空间思维能力。

五是鼓励学生动手绘制示意图。教师还可以鼓励学生自己动手绘制地理示意图。通过绘制示意图,学生可以加深对地理事物的空间特征和关系的理解,提高他们的空间感知和表达能力。

综上所述,合理运用地理示意图是培养学生空间思维能力的有效途径。教师需要注重示意图的选择、解读与分析,结合实际案例进行教学,利用信息技术辅助教学,并鼓励学生动手绘制示意图。通过这些技巧和方法的运用,教师可以帮助学生更好地理解和掌握地理知识,提高他们的空间思维能力,为未来的学习和生活奠定坚实基础。[1]

**【案例1】以"5W"为线索体现示意图中地理思维价值的教学设计**

"地球和地图"是学习初中地理的基础,也是重点内容,并且难度较大。尤其是"地球和地球仪"这部分内容,特别抽象难懂,概念多、知识点细碎,教学进度往往较慢。为了高效实现教学目标,教师可优选并综合运用多种教学方法和手段。下面,我们通过案例的方式探讨示意图在该节教学中的应用。

一、认识纬度的分布和变化特点,归纳判别南北纬的规律

具体方法:引导学生画示意图(图1)。通过示意图可看出纬度的分布和变化特点:①0°纬线是北纬和南纬的分界线,0°以北是北纬,0°以南是南纬;②北纬地区,越往北纬度越大,即"北增北纬";③南纬地区,越往南纬度越大,即"南增南纬"。(如图2所示)

---

[1] 杜秀敏.核心素养背景下初中生地理区域认知构建——以"南亚"为例[J].地理教学,2017(8):37-39.

```
                           90°N
   ┌─────────────────────────┬─────────────────────────┐
   │越    ↑                  │─ 60°N          北       │
   │向    │                  │                增       │
   │北    │北                │                北       │
   │越    │纬                │─ 30°N          纬       │
   │大    │                  │                         │
0° │      ↓                  │                         │ 0°
   │      ↑                  │                         │
   │越    │                  │─ 30°S          南       │
   │向    │南                │                增       │
   │南    │纬                │                南       │
   │越    │                  │─ 60°S          纬       │
   │大    ↓                  │                         │
   └─────────────────────────┴─────────────────────────┘
                           90°S
```

**图 1**

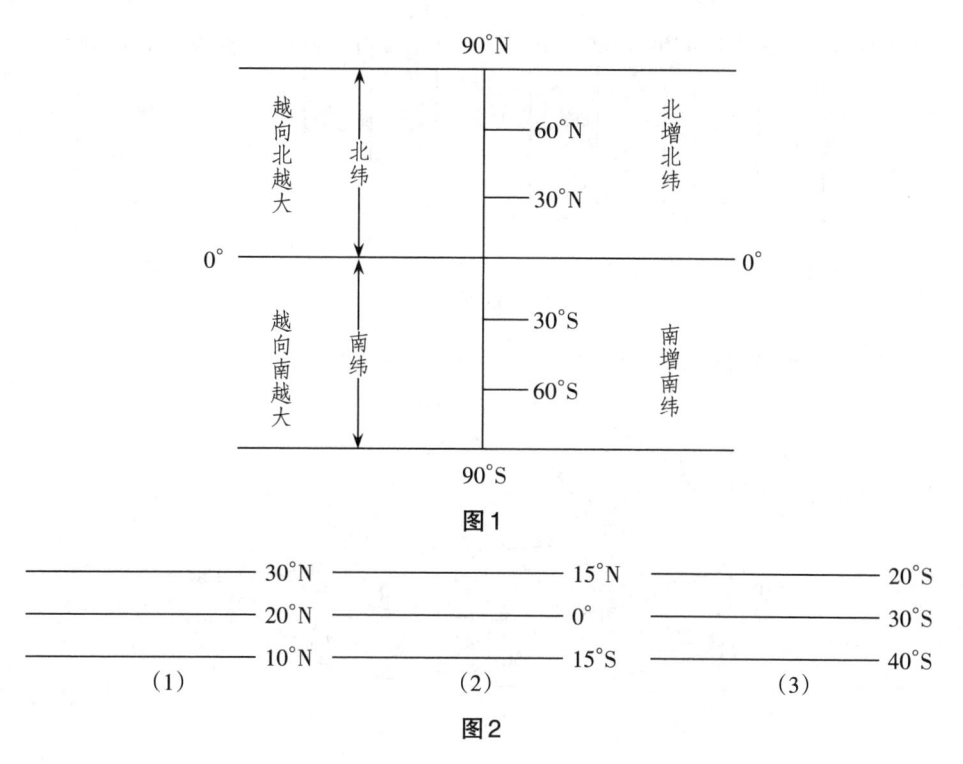

```
────── 30°N        ────── 15°N        ────── 20°S
────── 20°N        ────── 0°          ────── 30°S
────── 10°N        ────── 15°S        ────── 40°S
    (1)                (2)                (3)
```

**图 2**

二、认识经度的分布和变化特点，归纳判别东西经的规律

具体方法：引导学生画示意图（图3）。通过示意图可看出经度的分布和变化特点：①0°经线是东西经的分界线，0°经线以东（右）180°经线以西（左）是东经，0°经线以西（左）180°经线以东（右）是西经；②东经地区，越往东经度越大，即"东增东经"；③西经地区，越往西经度越大，即"西增西经"；④180°经线也是东西经的分界线。（如图4所示）

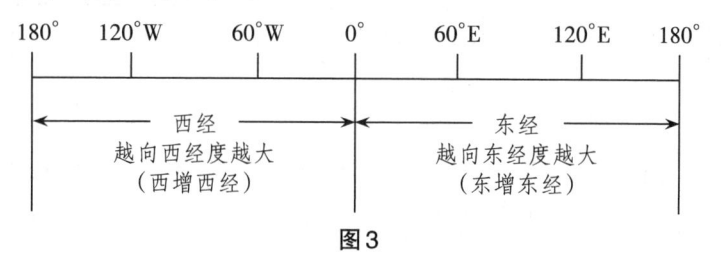

```
     180°   120°W   60°W   0°    60°E   120°E   180°
      ├──────┼──────┼──────┼──────┼──────┼──────┤
      ←──────── 西经 ────────→←──────── 东经 ────────→
           越向西经度越大              越向东经度越大
           （西增西经）                （东增东经）
```

**图 3**

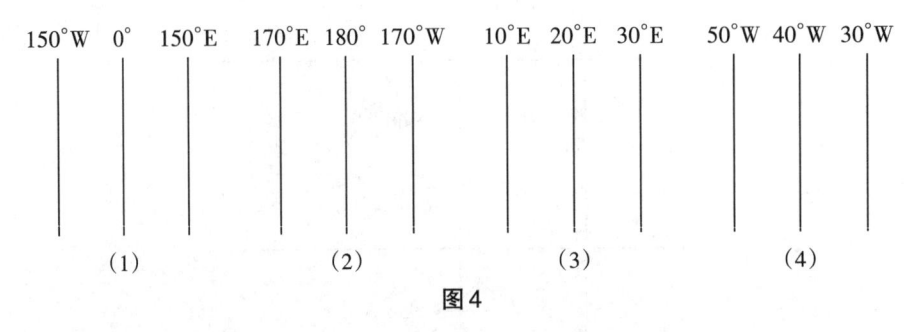

```
150°W  0°  150°E    170°E 180°170°W    10°E 20°E 30°E    50°W 40°W 30°W
  |    |    |         |    |    |       |    |    |       |    |    |
  |    |    |         |    |    |       |    |    |       |    |    |
       (1)                (2)                (3)                (4)
```

图4

[习题]读经纬网图(图5),写出A、C两点的地理坐标。

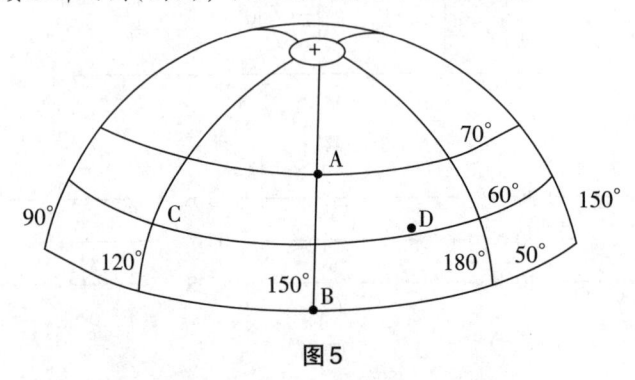

图5

### 三、认识东西半球的分布范围,归纳判别东西半球的规律

**具体方法:** 引导学生画示意图,通过读示意图,东西半球的分布一目了然,即从20°W往东(右)到160°E,为东半球;从20°W往西(左)到160°E,为西半球。引导学生在图中的适当位置画出0°经线和180°经线,如图6所示。

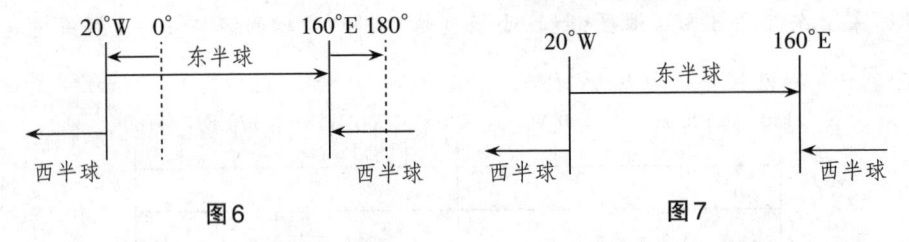

图6

图7

通过示意图7可以看出,有些西经地区(小于20°的)在东半球,大部分(其余)在西半球;有些东经地区(大于160°的)在西半球,大部分(其余)在东半球。

通过观察和思考可归纳出判别东西半球的规律:①小为东大为西,即如果是东经,就与160°对比,小于160°的在东半球,大于160°的在西半球;如果是西经,就和20°对比,小于20°的在东半球,大于20°的在西半球。②0°经线在东半球,180°经线在西半球。

综上所述,示意图可将抽象的空间概念变成直观的图像,化繁为简,化难为易,使学生一目了然;利用示意图学习地理,在听觉的基础上加上直观的视觉信息,使学生记忆深刻。①

**【案例2】以"5W"为线索体现示意图中地理思维价值的教学设计**

近几年的地理中考试题中,地理信息主要通过各类示意图呈现,而新课标版的地理教材则更加重视示意图在地理教学中的地位,其所占比例逐年加大。形式多样、信息丰富、形象生动,是地理教学中示意图的重要特征。

地理示意图是根据地理事物的特征、共性、规律,用简练的手法来描述的示意性的图,具有重点突出、高度概括、清晰易懂、立体感强、色彩鲜明等特点,能最大限度地模拟真实事物的特征,使学生明白地理现象之间的关系,进而得到形象的概念、流程、模式,等等。在初中地理教材中,示意图的类型主要有概念图、剖面图和关联图等。教师利用好这些示意图尤为关键。

一、初中地理示意图教学现状

对任教的两个班级的学生(合计94人)进行了以下两个问题的调查:①同学们到某个公园或景点游玩时,会先看景区示意图吗?两个班只有8位学生表示会先看图。②假如有陌生人向你问路,若路况比较复杂,你想过给他画幅图说明吗?结果只有3位学生表示会画幅图,37位学生表示可能,但没试过。可见,由于学生对地理示意图较低的认知水平,导致其情感需求水平也很低。

随机抽查初一、初二共六个班的学生,通过学生访谈、问卷调查,以及与教师谈话等方式,分析归纳出示意图在初中地理教学实践过程中出现的问题。

学生方面:①基本不知道地理图像的分类,有的示意图太过复杂,看不明白,导致学生思维积极性不高,学习难度较大。②画图时,部分学生学习积极性不高,完成不了画图活动,久而久之导致其读图意识薄弱、读图能力低,学生不愿或不会画简单示意图。③找不到学习的成就感,对依靠教师学好地理存在期待。

教师方面:①地理教师对地理示意图的概念、分类不清楚。②绘制示意图素养良莠不齐,对示意图的教学功能认识不全面。③多数教师的教学观念还没完全转变过来,只是让学生通过死记硬背记住示意图,并没有真正把学生作为自主学习的建构者。④另外,很多教师运用示意图的方法单一,教法研究不够,

---

① 肖福兰.示意图在地理教学中的应用——以"地球和地球仪"一节为例[J].中学地理教学参考,2017(18):36-37.

教学策略低效。

二、初中地理示意图教学方略

与其他地理图表一样,各种不同类型的示意图在教学中的运用也有所差别,如何正确灵活地使用示意图,进而提高地理课堂学习效率,这不仅是一种具体的教学方法,也是一种地理教学理念的体现。

1.根据学习目标创设情境

(1)引入学习内容,让学生能快速进入学习情境。在呈现学习内容之前,教师可让学生观看与学习内容有关的示意图,以便学生从思想上做好准备。如讲授"地形图的判读"时,教师可先给出示意图,并提问:甲、乙两地的海拔分别是多少?它们的相对高度是多少?这样就使学生很快进入到学习海拔和相对高度的情境中,为学生学习"地形图的判读"打下基础。在此教学环节中,教师要注意选图的典型性,要符合大部分学生的认知范围,能突出反映学习内容,从而达到精确用图的目的。

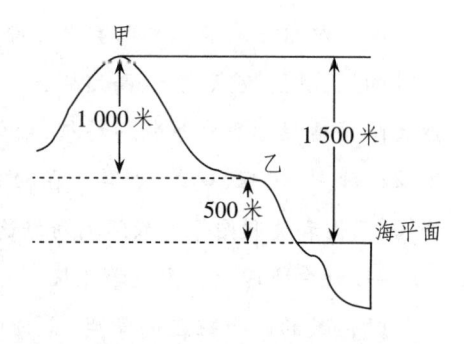

(2)图文结合,加强感性认识。在讲授某些概念时,若图片没有包含过多的地理要素,结合文字则更易释疑。如学习"山区常见的自然灾害"时,学生单独阅读示意图,很难明白山区常见的自然灾害是什么样的?有哪些?但如果把示意图与教材中的文字结合起来,做到"左图右书"、图文结合,学生就能很好地理解教材的文字内容,更好地区分什么是崩塌、滑坡、泥石流。这样的方式便于学生理解、记忆,建立空间概念,从而达到事半功倍之效。

(3)为问题的提出创设情境,让学生更好地提出问题和理解问题。教材往往呈现示意图,以此作为学生提出问题、探究问题的提示,进而进行知识的延伸。

教学中,教师先让学生观察示意图,观察与问题有关的信息,再结合文字提出问题和分析问题,形象而又具体。如学习"新疆"时,可先给出坎儿井的示意图。

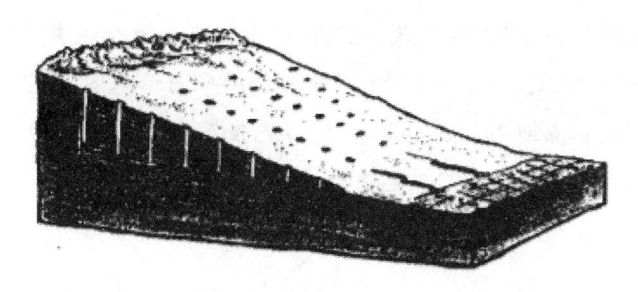

读图时，教师会先说明这是新疆的坎儿井工程，学生会提出问题："为什么修建坎儿井？"教师先不进行解答，而是将问题抛还给学生，让他们分析得出答案：避免水蒸发，说明新疆地区水资源少。为什么降水较少？学生作答完毕后，教师顺着学生的思维，引导其读新疆的地形、气候图，进一步了解当地自然环境特征，最后根据探究结果小结知识。

2.与其他图像教具结合，突破教学重点、难点

(1)图图结合，提升学生的分析归纳能力。等高线形态示意图的判读是地理学习的一大"瓶颈"，是教学的重点和难点。在教学中，如果单纯地指导学生读等高线地形图来掌握识别各种地形的方法，对初一学生来说相当困难。因此，建议将等高线示意图与等高线模型图、地形素描图结合对比，这样就能形象具体地引导学生观察分析，帮助学生认识什么是山脊、山谷，如表1所示。

同样，以此法可分析归纳山顶、鞍部、陡崖等地形部位特征。

表1

| 地形 | 表示方法 | 示意图 | 等高线图 | 地形特征 | 说明 |
| --- | --- | --- | --- | --- | --- |
| 山脊 | 等高线凸向低处 | | | 从山顶到山麓凸起高耸部分 | 山脊线也叫分水线 |
| 山谷 | 等高线凸向高处 | | | 山脊之间低洼部分 | 山谷线也叫集水线 |

指导学生判读等值线分布图的一般步骤是读图名→看图例→观察等值线的数值和单位。判读时要"五读俱全"，即读等值线的数值、读延伸方向、读疏密程度、读弯曲方向、读局部闭合等五个方面，分析归纳，以提高地理思维的严谨性和全面性。教学中，建议尽量把等高线图、形态示意图与模型图展示等相结合，加强直观性，有利于学生构建空间立体思维，更好地掌握地理学习方法，形成后续学习能力。

（2）图图转换，化解教学难点。在讲授"太阳直射点始终在南北回归线之间来回移动"这一知识点时，如把"图1"转化成用平面示意图"图2"来表达，则更易于学生理解，难点迎刃而解。再如，学习完世界地理"大洲和大洋"之后，可把七大洲的轮廓图转化成几何图（图3），这样学生就能很快记住知识，同时也锻炼了绘画与动手能力。

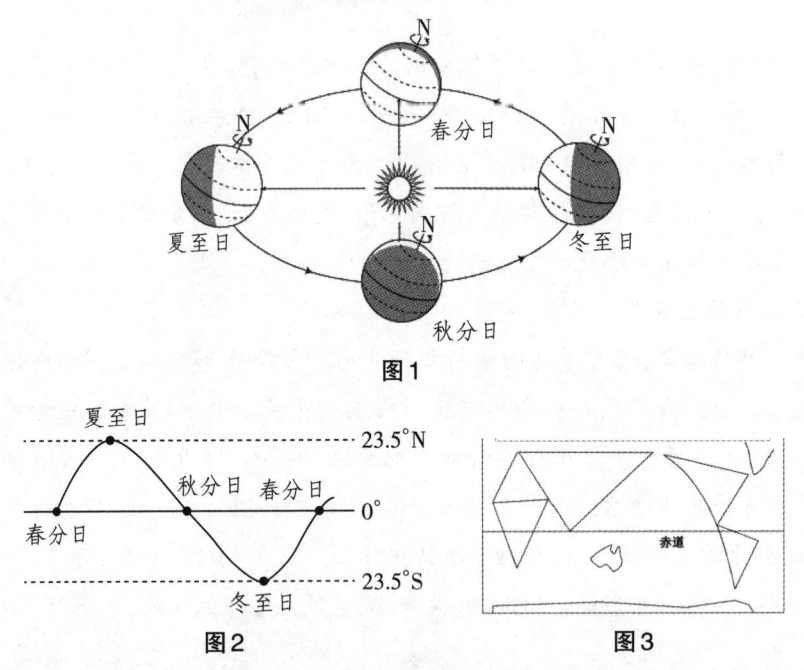

图1

图2　　图3

（3）多媒体演示示意图，提升学生理解层次。有效利用网络资源，突破视觉的限制，图文声像并茂，能多角度、多感官地调动学生的情绪、注意力和兴趣，有利于反映概念及过程，有助于学生对概念的理解和方法的掌握，能有效地突破教学难点，使不同层次的学生都能有所收获，并且节约了空间和时间，提高了教学效率。如讲"黄河下游地上河"时，教师可先出示绘有黄河未形成"地上河"时的河道横剖面图，接着演示黄河携带大量泥沙进入下游，年复一年地沉积，这就把"地上河"这一地理现象的形成过程及原因形象地展示在学生面前，便于学生理解和掌握。另外，地球自转、公转等其他知识点，也都可以通过演示促进和加深学生的理解。

3. 解释说明地理原理、规律或现象

有些示意图是反映地理事物的成因、原理和规律的图形，通常此类示意图在初中地理示意图所占比重较大，常见的有地球公转示意图、黄土高原人地关系恶性循环示意图、南水北调路线示意图等。

解读地理原理示意图的方法为：①识别图中地理事物所涉及的地理因素；②注意根据图中箭头方向、线段的纵横关系等提取信息；③弄清事物的形成或变化过程，判断各因素之间的因果联系。

如学习水资源"时空分布不均"时，我们可选南水北调线路示意图，并按以下步骤分析：①分几条路线？②从什么流域调往什么流域？③流经哪些地形区？④解决哪几个城市的缺水问题？⑤调水的目的是什么？层层递进，提升学生读图、析图和从图中获取地理信息的能力。

4.以图释文，为文字描述提供辅助、说明

美国认知心理学家斯坦丁的记忆实验说明，图片比文字更容易记忆，情节生动的图片尤其如此。心理学上把这种现象称为"图优效应"，即在记忆时，图片的优势更大。所以，将课本文字转化成地理示意图，以直观的图表来描述教材中的文字内容，这对学生深刻理解和掌握知识大有益处。同时，这种方式也培养了学生由抽象思维向形象思维转化的能力，不仅能增加趣味性，也能体现地理学科的特色，更能提高地理示意图教学的有效性。如教材中关于"气候变暖"的文字材料，可将其画成示意图。

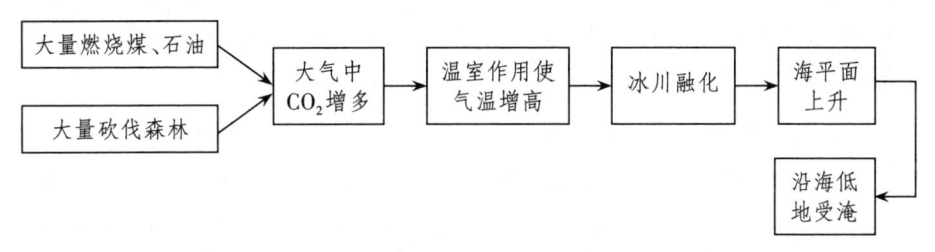

```
大量燃烧煤、石油 ┐
                 ├→ 大气中 CO₂ 增多 → 温室作用使气温增高 → 冰川融化 → 海平面上升 → 沿海低地受淹
大量砍伐森林     ┘
```

从图中可看出，"大量燃烧煤、石油"和"大量砍伐森林"是两个并列原因，共同引起了大气中的 $CO_2$ 增多；$CO_2$ 增多引起的温室作用导致气温增高（全球气候变暖）；气候变暖导致冰川融化，进而使海平面上升，最终引起沿海低地受淹的不良后果。这类示意图把繁复的文字简单、明了地表示出来，让学生一目了然且印象深刻。

三、教学方略实践中要注意的问题

1.学生应在生活中多提炼、分析、归纳、绘制示意图

(1)多问多思、善于归纳。新课程改革要求我们多关注身边的地理现象，部分地理示意图与学生生活实际联系密切。我们应引导学生分析生活中的示意图，让学生把地理知识应用于生活。如让学生观察自己学校的布局情况，画出

学校平面示意图;去景区(动物园、博物馆)游玩时,先看景区示意图,方便游玩;从花都区去广州天河购书中心,在地铁站乘车时查看广州市地铁路线示意图,怎样以最短距离最快到达目的地等。

在生活中分析归纳示意图时,学生要注意观察、收集、整理当地的生产生活与自然地理信息,做个"有心人"。经常运用此策略,学生就会深刻体会到生活中处处有地理。这不仅能增强他们学好地理示意图的信心,还能引导他们用地理的眼光去观察周围的事物,思考身边的现象,从而拓展地理学习的视野。这种方法也符合地理新课程理念。

(2)勤于画图,培养技能。填图、绘图训练应从以下两方面着手:①课堂训练,如学习完新疆的地形后,我们可绘制"三山夹两盆"的新疆地形示意图;②课外实践,组织学生参加社会实践,进行地理调查,收集地理素材,在教师的指导下,绘制学校平面图、家乡交通图等。

2.教师应利用示意图,评价学生,以学促教

教师作为课堂的引导者,应善于把地理与生活联系到一起,这样,学生才能牢固掌握知识;应多教理解记忆方法,在地理示意图专题课上要突出重点,要有一定的方法;应经常让学生画图,并适当做一些地理示意图的读图分析习题,评价学生,反馈学生掌握知识的程度。教师根据反馈信息,调整教学方式、方法,以学促教。

如在讲授完"台湾"等区域地理后,教师可在黑板上画出重要纬线,然后请学生在黑板上绘制简图;再让其填图,填充各种地理事物、地理要素,尽量表现该区域的地理特征,其他学生在下面绘制;最后,教师把学生绘制的示意图收上来,选取典型的用投影展示出来,并指出不当之处,反馈学生掌握知识的程度。[1]

---

[1] 何芳.初中地理示意图教学方略初探[J].中学地理教学参考,2013(Z1):68.

## 第二节 以示意图为载体的"图·思·记"教学策略

地理示意图,用简明而形象的图形来表示某种地理事物的概念和结构,或说明内容较复杂的地理事物的成因、原理、运动过程、分布规律和发展演变规律。示意图不仅可以将文字内容转换为图表,使抽象的概念更加具体、复杂的概念变得更加简单、静止的内容变得具有动态性,而且还能够突出重点、提炼精髓,让人一目了然。这种方式不仅可以帮助我们更好地理解地理现象,还能够更好地反映出地理学的多样性。它可以帮助人们更直观、简洁地了解地图上的信息,也可以被用于各种场景,如地理教学、旅游宣传、城市规划等。

地理示意图通常采用简明、直观的图形符号来说明地理事物的成因、原理、发展演变规律,一般包括地理原理示意图、地理过程示意图等,另外,地理主题漫画也可看成是示意图。对这类图像,尤其是漫画,教师和学生都比较喜欢,而且运用也比较恰当,但运用的方式及挖掘其价值的深度不够,致使这类图像本身具有极强的地理思维价值未能充分体现。在地理教学中,教师应充分优选并深入挖掘图像本身所蕴含的地理思维教育价值信息,通过对这些信息的详细解读,引导学生进行深入讨论,从而有效促进学生"记忆"与"理解"的结合,实现学生对相关地理原理和规律的掌握与灵活运用。[①]

如何挖掘示意图中隐含的地理思维教育价值信息,教学中应牢牢抓住"5W"信息中的"为什么(why)?"展开,"析图得理""以意通理"。以"问题链"的形式,引导学生从图中挖掘所描述的地理事物或者地理要素之间的相互关系、所示意的地理现象之间的规律性,把示意图所表达的复杂的地理现象、原理及规律简明化。例如,可以借助多媒体课件或板图表现示意图的动态形成过程,注意从易到难,按地理逻辑关系、顺序依次演示,引导学生在演示过程中想象、推理和判断。

---

① 欧存伟.高中地理教学中人地协调观素养的培养研究[D].南充:西华师范大学,2018:23.

"图·思·记"结合策略是一种将图像、思考和记忆相结合的学习方法。通过将抽象的知识点转化为直观的示意图,学习者可以更好地理解和掌握知识。通过"图·思·记"结合策略的应用,学生可以更加直观地理解地理知识,提高记忆能力。同时,这种策略还可以激发学生的学习兴趣和主动性,培养学生的自主学习能力。

在"图·思·记"结合策略中,我们需要解决的关键问题主要有两个:一是如何有效地将图像与文字结合,提高学习效率;二是如何通过这种结合策略,增强记忆能力。

### 1. 选择合适的示意图

在示意图的常规教学中,运用的方式不恰当及挖掘其价值的深度不够,致使这类图像本身具有极强的地理思维价值未能得到充分体现。教学中充分优选并挖掘出图像本身反映的地理思维教育价值信息,并进行解读,引导学生进行讨论,促进有效的"记",才能实现学生对相关地理原理和规律的掌握与运用。

### 2. 设计有针对性的思考问题

如何挖掘示意图中隐含的地理思维教育价值信息,我们认为,应始终抓住它本身反映的"成因、原理、规律",即"5W"信息中的"为什么(why)?"展开教学,着重在"意"字上下功夫。即在教学中,充分调动学生的已有知识,先读出图中"示意什么地理现象或揭示什么地理原理或描绘什么地理过程(what)"以及与之相关的地理核心、重点知识,再引导学生深入思考这些"为什么(why)",探究这些规律的成因。从简略的"形"中读出其内在的"意",加以理解掌握,再以其"形简意深"促"记",达到"思""记"的有机结合。

### 3. 激发学生的记忆潜能

"图·思·记"结合策略也提醒我们要善于运用记忆技巧。例如,在记忆历史事件时,我们可以尝试着将事件的发生时间、地点、人物和经过等要素进行归纳整理,形成一张时间线示意图。通过这张示意图,我们可以更好地理解和记忆历史事件的发展过程。通过将图像、思考和记忆有机地结合在一起,我们可以更好地理解和掌握知识。同时,这种策略也提醒我们要善于运用各种学习工具和技巧,以提高学习效率和质量。

4.评估和反馈

教师要及时评价学生的任务完成情况,发挥评价对地理课程教学的实时诊断与导向作用。因此,评价要以印证预期的学习成果为发力点,反馈学生的表现和进步,引导学生发现问题、解决问题。同时,教师还要注重评价方式的多样性,以全面客观地评价学生的读图能力和综合素质。

综上所述,"图·思·记"结合策略是一种有效的学习方法。在未来,随着科技的不断发展,"图·思·记"结合策略将有更广阔的应用前景。例如,虚拟现实技术、增强现实技术等新兴科技手段能够为我们提供更加丰富、立体的学习体验。借助这些技术,"图·思·记"结合策略将得以进一步完善和普及。

## 第三节 以示意图为载体的"图·思·记"教学案例

"图·思·记"结合策略可以帮助学生更好地理解和掌握知识。学生可以尝试运用这种策略来提高自己的学习效果,为未来的学习和工作打下坚实的基础。

**【案例1】黄河下游"地上河"示意图的教学案例解析**

出示黄河下游"地上河"示意图,让学生观察图中示意的水位与地面的高度差,提出问题:图中反映了什么特点?为什么?怎么形成?学生看到此图十分惊讶,并认真地投入到小组合作探究中,很快得到答案:黄河下游水位比地面高,黄河中游流经黄土高原,河水携带大量的泥沙,下游流经地势低平的华北平原时,河道变宽,河流流速变慢,泥沙在河底淤积,使河床抬高;长期以来,人们采取修筑堤坝的方式来约束河水,致使河床与两岸的高差越来越大,形成举世闻名的"地上河"。

接着播放动画:黄河下游"地上河"形成过程。接着要求学生:仔细观看动画,描述"地上河"的形成过程。再提出:应采取什么措施避免黄河的"地上河"现象给两岸人民造成不利影响?又出示黄河水系示意图,要求学生读图完成下列问题。(主要考查学生对上一个教学环节知识的掌握情况。)

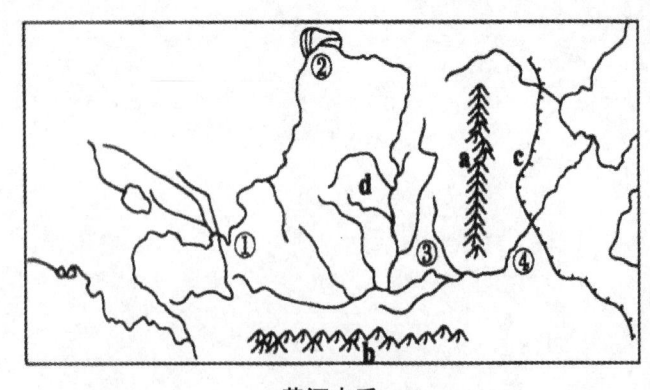

黄河水系

(1)关于图中黄河④河段特征的叙述,正确的是(    )。

A.地上河  B.河道宽

C.含沙量比①河段少  D.河流流量大

(2)关于黄河开发利用的叙述正确的是(    )。

A.①河段主要是发电  B.②河段主要是旅游

C.③河段主要是航运  D.④河段主要是养殖

(3)写出治理黄河的措施?

学生小组合作学习,讨论得出结论:治理黄河的关键,在于治沙,加强中游黄土高原地区的水土保持是治黄的根本。具体措施有:①种草种树,坡耕地退耕还林、还牧,使土石不下坡,清水长流;②修筑梯田,打坝淤地,以减少入河泥沙;③上中游修建水库也是治黄的重要措施,下游加固大堤,确保堤岸万无一失。

**【案例2】黄土高原水土流失示意图的教学案例解析**

理解水土流失的原理和机制以及提出适当的治理措施是教学重点。借助示意图,可以直观地引发学生思考和推理,从而突破重难点的学习。

首先,看到黄土高原的地表是怎样的(what)？学生观察景观图,发现地表千沟万壑,支离破碎。教师进一步问学生,"它在哪里(where),为什么会这样(why)",学生进行深入探究。

**黄土高原景观**

利用四组实验分别说明黄土高原水土流失的影响因素。

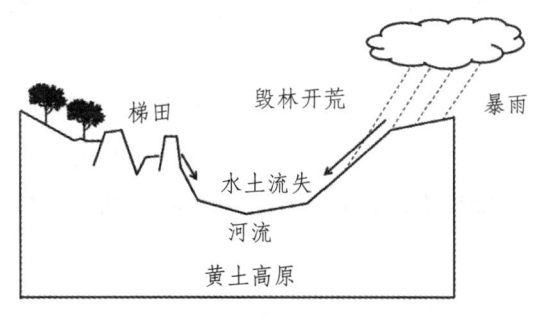

**黄土高原土地利用情况示意**

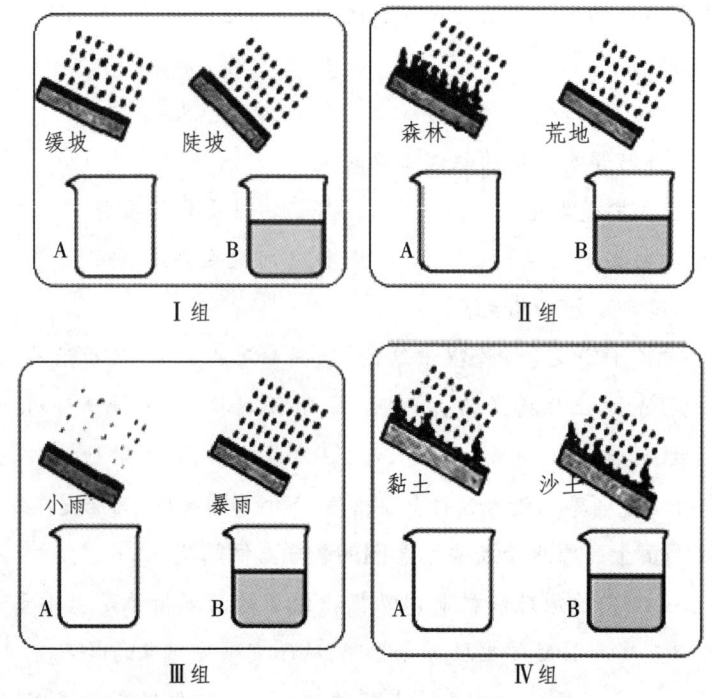

**实验示意**

第一组（Ⅰ组）试验：同样的一场大雨落在下列两种不同坡度的A、B区域，两个区域都没有植被的保护，水土流失哪个更严重？规律是什么？学生通过观察和思考，得出陡坡比缓坡水土流失更严重，说明坡度对水土流失有影响。

第二组（Ⅱ组）试验：坡度一样，地表土质都比较松散，都是暴雨倾盆，但是A表面植被繁茂，B表面植被已经遭到破坏，仅存一片荒地，哪一个水土流失更严重？学生通过观察和思考，得出荒地的水土流失更严重，说明植被对水土流失有影响。

第三组（Ⅲ组）试验：同样坡度的两个区域，A是和风细雨，B是暴雨倾盆，都没有植被的保护，那么哪个区域水土流失严重？影响因素是什么？学生通过观察和思考，得出暴雨冲刷，水土流失会更加严重，说明降水强度对水土流失有影响。

第四组（Ⅳ组）试验：同样的坡度、同样是暴雨倾盆，区域A是黏性较好的黏土，区域B是松散的沙土，哪一个水土流失严重？影响因素是什么？学生通过观察和思考，得出松散的沙土水土流失更加严重，说明土质结构对水土流失有影响[①]。

综合上述示意图的分析,结合实际的动手试验,学生可以总结出黄土高原水土流失的自然原因:黄土高原地面坡度较大,降水集中,黄土结构疏松,夏季多暴雨,植被稀少,地表裸露,对地面的冲刷侵蚀越强烈,水土流失越严重,因此地表千沟万壑,支离破碎。学生通过深入探究水土流失的发生机制,解答为什么会这样(why),什么时候(when)更严重。进一步联想到主要是地表植被破坏,包括过度采矿、过度开垦、过度放牧、陡坡开荒等人为原因造成的。因此对黄土高原水土流失的解释也迎刃而解,这个分析过程锻炼了学生的逻辑推理能力和综合思维核心素养。

当学生学习了水土流失的发生机制和原因后,引导他们思考如何进行水土流失的整治(how),也就是措施。从图中可以看出,整治措施主要分为三部分"保塬、护坡、固沟"。通过营造防护林,平整土地,增加水流下渗,发展生态农业等生物、工程措施来保塬。通过缓坡修筑梯田,陡坡植树种草、封坡育林育草等措施来护坡。通过打坝淤地、打坝建库,拦泥蓄沙,营造防护林等措施来固沟。综上,植树种草是整治黄土高原水土流失的根本措施。学生通过示意图,结合前面对原因的分析,进一步提出整治措施,如合理开垦、合理放牧、合理采矿等,锻炼分析总结的能力和综合思维。

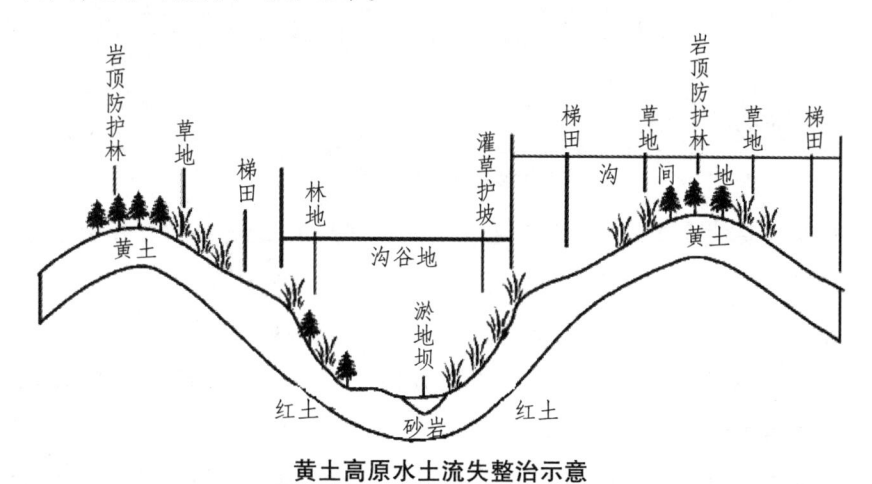

**黄土高原水土流失整治示意**

本案例并非为教材中的示意图,而是教师自己创设的示意图。通过以上案例,形成"它是什么(what)"—"它在哪里(where)"—"什么时候最容易发生

---

[①] 韦红娟.论高中地理探究性教学中的情境创设[J].读书文摘,2016(4):179.

(when)"—"为什么会这样(why)"—"应该怎么做(how)"的逻辑思维链,从而培养学生以图析文、析图得理的能力。除了教材中的示意图,教师自己可以创设适合的示意图来帮助学生更好地突破重难点,体现了以学生为中心的教学理念。值得注意的是,水土流失是一个复杂的自然地理过程,需要结合理论知识和实地观察,实验结果可能会受到实验条件和参数的影响。因此,这个简单的实验只是帮助初学者理解水土流失机制的一个辅助教学工具,对于深入研究和实际防治措施的制定,还需要更全面的思考和数据支持。

**【案例3】"南水北调线路示意图"的教学案例解析**

教师出示"南水北调线路示意",引导学生读图例,要求学生找到三条线路的分布位置,接着提出问题:南水北调工程是把哪个流域的水资源调到我国哪些地区,为什么要这样调水?

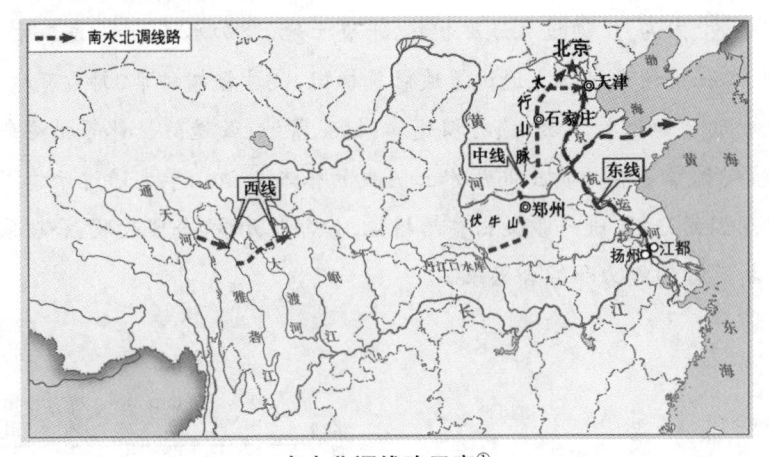

**南水北调线路示意**[①]

学生需要结合三条调水线路图和调用原有知识,进行小组合作学习得出:南水北调工程是把长江流域的水资源调到我国华北地区和西北地区。这样调水的原因是:我国水资源空间分布不均,南多北少。教师接着提问:三条线路工程的起点和终点分别是哪里?学生通过读图得出:东线工程的起点是从江苏扬州引长江水输送往山东、天津;中线工程是从丹江口水库引水至北达北京;西线工程把长江上游的水引入黄河,补充西北地区的水资源。继而提问:东线和中线工程建设难度如何?小组合作分析得出:东线主要利用著名的京杭运河作为输水主干河道,而中线工程沿线需要开挖渠道、埋设大型输水管道,故而中线工

---

① 选自湘教版地理八年级上册"中国的水资源"一节《南水北调线路示意》。

程施工量更大,建设难度更高。进一步提问,东线和中线工程都能自流至华北地区吗?学生结合教师给出的"东线工程输水干线纵断面示意"和"中线工程输水干线纵断面示意",进一步小组合作分析得出:东线工程线路地势南北低中间高,故而长江流域输送到黄河流域这一段需要动力逐级抽水北上;中线工程地势南高北低,向北顺流至京津地区,不需要动力条件。最后提问:除跨流域调水外,你认为解决我国北方地区缺水问题还有哪些措施?学生调动原有知识,发散思维回答:从北方地区缺水严重,缓解北方地区缺水问题除了可以跨流域调水,更应该从意识上提高节水意识。例如:生活当中一水多用、节约用水等;工业用水可以循环利用等;农业上推广喷灌、滴灌技术,改变作物品种,种植耐旱作物等。

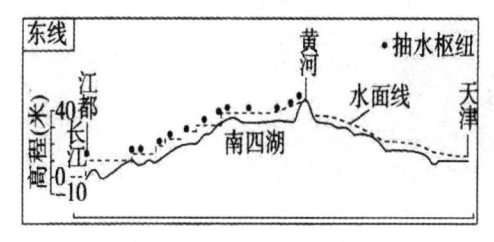

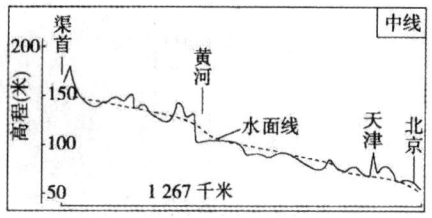

东线工程输水干线纵断面示意　　中线工程输水干线纵断面示意

教师再出示示意图,请学生读图完成下列各题。

(1)我国水资源空间分布的特点是_____;

(2)南水北调工程就是把_____水系丰富的水资源调到我国缺水严重的_____地区。

(3)南水北调工程分东、中、西三条调水路线,东线利用了我国著名的_____作为输水主干河道。

(4)为确保南水北调的顺利实施,除了兴建工程外,沿途还要防止水资源的_____问题和_____问题。

(5)你认为南水北调沿线居民应怎样合理使用该工程提供的水资源?尝试提出一个建议:_____。

在以"5W"为线索挖掘示意图表中具有地理思维教育价值的信息及记忆引导时,还需注意以下两点。

一是读图审图能力的提高。在教学过程中,教师要重点训练学生获取和解读信息的能力,提高图形观察能力,以及让学生学会科学审图、审题,即地理的逻辑起点"5W"。

二是变式转换的图像解读。示意图有些是平面图,初中生的抽象逻辑思维尚未完全建立,因而在教学过程中,教师可以选取其他变式图,例如纵剖面示意图辅助教学,有助于提升学生的抽象思维,在此基础上,有助于学生调动原有的知识去思考"why"和"how"等问题。

**【案例4】"长白山植被的垂直变化示意"图的教学案例解析**

教师出示"长白山植被的垂直变化示意"图,引导学生以"5W"为线索读图并思考。

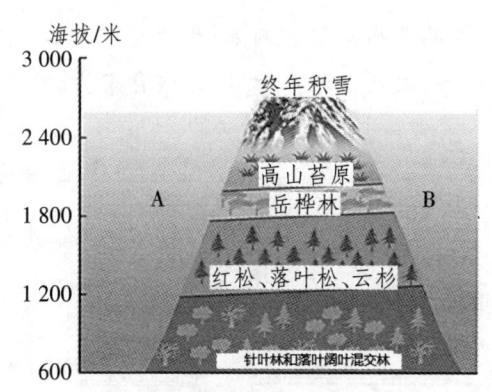

长白山植被的垂直变化示意

①"where"它在哪里:图中所示的长白山位于中国东北吉林省白山市东南部,呈东北—西南走向。

②"what"它是什么样子:出示"长白山植被的垂直变化示意"图,引导学生关注图名、图注、纵坐标的数值等所蕴藏的信息。初步指出长白山植被的垂直变化,由山麓到山顶植被呈现带状更迭,依次是"针叶林和落叶阔叶混交林—红松、落叶松、云杉—岳桦林—高山苔原—终年积雪"。除此之外,相同植被带在长白山的东南坡与西北坡的生长海拔上界有明显差异,东南坡海拔高于西北坡。

③"when"它什么时候发生:长白山植被的垂直变化一年四季都存在。但值得注意的是,夏季气温高,高山苔原带范围上移,冬季雪线下移,高山苔原带范围多减小且顶线下移。

④"why"它为什么呈现这种样子:山地气温通常随海拔升高而降低,降水在一定高度下随海拔升高而增多。山地热量、水分及水热对比关系随海拔的变化,引起气候、水文、土壤、植被等自然要素从山麓到山顶呈带状更替,形成垂直自然带。坡向效应是指同一山体不同坡向的水热条件具有一定差异,形成不同

气候条件,发育不同的植物群落,使垂直带谱结构复杂化。长白山的东南坡属于迎风坡,暖湿气流受阻挡抬升而降温,易成云致雨,降水较多;西北坡属于背风坡,盛行下沉气流而增温,难成云致雨,降水较少。此外,长白山的东南坡属于阳坡,接受太阳辐射多,温度比阴坡高。因此,同一垂直带界线长白山的东南坡分布高度略高于西北坡。

⑤"how",如何使它有利于自然环境和人类:归纳总结出长白山垂直带的地形分异规律,可以预测未来长白山植被垂直带对全球气候变化的响应;对维护长白山生态安全、生态修复、生态经济、实现区域可持续发展等具有重要的现实意义。[1]

**【案例5】以"5W"为线索制作简易地球仪示意图的教学案例解析**

"地球和地图"是地理学习的基础内容,近年来,对地球的形状和大小、根据经纬度(线)特点确定重大事件发生的经纬度、半球位置等知识的考查较多。这部分内容对学生形成学习地理的方法和了解地理课学习内容有很大帮助。要让学生在轻松自由的氛围中愉快地学习,通过和同学们的合作探究来学习地理知识,培养良好的学习方法和学习习惯。在上这堂课时,需要让学生明白,要想学好地理,必须要重视地图和地球仪的使用。只有这样才能将地理知识化难为易,轻松地学习地理。

"它是什么样子(what)"具体表现为地理事物和地理现象的特征。地理图表承载的地理事物和地理现象的外在特征容易被感知,也是学生比较感兴趣的内容。地球仪是一种用来表示地球的球体模型,相较于平面的地图,球形的地球仪可以将地区、方位、角度、距离、面积等以较精确的方式显示。制作地球仪所需要的材料有泡沫球、铁丝、彩色超轻黏土、钳子、彩笔等。第一步:画经线(在球的两端插上牙签,用细线模拟经线,多少等分视具体需要而定,常用12等分,30度画一条经线)。第二步:画纬线(直接取点连线,多少等分视具体需要而定,常用6等分,30度画一条纬线)。第三步:标出经纬度(拿笔直接标,注意间隔的度数)。第四步:画大陆轮廓(放一个地球仪在面前,参照它,先取关键点,再连线,勾勒出大陆轮廓)(此步骤选做)。第五步:穿铁丝,做支架(这步是个技术活,需要老虎钳,把铁丝穿过球的两极,再盘好当底座)。第六步:黏土覆盖(先用绿色黏土勾出陆地的轮廓,接着用绿色黏土填充陆地内部,晾干后,用蓝

---

[1] 郭聃.长白山植被垂直带地形控制机制研究[D].长春:东北师范大学,2014:2.

色黏土覆盖海洋部分，再用黄色、棕色和白色标出主要高原、山脉、雪山等，青藏高原要加得高一些）。

"它是什么时候发生(when)"。德国人马丁·倍海姆在1492年制作的地球仪是现存最早的地球仪。倍海姆制作的地球仪限于当时的条件，有很多错误，但它为当时的人们提供了一些地理上的有利设想。中国自元代就开始制作地球仪，当时西域天文学家扎马鲁丁为元朝朝廷督造了一个地球仪，球面上呈现了地球表面的海、陆分布状况。明朝时期，意大利传教士利玛窦为传授地圆说，也制作了地球仪。明朝李之藻受其影响也制成一架地球仪。

"它为什么在那里(why)"具体表现为地理事物和地理现象分布的"果"与影响分布的"因"之间的关系。地球仪是学习地理知识的好工具，是中、小学地理教学的一种必要教具。可以利用地球仪认识地轴和地球在太空中的形态，认识经纬网及其作用，认识主要的经纬线与经纬线的长度、度数和分布特点等基本地理知识点。利用地球仪还可以形象地演示地球的自转和公转特征，演示极昼极夜的形成及变化过程，演示太阳直射点的回归运动等难理解的运动过程，使我们更好地把握赤道面、黄道面、地轴和黄赤交角等这些抽象概念，以便正确地理解昼夜交替和四季更替的成因。通过演示自转可以更好地理解时差的形成原因，也利于理解时区的划分以及各个时区的早晚关系。在自转过程中，还可以借助墨水的墨迹演示地转偏向力对水平运动的物体的影响。通过地球仪还可以认识世界海陆分布的基本概况，认识大洲、大洋的位置关系和所处的半球、纬度带，认识板块位置、板块边界线位置，认识主要的地形区等这些基本的知识点。此外，利用地球仪还可以测定地球上两点间的相对方位。

"它产生了什么作用(how)"。在制作过程中，学生从动手制作到评价修改，将所学的知识应用到实践中，在认识—实践—反思的深度学习过程中提升地理实践力。教师应注重重点、难点的点拨和化解。整个制作过程中，所有活动指引都是紧紧围绕学生学习中的重难点来展开的。尤其是在难点的化解上，学生在观察—绘制—归纳的实践活动中，总结出经纬线和经纬度的划分方法、分布规律，半球划分依据，注重对课堂知识的理解和实施。整个制作过程学生积极参与、主动思考、动手实践，在轻松的学习氛围中理解、应用和内化知识，打造了地理高效课堂，实现了减负增效的目标。制作简易地球仪地理实践活动，激发了学生的学习兴趣，提高了地理实践力，给同学们搭建了一个良好的展示平台，充分体现了以学生为主体，学中做，做中学的教育教学理念。

## 【案例6】"长江水系示意"图的教学案例解析

河水在大自然界扮演着极其重要的角色,不仅影响着人类的日常生活,还深刻影响着整个国家的发展。在进行水系综合开发利用之前,必须全面掌握其水系结构、水文状况等,把握其在不同时期的变化,从而更好地服务于社会的可持续发展。借助长江水系示意图,我们可以了解到长江的水系特征,包括流域面积、流向、流长、水系形态、支流数量、河网密度以及河道弯曲程度等。河流水系特征的主要影响因素是地形,它决定着河流的流域面积、流向、河道状况和河流水系形态等。所以还需借助长江干流纵剖面图了解长江流经的地形特点。此外,河流水系的分布受到周围环境的限制,而且还受到当时的地貌、气象和人为活动的影响。

长江是我国的第一大河,是中国长度最长、水量最大、流域面积最广的河流。长江流域面积广、水系众多,各个分段有不同的水文特征,想要了解长江,可以借助长江水系示意图,将长江河流概况复杂的内容简单化。

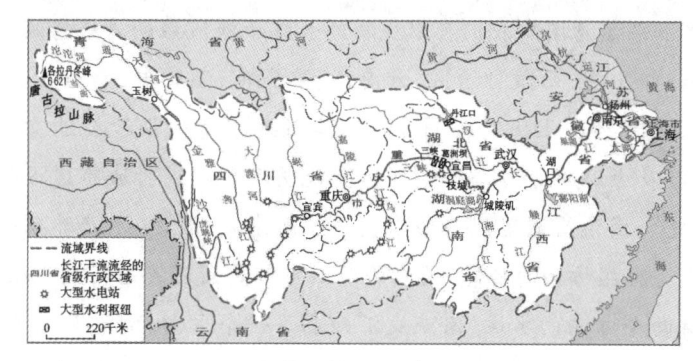

长江水系示意

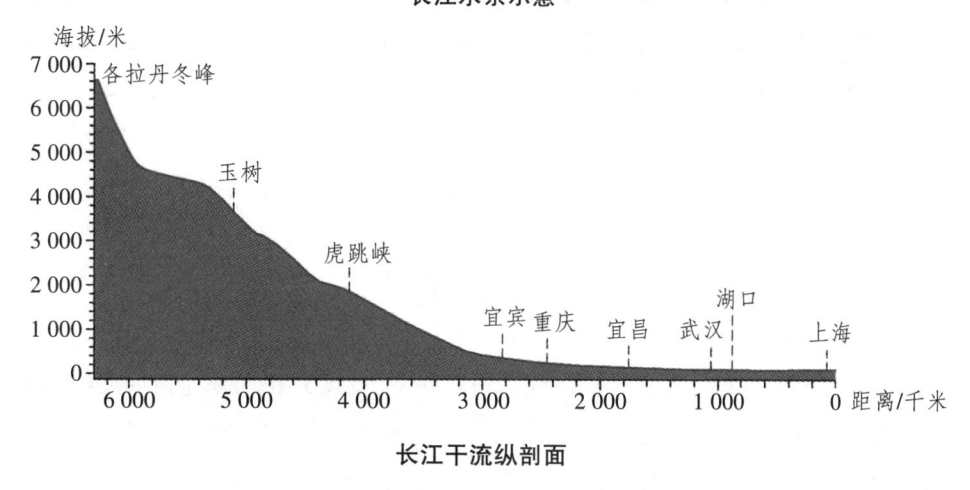

长江干流纵剖面

认识地图,从地图三要素方向、比例尺、图例和注记入手。从长江水系示意图中,没有看到指向标,默认上北下南左西右东。根据图例里比例尺换算,全长大约有6 300 km。图例和注记中包括了流域界线、长江干流流经的省级行政区域、大型水电站、大型水利枢纽和比例尺。

从长江水系示意图中的流域界线可以看出,长江的流域面积很广,流域内大小支流众多。观察长江的干流形状类似于"V+W",从长江水系图干流的粗细变化,以及长江干流纵剖面可以看出中国地势西高东低,河流自西向东流。由图可知,长江发源于中国西部青藏高原的唐古拉山脉各拉丹冬峰,其正源是沱沱河,与南面的当曲汇合后,到青海玉树的河段,称为通天河,通天河在平坦的青藏高原上蜿蜒而行,流速平稳。金沙江从玉树一直延伸到四川宜宾,它穿越山高谷深的横断山区,其中的落差高达3 300 m,江水汹涌澎湃。当它穿越四川盆地,江面变得更加开阔,江流也随之变得更加汹涌,最终经宜宾,它正式被命名为长江流域。最终,注入东海,属于太平洋水系。

从长江水系示意图中我们可以观察到长江干流流经的省级行政区域,先后流经青海省、四川省、西藏自治区、云南省、重庆市、湖北省、湖南省、江西省、安徽省、江苏省,最终从上海市崇明岛入海口注入东海。沿途经过重庆市、武汉市、南京市以及上海市等多个著名城市。说明人类在进行城市建设的时候,多会"依河而建",因为河流可以为城市提供灌溉水源、航运、水产养殖等的条件,其在古代还有天然防御的功能,因此许多城市都是因河流而兴起。相对于河流沿岸上下游两个方向的水运,河流交汇处多了一个方向,所以有更多的货物运转,有更广的服务范围,因此许多城市都位于河流交界处。宜宾市坐落在金沙江、岷江和长江三江的交汇处上,重庆市则坐落在嘉陵江和长江的交汇处上,而武汉市则坐落在汉江和长江的交汇处上。在人类生产力十分低下的时期,陆路运输主要靠人或者马牛牲畜的力量,运输能力十分有限,而利用船只装载货物河运的方式,可以大大提高运输效率,优势十分明显,因此,航运的便利带动城市的兴起。河流的入海口具备了河海联运的优势,上海市就位于长江的入海口,河运和海运的发展推动了上海的发展,使得上海成为国际著名城市。

从长江水系示意图中,我们发现大型水电站和大型水利枢纽多分布于四川、重庆、湖北一带。从长江干流纵剖面图来看,这些地区的地势险峻,落差较大,水流湍急。再联系之前学习的中国气候的相关知识,该河段位于季风区,降水较多,且有众多支流汇入,所以水量大。因此,该河段蕴藏丰富的水能资源。

虎跳峡"狂涛卷地、飞瀑撼天"的著名激流奇观、三峡的"夔门天下雄"都在此河段。因此,长江从源头到湖北宜昌为上游,因其水能资源丰富,有"水能宝库"之称。

长江流出三峡后,从长江干流纵剖面可看出进入了平原地区,根据长江干流纵剖面图的海拔及流程可知,在约920 km的流程中,落差约为40 m,流速锐减,加上众多支流汇入,形成蜿蜒曲折的河道,沿江两侧湖泊星罗棋布。荆江是长江的重要河段,它的"九曲回肠"排水不畅,易导致洪涝灾害,历史上水患灾害频发,有"万里长江、险在荆江"之说。因此,长江从湖北宜昌到江西湖口为中游。在该河段,有中国第一大淡水湖鄱阳湖和第二大淡水湖洞庭湖,它们"容纳四水""吞吐长江"的能力可以缓解长江中游的洪水压力,具有调节功能。近年来,由于泥沙淤积、人们围湖造田,使得湖泊面积不断缩小,调蓄功能日趋减弱,带来洪涝灾害的隐患,因此,治理长江的首要任务是防洪。

接下来的河段,从长江干流纵剖面图可看出流程超过840 km,落差不足20 m,长江水系示意图也用笔画的粗细变化描绘了河流流量的大小,可知这里水流平稳,江阔水深,流速较缓,利于船舶平稳通行;该河段位于秦岭淮河以南地区,河流没有结冰期,四季通航;该河段还位于季风区,降水丰富,流量大,大型船舶可通行。长江流经有重庆、武汉、南京、上海等重要的水路交通枢纽,货运需求量大,使长江成为中国东西向交通的大动脉,因此,长江中下游素有"黄金水道"之称。

长江中下游河段流经平原,落差锐减,泥沙淤积,地形平坦,土壤肥沃,且该河段位于亚热带季风气候区,气候温暖湿润,夏季高温多雨,雨热同期,水热条件好,优越的自然条件利于种植业的发展。在该地区,水稻种植面积和产量位居全国第一,是我国的商品粮基地。再加上中下游湖泊密布,可水产养殖,使得长江中下游平原被称为"鱼米之乡"。

通过长江水系示意图及长江干流纵剖面图,我们可以将复杂抽象的文字内容转换为图形,突出地理信息的重点,清晰明了地反映地理事物之间的联系。此外,结合中国地形、气候等知识,可以更加深入地了解长江的概况、水文特征,以及对长江开发和利用的方向,从而有效地指导我们对长江的管理工作,实现长江的可持续发展。

第六章

# 以统计图为载体的"图·思·记"教学

在这地图的海洋中,统计图作为特殊的一员,以其特有的形式承载着大量的信息。它是数字与图形的完美结合,是科学与艺术的交融。它以直观、明了的方式,展示着地理现象的分布、变化与规律,为我们揭示了地理现象背后的深层逻辑。

## 第一节 地理统计图

　　地理统计图是根据地理数据资料绘制成的直观图形,是反映地理事物的时空变化过程和地理信息量化处理的一种形式,它能直观形象地反映出地理事物数量上的相互关系,是地理图像系统中非常重要的组成部分。地理统计图用真实可信的数据来描绘图表,表述地理原理和地理过程,是地理规律、地理事物在区域内发生、发展的具体体现,具有较强的时间动态性。

　　地理统计图,这无声的语言,是地理数据的生动演绎。它是根据地理数据资料精心绘制的直观图形,以一图之形,诠释万物之理。它既承载了丰富的信息,又具有强大的视觉冲击力。地理统计图,不仅是一种工具,更是一种艺术,它用线条、色彩和形状,描绘出地理事物的时空变化过程和地理信息的量化处理。

　　地理统计图以其独特的魅力,展现出地理事物数量上的相互关系。它像一面镜子,反映出地理事物的内在规律和动态变化。在它的世界里,我们可以看到山川的起伏、河流的走向、城市的扩张、人口的流动……所有这些都以量化的形式呈现在我们眼前,使我们能够更加直观地理解地理现象的内在逻辑。

　　地理统计图更是地理规律、地理事物在区域内发生、发展的具体体现。它是科学的,因为它以真实可信的数据为基石;它是艺术的,因为它以美的形式揭示了地理现象的内在规律。地理统计图具有较强的时间动态性,它记录了时间的痕迹,展现了地理事物的发展历程。

　　在地理统计图的引导下,我们得以深入探索地理现象的奥秘,理解地理事物的内在联系。它不仅是我们认识世界的工具,更是我们思考世界的桥梁。让我们以地理统计图为媒,探索这个美丽的世界,感悟地理的魅力。

## 一、地理统计图的概念

### (一)概念阐释

地理统计图是一种以图形形式呈现地理数据的工具,广泛应用于地理学、环境科学、社会学等领域。地理统计图的研究起源于20世纪初,随着计算机技术的发展,地理统计图的研究和应用得到了广泛的发展。目前,地理统计图的研究主要集中在图形的可视化效果、地图投影算法、数据挖掘等方面。其中,可视化效果的研究主要关注如何通过色彩、符号等手段将地理数据以更加直观、生动的方式呈现出来;地图投影算法的研究则主要关注如何将球面数据转换为平面数据,以更好地反映地理数据的空间分布特征;数据挖掘的研究则主要关注如何从大量地理数据中挖掘出有价值的信息,为决策提供支持。

### (二)利用地理统计图存在的问题及改进建议

**1. 存在的问题**

(1)在地理课堂教学中,地理图像教学的认识和实际的指导常常被忽略,因此,地理图像教学设计方面的研究没有得到应有的重视,对地理统计图表的教学研究就少之又少了。地理统计图在地理图像里的所占的比重不小,但在讲地理图像时往往不会详细的讲解,都是轻描淡写的掠过。在这种状况下,有很多学校地理课程基础设施不全,加之部分教师备课态度不够严谨,缺乏主动性和积极性,教学方式不是"照本宣科"就是"重点勾画式",甚至还有教师要求学生把那些枯燥的文字全都死记硬背下来。

(2)学生不读图直接做题,把读图题当作填空题来做。实际上,图中有解释或答案,但学生却未能从中获取所需信息。这种做法不仅使地理课堂没有生气,失去了创新,也使得地理图像的教学设计显得过于呆板,严重影响教学质量和学习效率。

(3)图像系统中有多种多样的地理图像形式,是新课程的一个特点。然而,多种多样的地理图像形式让许多学生感到很困惑,同时给教师带来了不小的压力。其中,让学生最为困惑的就属统计图表了。他们往往不知道怎么判读,导致地理信息获取不正确,回答问题时也常常会出现偏差。因此,如何有效突破地理图像中统计图表的学习难点,成为很多学生和地理教师共同关注并致力于持续研究的问题。

### 2.改进建议

学习地理的一个难点就是判读统计图表,学生必须要有较强的思维能力。这就需要老师去引导学生在学习过程中用数据和数据的对比作为重要依据,培养其综合分析解决问题的能力。要让学生在地理学习环境中养成分析、研判统计图,学会用数据表达自己观点的习惯,以此来提高地理技能与地理素养。

首先,引导学生学会判读地理统计图表类型;其次,教授学生学会不同类型的地理统计图表的读图思路;再次,详细讲解绘制常用的地理统计图表的步骤;最后,指导学生在生活中应用地理统计图表。在教学过程中,充分利用地图册、地理填充图册等资源,持续提升学生的读图、析图、绘图和填图能力。每节有关地理统计图表的课都需要学生动手实际操作,以培养他们的地理绘图技能,并利用绘图比赛等多种形式的活动,来调动学生的积极性,提高学生学习地理的兴趣。

### (三)应用领域

地理统计图就如同一个微观的透镜,帮助我们窥探大地的秘密。它的应用领域非常广泛,主要包括以下几个方面。

### 1.城市规划和管理

地理统计图在城市规划和管理中起到了关键的作用。它不仅可以揭示城市的人口分布,还可以展示交通流量、建筑布局、公园绿地等重要信息。这些数据可以帮助规划者理解城市运行的机制,预测未来的发展趋势,从而制定出更合理的城市规划方案。

### 2.环境保护和治理

地理统计图在环境保护和治理中发挥着不可替代的作用。通过地理统计图,我们可以清晰地看到环境质量的差异和变化,了解污染源的分布和活动状况。这些信息为环境保护和治理提供了决策依据,帮助我们制定更有效的环境保护策略和污染治理措施。

### 3.灾害预警和应急响应

地理统计图在灾害预警和应急响应中扮演着重要的角色。通过实时监测灾害发生和发展趋势,地理统计图能够及时发出预警,提醒相关部门和人员采取应对措施。同时,它也为灾后评估和恢复重建提供了重要的数据支持。

4.旅游和文化保护

地理统计图在旅游和文化保护方面也具有应用价值。通过展示旅游资源的分布和文化遗产的保护状况,地理统计图能够帮助旅游部门制定合理的旅游规划,促进旅游资源的可持续利用。同时,它也为文化遗产的保护提供了重要的数据支持,帮助我们更好地传承和保护文化遗产。

除了以上几个方面,地理统计图在商业分析、社会调查等领域也有广泛的应用。它能够揭示各种现象的空间分布特征,帮助我们更好地理解这些现象的本质和规律。总之,地理统计图作为一种重要的可视化工具,将在未来的研究和实践中发挥越来越重要的作用。

(四)发展趋势

随着大数据时代的到来,地理统计图的发展趋势主要体现在以下几个方面。

1.大数据可视化

随着地理数据的不断增长,如何通过可视化手段展示大数据中的有价值信息成为研究的热点问题。这需要借助先进的数据可视化技术,如信息图表、数据挖掘和机器学习等,以更有效地揭示地理数据的内在规律和特征。

2.动态交互可视化

传统的地理统计图通常是静态的,难以满足实时数据监测和动态分析的需求。未来,地理统计图将更多地采用动态交互技术,使用户能够实时地与数据进行交互,了解数据的变化趋势和关联性。

3.多维数据融合

地理数据不仅包括空间信息,还涉及到时间、社会经济等多个维度。未来,地理统计图将更加注重多维数据的融合,以更全面地揭示地理现象的复杂性和相互影响。

#### 4.虚拟现实与增强现实技术

利用虚拟现实(VR)和增强现实(AR)技术,地理统计图将能够以更加生动、直观的方式呈现数据,为用户提供沉浸式的体验。这有助于提高数据的可理解性和可视化效果。

#### 5.可视化标准与规范

随着地理统计图应用的普及,制定统一的可视化标准与规范变得尤为重要。这将有助于提高地理统计图的可比性和可重复性,促进学术交流和应用推广。

总之,随着大数据时代的不断发展,地理统计图将会在可视化效果、动态交互、多维数据融合、虚拟现实与增强现实技术的应用以及可视化标准与规范等方面取得更大的突破和创新。这将有助于推动相关领域的研究和应用水平的提升,为人类认识地理现象、解决实际问题提供更加有力的支持。

## 二、地理统计图的类型

地理统计图多种多样,主要有坐标图、结构图、扇形图、柱状图、雷达图、风玫瑰图等,根据统计图的形式可分为三大类,即坐标统计图、结构统计图和统计表格。

### 1.坐标统计图

坐标统计图是采用数字坐标的形式表示多项地理要素的图形,初中阶段常见形式主要有平面直角坐标图。

平面直角坐标图也叫二维坐标图,图式简单易读,主要有点状图、线状图、柱状图等。图中的横、纵坐标分别代表一个地理事物或现象,坐标中的点、线、柱等表示两者之间的关系。

### 2.结构统计图

结构统计图能够直观地显示出地理事物各组成要素在整体中所占的比重,常见图式主要有扇形结构图、柱状结构图和金字塔结构图等。

(1)扇形结构图。

扇形结构图是以圆面积中扇形的大小来反映某些地理事物局部与全部的比例关系。分析这类图形的一般思路是:①看图例或图中文字说明,了解该图反映的地理项目。②给图中各地理项目的比例大小排序。③思考每一图例或主要图例所对应的地理事物。④联系相关教材知识,揭示反映的问题,做出科学的评价,提出解决问题的建议与对策等。

(2)柱状结构图。

该类图式中的"柱子"表示整体,"柱子"按照各组成要素的比重(或数量大小)被分割为多个小段,每个小段的长度就是它们在整体中所占的比重(或数量大小)。(如图6-1)

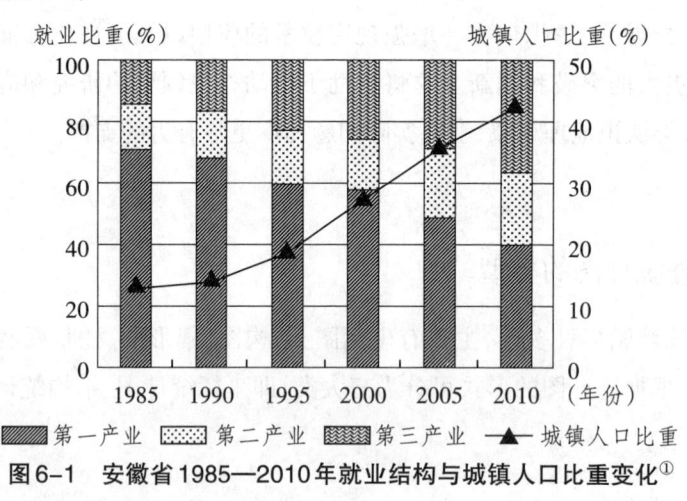

图6-1 安徽省1985—2010年就业结构与城镇人口比重变化[①]

(3)线状结构统计图。

该类图式其实是柱状结构统计图的变式图,这种图能够清晰地展示各要素的比重大小随时间而变化的状况。判读时应注意:就任意某一年份而言,各要素的构成比重之和为100%。判读某年某要素的构成比重时,用该年份该要素图例上界对应的比重减去下界对应的比重即为该要素的构成比重。

(4)人口金字塔结构图。

人口金字塔图又称人口性别年龄金字塔图,它是表示一个国家或地区人口年龄、性别构成的塔状条形统计图。人口金字塔图的每一层代表一个年龄组的人口,上部代表老年人,下部代表少年儿童,中间为青壮年;左半部分代表男性,

---

[①] 选自2013年高考文科综合试题(安徽卷)。

右半部分代表女性;水平横条的长度表示男性和女性人口的数量或在总人口中所占的比例(百分比)。

3.统计表格

统计表格是地理统计资料的分类列表展示形式。判读的一般思路是:①认清表名及不同表格项目所表示的要素和内容。②抓主线要素,综合分析,认识地理规律。③针对问题要求,对地理统计数据进行定性、定量分析。大多数表格题可以直接观察分析出地理事物的强弱、大小、多少等规律变化。若题目要求定量计算,就必须整理计算数据,并进一步完成定量或定性分析。④注意对表格中的地理事物进行横向类比分析。⑤运用教材知识原理,解读分析结果。[①]

### 三 地理统计图的特点

在人类探索和解释世界的过程中,统计数据无疑是一把利器。但统计数字是冰冷的,如何将这些无生命的数据转化为有血有肉的画面,让更多的人理解和接受呢?这就需要统计图出场了。

统计图,这看似简单的名字,实则蕴含了人类无穷的智慧。它是根据统计数字绘制出的各种图形,仿佛是几何学、美学和哲学的完美结合。每一条线、每一个色块,都蕴含了丰富的信息。它不仅是一种展示数据的工具,更是一座利于人类思考和理解的桥梁。

1.统计图具有直观的特点

在我们的生活中,视觉信息的接收往往是最直接、最有效的。一张精心设计的统计图,能够直观地展现出数据的分布、变化和关联,使得我们能够在第一时间对数据有一个大致的了解。这就像一个神奇的窗户,透过它,复杂的数据世界变得清晰可见。

---

① 李洪勋.地理统计图的判读[J].试题与研究,2015(9):7-12.

## 2.统计图具有形象的特点

不同于冷冰冰的数字和表格,统计图用各种形象化的元素来展示数据。它可以是柱状图、折线图、饼图或是其他任何形式,一切都取决于数据的内容和所要传达的信息。这样一来,数据就不再是抽象的数字,而是变成了具体的事物,人们可以更容易地与之建立联系,理解和感知数据的内涵。形象化也进一步地增强了统计图的表达能力,通过生动的图形和色彩,数据被赋予了生命,仿佛从一个个静止的数字变成了会说话的故事,每一个变化、每一个趋势,都从图中跃然而出,让人一目了然。

## 3.统计图具有生动的特点

统计图通过各种形象化的元素和视觉效果,能够生动地展示数据,使得数据更具有活力和表现力。例如,使用颜色、线条和形状等元素,可以强调数据的差异和变化,突出数据的重点和趋势,从而让数据更加引人注目。此外,统计图还可以通过动态效果、交互功能等方式,让数据更加生动有趣。例如,可以使用动画效果来展示数据的演变过程,或者通过交互功能让用户自定义数据的展示方式,从而让数据更加具有表现力和互动性。总之,统计图的生动的特点能够让数据更加具有表现力和吸引力,从而更好地传达信息和启发思考。

## 4.统计图能够使复杂的统计数字简单化、通俗化

对于大多数人来说,一长串的数字或许难以消化,但一张图,或许只是一些简单的线条和色块,就能够传达出这些数字所要表达的含义。这种化繁为简的能力,正是统计图的魅力所在。

## 5.统计图还便于比较

在比较和分析不同数据时,统计图的作用更是无可替代的。通过使用不同的图形和颜色,它可以轻松地展示出不同数据之间的差异和相似之处,使得我们能够更加清晰地看出数据的变化和趋势,从而更好地分析数据的特征和规律。这种比较不仅限于同一时间点的不同数据,还可以用于不同时间点的同一种数据,使得我们可以更加深入地了解数据的动态变化。

在这个信息爆炸的时代,统计图的作用更加突出。我们每天都会面对大量的数据和信息,如何从中筛选出有价值的内容,如何更好地理解和利用这些数

据,统计图则为我们提供了一个有效的途径。

综上所述,统计图无疑是人类探索和理解世界的重要工具。它以直观、形象、生动、具体等特点,将复杂的统计数字简化为易于理解和接受的画面。在这个数字化的时代,我们更应该充分利用统计图的优势,更好地发掘和理解数据背后的价值,为我们的生活和工作提供有力的支持。

## 四 地理统计图的作用

地理统计图是指根据统计数据绘制的,用以直观地反映地理事物特点和联系的各类图像。作为中学地理教材图像系统的有机组成部分,其地位是地图、剖面图、示意图、模式图、景观图等图像不可代替的。

### (一)传授地理知识的重要媒介

首先,它能够定量地说明地理事物的结构,这一作用主要由扇形百分比图承担。如初中地理教材中,涉及中国土地利用类型的组成、中国地形类型的组成、世界主要产油区的石油储量、我国水能资源的地区分布以及我国农业产值构成等知识时,就可以引导学生通过阅读所给的扇形百分比图来加深理解。这种方法不仅能够有效巩固相关知识,还能避免繁琐的讲解,从而达到事半功倍的效果。另外,一些复合柱状统计图和相对数据曲线图也能够准确地反映地理事物的结构,前者如世界各大洲水资源比较图,后者则以世界、我国能源消费构成变化图为代表。[①]

其次,它能够简明地反映地理事物的时空变化规律。如中学地理教材反复出现的气温和降水柱状图,就十分明了地体现了气温和降水这两个气候要素随时间的变化过程,从而为描述气候特点,判定气候类型并进而解释气候成因提供了直观的依据。在教学中,应以这些统计图为主线,启发学生思考,帮助他们获得地理学科中的规律性知识。

---

① 崔春花.初中地理统计图表教学策略研究[D].呼和浩特:内蒙古师范大学,2016:3.

## (二)培养地理思维能力的重要素材

前述各例地理统计图,在阅读、理解过程中,都能有效训练和提升学生的分析、综合、比较及概括等思维能力。

比如,在阅读某地气温曲线图和降水柱状图(如图6-2)时,通过分析得出如下结论:

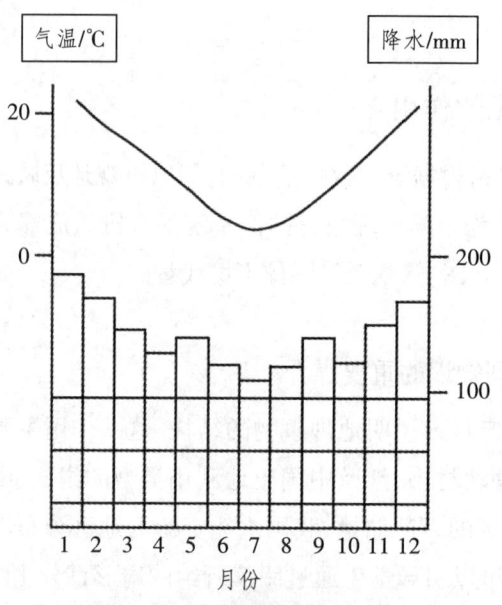

**图6-2 某地气温和降水示意**

①气温曲线下弯,说明该地地处南半球;

②最冷月气温在7 ℃左右,最热月气温在20 ℃左右,说明该地处在亚热带;

③多雨月出现在11月至次年2月,说明高温期与多雨期一致。

综合以上各点,确定该地属于夏雨型的"亚热带季风性湿润气候"。[①]

## (三)展示地理数据

地理统计图能够将大量的地理数据以图形的方式呈现出来,使得数据更加直观、生动、易懂。通过地理统计图,人们可以更轻松地理解地理数据的分布、变化和关联,从而更好地发掘和理解数据背后的价值。在城市规划、环境保护、旅游规划、经济发展等多个领域,地理统计图都有着广泛的应用价值。通过地理统计图,我们可以更好地了解地理现象的分布、变化和趋势,从而为决策制定

---

① 陈敬东.地理统计图教学效益初探[J].中学地理教学参考,2001(Z1):69.

提供有力的数据支持。同时,地理统计图还可以促进各个领域的交流与合作,提高公众的参与意识,推动科学研究的进步和社会的发展。

### (四)揭示地理规律

通过对地理数据的统计分析,我们可以发现地理现象的分布、变化和趋势,从而揭示出地理规律。这些规律可以帮助我们更好地理解地理现象的本质,预测未来的变化,并为决策制定提供有力的数据支持。例如,通过对人口分布数据的统计分析,我们可以发现人口密集地区和稀疏地区的分布规律,从而为城市规划和资源配置提供依据。通过对气候数据的统计分析,我们可以发现气候变化的趋势和规律,从而为环境保护和应对气候变化提供科学依据。通过对经济数据的统计分析,我们可以发现经济发展的规律和趋势,从而为经济发展策略的制定提供数据支持。总之,通过对地理数据的统计分析,我们可以更好地理解地理现象的本质和规律,为各个领域的决策制定提供有力的数据支持。

### (五)促进交流与合作

通过地理统计图,可以与其他领域的研究者进行交流与合作,共同探讨地理问题。地理统计图的可视化方式能够吸引其他领域研究者的兴趣,促进跨学科的合作与交流。通过与其他领域的研究者合作,可以共同探讨地理问题的本质和规律,深入挖掘地理数据的价值,推动地理科学的发展。这种跨学科的合作与交流也有助于产生新的思想和方法,为解决地理问题提供更加全面的视角。在地理统计图的基础上,我们还可以进一步开展相关研究,如地理信息系统的应用、遥感数据的处理和分析等,从而进一步推动地理科学的发展。总之,通过与其他领域的研究者的交流与合作,我们可以共同探讨地理问题,推动跨学科的合作与交流,从而促进地理科学的发展。

总之,地理统计图在各个领域都有着广泛的应用价值,它能够提供更加直观、生动的数据可视化方式,帮助人们更好地理解地理数据的内涵和规律。

## 第二节 以统计图为载体的"图·思·记"教学策略

首先,让我们回顾一下统计图的基本概念。地理统计图表根据地理数据资料绘制,是反映地理事物的时空变化过程和地理信息量化处理的一种形式,时间动态性强,地理内涵十分丰富,对培养学生定量分析地理问题、定性认识地理事物起着至关重要的作用。在解读统计图时,我们需要掌握一些基本技巧。首先,要关注图形的整体趋势和特征,了解数据的变化规律。其次,要注意图形的细节和异常点,这些可能隐藏着重要的信息。最后,要将图形与实际情境相结合,深入分析数据背后的原因和意义。

例如,湘教版初中地理教材中统计图表共一百余幅。在当前统计图表的教学中,教师多只关注学生地理计算能力的培养,没有很好地引导学生在数据定量计算的基础上,采用归纳、推理、对比、综合及分析等方法,定量分析相关的地理信息,即对统计图表的地理思维教育价值挖掘不够。这样容易失去其作为量化指标反映地理事物发生发展变化、差异与联系、结构特征等意义。因此,在初中地理教学中,充分挖掘统计图表中量化指标背后隐藏的地理思维教育价值信息显得尤为重要。

怎样挖掘统计图表量化指标背后隐藏的地理思维教育价值信息?教学时,分析"5W"中的"图表所示地理要素'量'的特征及变化趋势(what)?"是根本,可以这样说,能否准确抓住统计图表所反映的地理要素"量"的特征及变化趋势,是准确解读统计图表蕴含的地理思维教育因素的起点。为后续分析"为什么具有这样的特征及变化趋势(why)?""这种特征及变化趋势对人类生产生活可能产生怎样的影响(how)?"做准备。因此,教学中应注意引导学生通过计算和推理统计图表中所表征的地理要素"'量'的特征及变化趋势",形成对"量"的科学认知,在此基础上,再引导学生调动原有的知识去思考"why"和"how"等问题。这样,通过"以量析理",把统计图表中枯燥的数值、线条等变成了可感知的具体事物,既明确了地理事物的特点,又揭示了地理事物间的联系,并达到促"记"的目的。

养成良好的读图、用图习惯,掌握基本的读图方法,是学好地理的基础。初中地理地图中的等值线图、统计图等和数学密切相关。教师可根据以往教学经历,结合典型的例题,对含有统计图的地理试题的解题思路进行归纳总结,以引导学生在地理学习中培养数学思维。

以统计图为载体的"图·思·记"结合策略是一种有效的学习方法,它结合了地理图表、思考和记忆三个要素,可帮助学生更好地理解和掌握知识。但在以"5W"为线索挖掘统计图表中具有地理思维教育价值的信息及记忆引导时,还需注意以下问题。[1]

一是选择合适的统计图。不同的知识需要选择不同类型的统计图,例如:饼图、柱状图、折线图和点图等。因此,教师需要根据教学内容和学生需求选择合适的统计图,以便更好地呈现数据和信息。同时,注重培养学生的识图能力。学生需要学会识别和理解统计图中的信息,包括图表类型、数据、比例和趋势等。教师需要教授学生如何读懂图表,并从中提取有用的信息,还要教给学生制作统计图表的方法。教师可选择代表性的统计图表让学生尝试绘制,让其在绘制过程中进一步掌握图表结构及图表各要素的意义。

二是设计有针对性的思考问题。重点剖析"5W"中的"图表所示地理要素'量'的特征及变化趋势(what)?"背后隐藏的信息展开教学,"定量析理",充分挖掘数值变化趋势反映出的发展阶段划分,发展变化的原因,培养学生发散思维和求异思维。在观察统计图的基础上,教师需要引导学生进行思考和分析,探究数据背后的原因和规律。通过问题引导和启发式教学,帮助学生深入思考和理解数据。使用时,要注意区分结构图或坐标图等不同的表达方式,针对不同的表达方式采用不同的解读技巧。读坐标图要特别注意其空间分布和区域差异与联系,读结构图应特别关注图中各要素的比例及其大小关系,挖掘出结构特征,可以采用纵向、横向对比的方法,综合分析。

三是激发学生的记忆潜能。通过记忆技巧,如口诀、形象联想等,帮助学生记忆和理解统计图中的信息。同时,也可以引导学生自己总结归纳记忆方法,提高学习效果。为了让学生更好地理解和掌握统计图的应用,教师可以提供实际案例或创设情境,让学生运用所学知识解决实际问题。这样不仅可以增强学

---

[1] 沈汝丑.运用"图·思·记"建构高效读图模式——以统计图表、等值线图为例[J].福建基础教育研究,2018(2):93-95.

生对知识的理解和记忆,同时还可以提高他们的实践能力。

四是评估和反馈。教师需要对学生的读图成果进行及时的反馈和评价,综合运用过程性评价、终结性评价等,使评价成为教育过程的组成部分。例如,教师可以让学生展示自己的读图成果,并给予积极的鼓励和建设性的建议。同时,教师还可以组织学生相互评价和展开讨论,促进彼此之间的交流和学习。

综上所述,以统计图为载体的"图·思·记"结合策略通过选择合适的统计图、培养学生的识图能力、引导学生思考、运用记忆以及拓展实际应用等方面,旨在帮助学生更好地理解和掌握知识,提升学习效果。

以统计图为载体的"图·思·记"教学,正是培养学生读图、析图能力的重要途径。通过"图·思·记"教学,我们引导学生以图为媒,思考地理现象的本质,挖掘地理现象背后的规律。在读图的过程中,我们不仅要求学生看懂图的表面信息,更要引导他们深入思考,挖掘图的深层含义。

在这过程中,学生的地理核心素养得到了有效培养。他们不仅学会了如何从图中获取信息,还掌握了如何分析地理现象,如何运用地理知识解决实际问题的方法。通过这些学习,他们的思维得到了锻炼,能力得到了提升,视野得以开阔,内心世界得以丰富。

因此,以统计图为载体的"图·思·记"教学,不仅是一种教学方法,更是一种教育理念。它以学生为中心,以图为载体,以思考为核心,以记忆为辅助。它以培养学生的读图、析图能力为目标,以提升学生的地理核心素养为宗旨。让我们携手共进,用"图·思·记"教学这把钥匙,开启学生地理知识的大门,引领他们探索这个美丽的世界。

## 第三节 以统计图为载体的"图·思·记"教学案例

统计图是一种重要的信息传递工具,在面对海量的数据时,我们要学会利用统计图进行信息筛选和解读。通过"图·思·记"的方式,我们将更好地理解数据的内在规律和意义,为我们的生活和工作提供有力的支持。

我们通过一个具体的案例来展示如何运用统计图进行信息传递。假设我们要研究某地区近十年来人均收入的变化情况。为了清晰地呈现这一趋势,我们可以选择使用折线图。在折线图中,横轴表示时间,纵轴表示人均收入。通过观察折线图的起伏变化,我们可以了解该地区人均收入的增长速度和变化趋势。同时,我们还可以将不同地区或不同时间段的数据进行对比,从而发现它们之间的差异和关联。通过这样的分析,我们可以更全面地了解该地区经济状况的变化,为未来的决策提供依据。

在浩瀚的数据海洋中,我们时常被各种统计图所包围。这些看似简单的图形,却蕴含着丰富的信息,为我们提供了深入探究事物内在规律的重要线索。在地理教学中,我们需要以一个个具体的案例为载体,通过"图·思·记"的方式,解析统计图在信息传递中的作用,并探讨如何更好地解读和利用这些图形。[①]

**【案例】"中国四个城市降水量逐月分配"图的教学案例解析**

出示"中国四个城市降水量逐月分配"图,引导学生关注图名、图注及纵、横坐标所表示的要素和数值,或是"柱"的高矮所表示的数字信息,要求学生对我国广州、武汉、哈尔滨、乌鲁木齐四个城市按降水量的多少排序。学生通过仔细读图,简单计算得出答案:由多到少依次是广州、武汉、哈尔滨、乌鲁木齐。教师接着提出问题:从四城市降水量的多少来看,我国降水的空间、时间变化趋势怎样?学生结合四城市的位置图,进行小组合作学习得出:从广州到武汉再到哈尔滨,从哈尔滨到乌鲁木齐两个方向上看,降水量逐渐减少,雨季变短。教师紧

---

① 杜秀敏.思维导图在世界区域地理教学中的应用[J].地理教学,2015(2):44-46.

接着提问：为什么会呈现这样的变化趋势呢？学生则需要调动原有的知识，小组合作探究得出：由南往北、由东往西，因纬度位置、海陆位置及地形因素等导致夏季风势力变化，造成降水量的差异及雨季长短的变化。教师再提出：这种降水量的变化对我国水资源分布有什么影响？学生小组讨论得到：我国水资源的时空分布情况受我国降水的影响，从时间上来说，我国降水主要集中在夏秋季节，冬春季节降水少，导致我国水资源时间分配特点是夏秋多、冬春少；空间上东多西少、南多北少。教师继而提出：这种水资源的分布对我国人民的生产生活产生什么影响？可采取哪些措施解决其中的不利影响？学生调动原有知识，通过小组合作探究得出：针对水资源分布不均给生活和生产带来的不便，可采取跨流域调水(如南水北调工程)来解决水资源空间分布不均的矛盾，同时，修建水库可以有效调节水资源时间分配不均等问题。

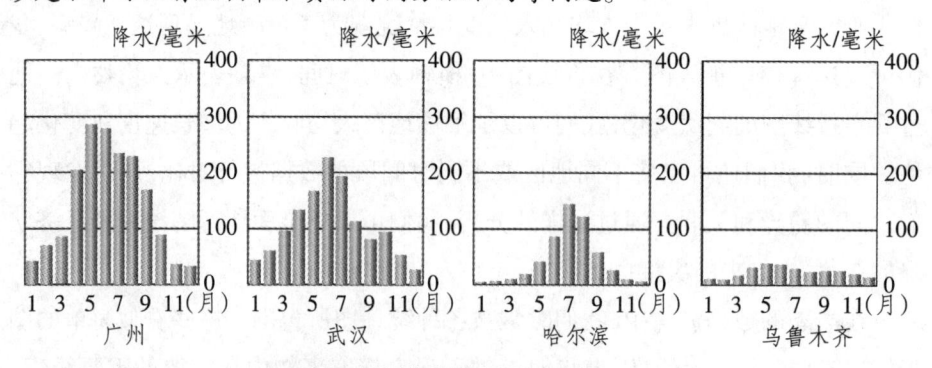

我国四个城市降水量逐月分配

再出示图，让学生读图完成下列各题。

(1)我国非季风区是指(　　)。

A.冬、夏季风均难以到达的地区

B.夏季风难以到达的地区

C.冬、夏季风均能到达的地区

D.冬季风难以到达的地区

(2)四城市降水量逐月分配的共同特点是降水集中在(　　)。

A.夏秋两季　　B.秋冬两季　　C.冬春两季　　D.春夏两季

(3)四城市年降水总量的变化反映了我国年降水量空间分布特点是(　　)。

A.由东南沿海向西北内陆递减　　B.由南向北递减

C.以武汉市为中心向四周递增　　D.由东向西递减

(4)描述我国水资源的空间分布特点及其对我国农业生产的影响。

在解答含有统计图的试题时,我们要通过读图,准确获取有效的信息,并联系所学的知识,寻找解题的关键,再结合题目的要求,整理、归纳有用的信息。

## 一 解答技巧

(1)重视教材中地理材料的图像化和重组优化,精读图像,理解图像承载的信息。

(2)统计图类试题的一般解题方法与技巧:正确判读各类统计图形的坐标系统,获得有关数值及其变化趋向等信息;根据数值反映出来的变化、构成特征等,与相应知识联系起来,并进行分析判断,得出结论。注意适当采用"排除法"解决问题,因为统计图分析题的备选答案,通常有一两项是迷惑性不强或极易排除的,往往通过图中反映出的定性结论就可以排除。尤其是在进行计算时,可以通过比较数值大小、位数等方法排除迷惑选项。

## 二 分类解答

(一)坐标图

坐标图是采用数字坐标形式表示多项地理要素的数字信息图形。常见的坐标图有平面直角坐标系和平面正三角坐标系两类表现形式。前者又分为折线图、曲线图、柱状图和风玫瑰图等,后者主要是平面正三角坐标图。需要说明的是,平面正三角坐标图常用百分数(%)来表示某地理事物局部与整体的结构比例,因此也是一种结构图。考虑到其表现形式是坐标系,且与一般结构图的几何比例分割有较大不同,因此归入坐标图讲解。

坐标图上的点、线(折线、曲线)、柱等既表示了地理事物的数量,又反映了地理事物的发展变化趋势。读图分析时,既要有定量的认识,又要做定性分析。解析此类统计图需注意以下几点。

(1)认清图名及纵、横坐标轴所表示的要素和图注的内容,再根据"柱"或"线"所表示的数字信息分析其变化趋势。一般来说,线状图侧重表示地理事物的时间或空间分配规律,如"某地气温变化图"中的气温曲线表示各月气温连续变化规律。柱状图侧重表示地理事物的绝对数量,如"某地年降水量的变化图"中的降水柱表示各月降水量的数值大小。

(2)读图时,不仅要注意图像中地理事物多少、强弱、增减的变化,还要进一步区分出发展的不同阶段、增减趋势和程度,否则就无法总结出地理规律。

(3)解读坐标图时,应注意避免因忽视图上定量信息而造成误判。例如,在对比两幅降水柱状图时,不能仅看降水柱高度,就认定降水量相同或不同,还要看清纵坐标的数值单位。这样才能确保判断的准确性。

## (二)结构图

结构图是表示某些地理事物局部与整体比例关系的一种形象直观的地理图像,常采用几何图的比例分割手段制作而成。结构图尽管形象、直观,但其地理内涵十分丰富,要灵活采用归纳、推理、对比、综合分析等方法解读形式多样的结构图。常见结构图有扇形结构图、饼状结构图、柱状结构图、矩形结构图等。通常对结构图类试题要做以下几个方面的解读。

(1)归纳总结地理事物的结构特征:首先要仔细读图,认识结构图的组成要素,认识各要素的比例及比例大小关系,进而归纳总结出地理事物的结构特征。

(2)采用对比法对地理事物的结构特征进行对比分析:纵向上可对同一地理事物在不同时间的结构特征进行比较,认识其发展变化。横向上可以对比不同地理事物结构特征的差异或联系。

(3)对地理事物结构特征进行综合分析评价,并提出相应对策。

## (三)柱状图

柱状图也叫直方统计图。该统计图用矩形柱的高低来描述数据的大小,在垂直方向上进行比较。一般在水平轴(X轴)上标出分类项,而在垂直轴(Y轴)上标出数据的大小,这样可以强调数据是随分类项(如时间)变化的。柱状统计图可以用来表明地理事物的绝对数量,如"某地年降水量逐月分配图"等。[1]

分析柱状统计图的一般思路:①要了解纵横坐标的含义,出现左右纵坐标时,更要仔细观察、辨析。②思考各内容之间的联系。③对柱值的高低进行分

---

[1] 沈汝丑.运用"图·思·记"建构高效读图模式——以统计图表、等值线图为例[J].福建基础教育研究,2018(2):94.

析,从而揭示纵坐标内容随横坐标内容的变化规律或者特点。④分析原因,提出建议。

(四)曲线图(含折线图)

曲线图是用线条的升降起伏来显示地理数字的变动情况和发展趋势的图形。如某地各月气温变化曲线图、河流流量过程曲线图等。

判读步骤:①思考横坐标反映内容与纵坐标所反映内容之间的关系。②对曲线的变化过程进行分析,递减段表示纵坐标项目与横坐标要素之间呈负相关,递增段表示呈正相关;曲线斜率大的一段表示变化幅度大,曲线斜率小的一段则表示变化幅度小。③对曲线不同变化段所反映的问题进行分析、评价。

# 第七章

# 以等值线图为载体的"图·思·记"教学

在中学地理教学中,地图虽然无声,却蕴含着丰富的信息,为我们的学习和探索提供了直观的视觉基础。等值线图作为地图的一种重要类型,更是地理教学中的关键内容。

## 第一节 地理等值线图

等值线图,顾名思义,是通过等值线来表示某种地理要素的分布和变化。在中学地理教材中,常见的等值线图包括等高线图、等温线图、等压线图等。这些看似简单的线条,实则蕴藏着地理现象的规律和奥秘。

学习等值线图,不仅有助于培养学生的观察能力,还能激发他们的想象力。每一条等值线都是对某一地理要素的精确描绘,通过观察这些线条的走向、密度和形态,学生可以直观地了解该要素在空间中的分布特征和变化趋势。在这个过程中,学生的观察力得到了锻炼,同时也激发了他们对地理现象的好奇心和探究欲望。

此外,学习等值线图还有助于提高学生的综合能力。这种能力不仅仅局限于地理学科,而是跨越多个学科领域。例如,在数学中,等值线图涉及等值线的绘制和解析;在物理学中,等值线图可以用来描述气压场、温度场等物理现象;在气象学中,等值线图更是成为了天气预报的重要工具。因此,学习等值线图有助于培养学生的跨学科综合能力,为他们未来的学习和工作打下坚实的基础。

初中地理课程标准对核心素养的具体表述,在育人价值方面更加强化时代的新要求,并且与中国学生发展核心素养的联系更加紧密。[1]然而,由于等值线图具有高度抽象性和空间概念强的特点,它也成为了初中地理教学的一个难点。对于初学者来说,理解等值线的含义、掌握等值线的判读方法并不是一件容易的事情。这就要求教师在教学中要注重教学方法的运用,如采用直观的教学手段(实物模型、多媒体演示等)帮助学生建立空间概念,理解等值线的意义。同时,教师还应该鼓励学生多练习,通过实践来加深对等值线图的理解和掌握。

地图在中学地理教学中具有举足轻重的地位,而等值线图作为地图的一种重要类型,对于培养学生的观察力、想象力和跨学科综合能力具有积极意义。

---

[1] 义务教育地理课程标准修订组.守正出新,推进地理课程改革——义务教育地理课程标准(2022年版)解读[J].基础教育课程,2022(9):50-51.

因此,教师在教学中应充分认识到等值线图的重要性,采用有效的教学方法帮助学生克服学习中的困难,提高他们的地理素养和综合能力。

## 一 地理等值线图的概念

### (一)概念阐释

等值线图又称等量线图,是以相等数值点的连线表示连续分布且逐渐变化的数量特征的一种图形。地理等值线是在一定地域内,将地理事物数量相等的各点连接起来的线。地理等值线图是由一组或多组地理等值线构成的图,地理等值线图是地理图像中常见的一种类型。地理等值线图可以用来展示地理事物的空间分布、空间演变以及地理各要素之间的相互联系。通过使用地理等值线图,可以充分考察学生的空间概念、空间想象以及分析计算能力。

### (二)利用地理等值线图存在的问题及建议

1.存在的问题

(1)初中生等值线图的学习能力普遍较弱。

地理等值线图是初中地理教材的重要组成部分,能正确判读等值线图是地理学习的基础,将会直接影响学生今后的地理学习,它对学生地理空间概念、空间想象和分析能力都提出了很高的要求。但对于刚接触地理的初中生来说,面对等值线图,他们常常感觉到困难和棘手。大部分学生表示当他们拿到等值线图,看到密密麻麻、让人眼花缭乱的线条时,非常茫然,不知如何下手。上课期间,有的学生嬉戏玩闹,有的学生无精打采,不喜欢和老师积极互动,他们对等值线图提不起兴趣。面对有关等值线图的练习题时,他们常常束手无策,做起来吃力费劲。有关等值线图的学习,学生往往积极性不高、学习效果不理想、学习能力普遍较弱。

(2)有关等值线图的教学方法有待改善。

等值线图是地理课程标准中规定的重点和难点,学生学习这部分内容往往存在较大的困难。所以,这就需要教师采用适当的教学方法,对学生进行正确引导,拓展学生的思维,加深学生对等值线图的认识。有关等值线图的教学,有些教师的教学方法存在问题。例如,有的老师只顾自己讲,速度快,满堂灌,不考虑学生的接受能力;有的老师讲解枯燥乏味,不贴近学生的生活实际;还有的老师不及时处理学生在等值线图习题中出现的问题;等等。由此可见,有关等值线图的教学方法有待改善。

如何有效地对地理等值线图进行教学,提高学生地理等值线图的学习能力,一直是地理教师的难题和困扰。如何在一定程度上提升地理教师对等值线图的了解和认识,辅助其教学实践?如何为学生学习等值线图提供行之有效的方法,从而提高学生地理等值线图的学习能力?这些均值得深入探讨和研究。

2.改进建议

(1)提升学生的认知和兴趣。

①提升学生对等值线图的认知。

许多初中生对等值线图的认知较为匮乏,不知等值线图为何物,也不清楚有哪些类型,这种情况在学生中并不少见。其实,要理解等值线图这一概念对学生来说并不难,但是为了使知识更具完整性和逻辑性,我们需要把学生学到的零散的等高线图、等温线图、等降水量线图等知识进行归纳总结,将所学内容进行升华,上升到一定的理论层次。所以,教师可以花一节课的时间将学过的不同类型的等值线图进行复习总结,让学生明白什么是等值线图,有哪些类型,不同类型等值线图之间有什么共同特点,最终形成等值线知识逻辑框架(如图7-1)。读等值线图要通过"线"读出地理事物空间分布特征的结论,不能图文分离。[①]这样一来,学生便能清晰地掌握等值线图的相关知识,避免出现概念模糊的情况。

---

① 张素娟.初中地理教学中如何从图像材料中有效获取和解读地理信息[J].中学地理教学参考,2011(6):6.

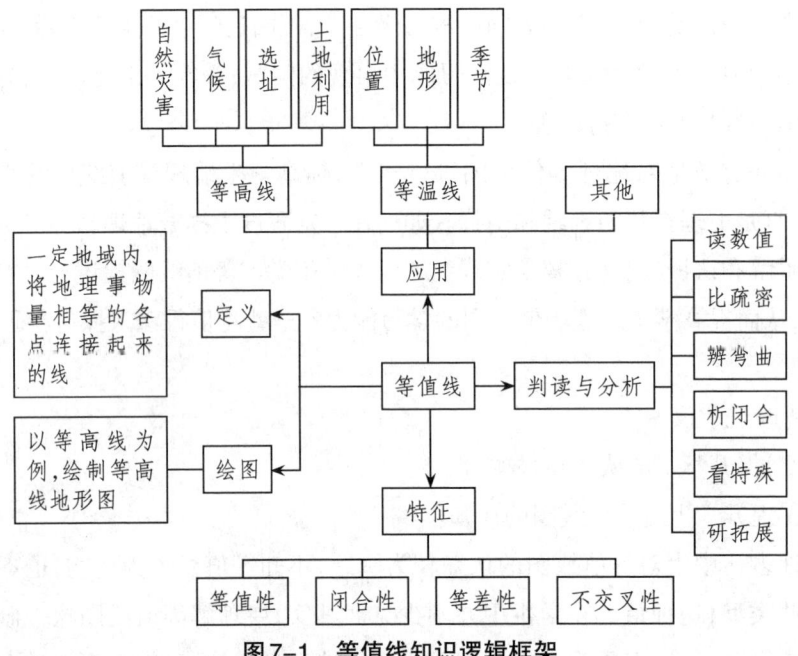

图7-1 等值线知识逻辑框架

②提升学生对等值线图的兴趣。

"知之者不如好之者,好之者不如乐之者"。这里的好之、乐之,其实指的就是学习兴趣。如果学生对等值线图的学习兴趣很高,那么学生就不再会觉得等值线图是一种沉重的学习负担,将会很大程度地提高消化知识与理解知识的速度。教师可以从以下三个方面来提升学生对地理等值线图的学习兴趣。

首先,教师可以从地理等值线图的重要性着手。学生受到家庭、社会的影响,不重视地理,认为地理没有多大的用处。其实,地理学科研究对象和本身所具有的综合性、区域性等特征决定了地理在培养学生空间想象力方面具有其他学科无法代替的地位。学以致用是教学的最终目的,[①]教师应向学生强调地理等值线图在初中地理学习中占重要的地位。

其次,教师应该重视课堂导入。课堂导入是课堂教学的重要组成部分,它直接影响学生学习的情绪和效果,是一堂课成功的一半。教师在课堂一开始就要给学生留下一个鲜明、富有感染力的印象。导入应具有目的性,教师要紧密结合课程标准、教学目标、教学内容设计针对于本节课的课堂导入;导入应具有新颖性,教师可以采用以"奇"引趣的设计理念,以地理奇闻为先导,不断满足学

---

① 江玉兰.浅谈初中地理"三线"教学[J].内蒙古教育,2014(2):25.

生的好奇心,使学生对地理等值线图产生强烈的学习兴趣;导入应具有启发性,教师可以选取能益智增能、启迪学生思维的地理知识入手,从而通过以"智"激趣来凸显地理的因果推理和探究价值,使学生的探索心理得到满足;导入应具有艺术性,教师可以以"美"诱趣,地理具有广为人们赞赏的美,从美学角度引入等值线图教学,能促使学生以美求真,以美求善,激发学生对等值线图的学习兴趣。

最后,教师可以通过提升自我素养来培养学生的学习兴趣。学生喜欢博学多才、幽默风趣的地理教师。如果教师自身的专业知识不够,面对学生的提问,教师不能正确回答或含糊其辞,可能会挫伤学生学习地理的积极性。此外,良好的师生关系是激发学生学习兴趣的关键,有时候学生失去学习动力,可能是因为教师的一句话或一个小动作让他们厌恶这位教师,进而厌恶这门学科。所以,教师应关心学生,多与学生交流,创建一个温馨舒适的学习环境,这样就会使学生爱上地理,爱上地理等值线图。[①]

**【案例】**

师:某地当地人抓了两个外人,搜出来一些画有许多密集线条的图纸,外人说这些图纸是用来捉蝴蝶的。当地人信以为真并收留了他们,而且还和他们成了好朋友。但是后来这几张"蝴蝶"图却引来了侵略的军队。同学们,你们知道这些"蝴蝶"图到底是什么吗?为什么外人侵略当地需要用到这些蝴蝶图呢?

学生们各种猜测。

师:这些"蝴蝶"图就是等高线地形图,是我们今天要学习的内容。

导入分析:从一则有趣的小故事导入,吸引了学生的注意,具有很强的趣味性;小故事的选取贴合等值线图这节课的教学内容,具有很强的目的性;从故事中巧设疑问,激励了学生的探索欲,具有很强的启发性。

(2)改进学生的学习方法。

a.明确等值线图的判读步骤。(图7-2)

---

① 何积彬.教学的好帮手——初中地理图表[J].地理教育,2015(S1):39.

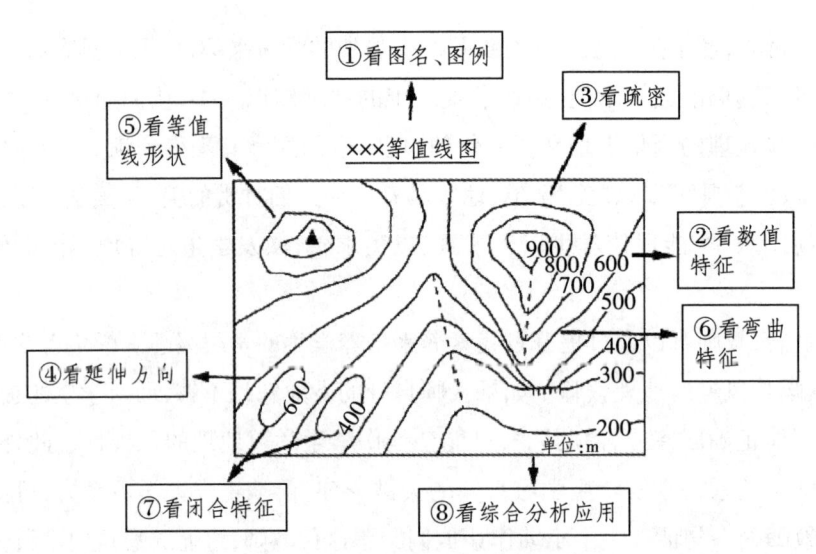

**图 7-2　等值线图判读步骤**

（图中标注：①看图名、图例；②看数值特征；③看疏密；④看延伸方向；⑤看等值线形状；⑥看弯曲特征；⑦看闭合特征；⑧看综合分析应用；×××等值线图；单位:m）

步骤①:看图名、图例。通过读图名可以明确等值线图所要反映的地理事物,即等高线、等温线、等降水量线、等人口密度线等,这便于明确这幅图的主旨,聚焦图中重点信息。通过读图例可以帮助我们快速了解获取图中的各种地理要素,方便建立各地理要素之间的关联。

步骤②:看数值特征。看最大值和最小值,看数值的递变规律,计算差值。

步骤③:看疏密。在同一幅等值线图中,数值变化的大小可以通过等值线的疏密程度来反映,等值线越密集,说明数值变化越大;等值线越稀疏,说明数值变化越小。

步骤④:看延伸方向。通过等值线的延伸方向分析影响等值线分布的因素。

步骤⑤:看等值线形状。看等值线是闭合的形状,弯曲的形状,还是重合的形状等。

步骤⑥:看弯曲特征。确定弯曲处为高值区域还是低值区域,一般可以采用垂线法、切线法和口诀法来判断。

步骤⑦:看闭合特征。如果在两条数值不同的等值线中间有闭合的等值线,则要遵循"大于大的、小于小的"的口诀确定其数值。

步骤⑧:看综合分析应用。

b.掌握等值线图的判读技巧。

技巧一:作辅助线法。

作垂线:在等值线图上,沿高值指向低值方向,在弯曲处的两侧作每条等值线的垂线。如果箭头向中心辐合,则等值线弯曲处较两侧相比是低值区;如果箭头向外围辐散,则等值线弯曲处较两侧相比是高值区。(如图7-3)

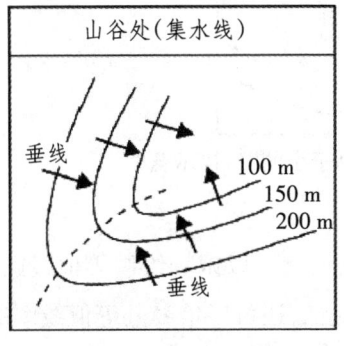

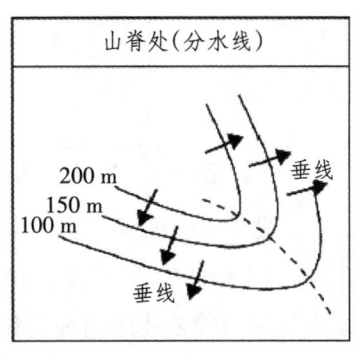

图7-3 垂线法示意

作切线:在等值线弯曲处做某条等值线的切线,如果切点数值小于切线上其他点的数值,则该处为低值区;如果切点数值大于切线上其他点的数值,则该处为高值区。(如图7-4)

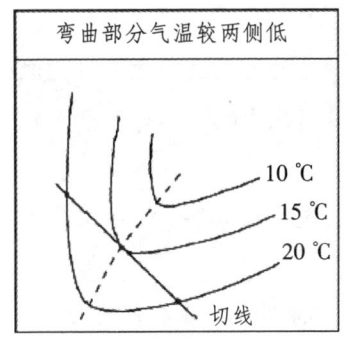

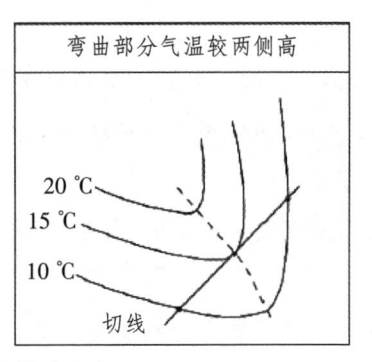

图7-4 切线法示意

技巧二:口诀法。

口诀一:"凸高则低,凸低则高"。

等值线向高值方向凸出为低值区;等值线向低值方向凸出为高值区。例如,判读等温线图时,无论冬季还是夏季,无论海洋还是陆地,气温低的区域等温线总是凸向高值(越靠近低纬或赤道);气温高的区域总是凸向低值(越靠近高纬或两极)。

口诀二:"大于大的,小于小的"。

图7-5中的等值线,如果 $a$ 的值大于 $b$,那么甲地的值大于 $a$,乙地的值小于

$b$；如果 $a$ 的值小于 $b$，那么甲地的值小于 $a$，乙地的值大于 $b$。

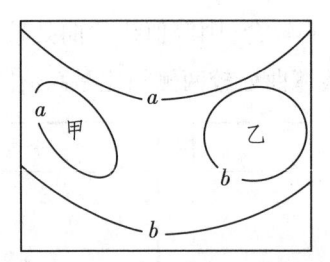

**图7-5** "大于大的，小于小的"口诀示意

c.绘制等值线图帮助理解。

当学生对等值线图有了一定的理解后，就可以试着绘制等值线图，这样不仅有利于学生加深对等值线图的理解和记忆，还可以培养其等值线图的转换能力。例如，可以让学生取黏土制作的假山模型、半个土豆、苹果或冷藏过的馒头（要有一定硬度），用刀等距离平行切开，沿切面边缘描绘出闭合曲线，即等高线。

**【案例】绘制等高线地形图**

所需器材：

1张塑料片、500 g黏土、1个两侧标有刻度的有盖透明盒子、1支激光定位笔（或记号笔）、1个500 ml手持量杯、1 L水、食用色素（蓝）。

绘制步骤：

1.用黏土捏成包含山顶、山脊（含陡坡、缓坡）、山谷、鞍部、陡崖等地形的山地模型。

2.将完成的模型置于盒内，盖上盒盖，并将塑料片放在盒盖上。

3.保持激光笔垂直于盒盖，在塑料片上用激光定位笔画出山体底部轮廓。

4.在透明盒子里滴入食用色素，注入清水至2 cm处，用激光笔在塑料片上画出模型周围水的轮廓。

5.注入清水至4 cm、6 cm、8 cm、10 cm深度（直到下一次加水完全淹没模型为止），分别用激光笔画出模型周围水的轮廓，最终完成等高线地形图的绘制。

(3)改善教师的教学方法。

①使用直观实物辅助教学。

实物教学是一种能将理论与实际相联系、直观性很强的一种教学方式。初中学生的抽象思维能力仍在发展中，实物教学不仅能增强他们对事物的整体认识，提高学生的思维能力和实践能力，还可以激发他们学习地理等值线图的兴趣。学生也希望老师上课时能够使用地形模型等这些直观教具来帮助他们理解相关概念。

教师在教学中可以带领学生利用海绵、纸盒、橡皮泥等实物一起自制教具来辅助学生对等高线的理解,这样既加深了学生对知识的理解,还有利于培养学生的地理实践力。例如,可利用水果篮的伸缩性演示陡崖、山脊、山谷等,因为水果篮是学生日常生活中常见、常用的家居用品,传统等高线模型教具较为笨重,搬运不便,而且是固定不可变的,而水果篮价格较低廉、体积小、便于携带。

**【案例】巧用拳头识别山体不同地形部位**

握起自己的拳头(如图)相当于一座山,观察"这座山"的最高处,我们就会找到四个突出的部分,可以把它们当作山顶,山顶与山顶之间有三个凹陷的部分,把它们当作鞍部,手指与手指之间的缝就是山谷,每根手指的中间叫作山脊,手指两侧就是陡崖。

**拳头识别山体示意**

②使用实例辅助教学。

生活中的实例和情境辅助教学,既会给学生带来新鲜感,也会让他们感受到地理知识的实用性和贴近生活的魅力,便于教学的有效开展。此外,近年来有关等值线图的题目呈现的背景材料更加"生活化",社会生活中的地理现象和地理问题,逐渐成为题目背景材料的主体。例如,对于"鞍部"的理解可以取材于生活,利用学生熟知的马鞍帮助他们理解"鞍部"这一知识点;根据1月和7月等温线分布图让学生判断陆地和海洋这一知识点,教师可以结合学生的日常生活感受来明确海洋和陆地的热力性质差异;教师也可以让学生根据"河流大多在哪里能见到"这一生活经验而推测出山谷是河流的汇集地,为提升学生的应用能力(寻找水源等)打下基础;教师还可以让学生结合自己野外实践或郊游爬山的经历,了解具体海拔的变化情况、不同地形部位形态和不同地形区在生产生活中的选址情况等。

**【案例】将梯田与山脊、山谷的判断结合起来的教学片段**

学生对梯田具有比较深刻的印象,教师可以将梯田这个在生活中比较常见的自然景观与山脊、山谷的判断结合起来讲解,不仅落实了"生活化的地理"理念,还帮助学生更好地理解了山脊和山谷的特点。

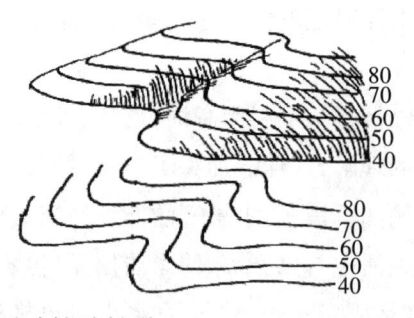

③利用地理实践活动辅助教学。

经过现状调查分析可知,学生们希望老师能够提供更多亲身体验学习的机会,例如实践活动、实验操作、实地观察以及各类互动性活动等。初中生的抽象思维能力在很大程度上还需要经验的支撑,利用地理实验、地理制作、地理观察等地理实践活动可以形象地呈现教学内容、有效支持学生的抽象思维过程。通过实践活动参与互动获得体验和理解,进而使学生主动参与学习,培养学生的动手操作能力,形成科学的态度与正确的价值观。

等值线图,尤其是等高线图的教学很适合与地理实践活动结合起来。例如,教师可以带领学生实地观察山地不同部位的形态,让学生能够直观地了解山地地形特点;学生还可以根据等高线地形图制作地形模型,在此过程中进一步巩固对等值线图的理解与应用。

**【案例】根据等高线地形图制作地形模型**

所需器材:

1支记号笔、1张塑料片、500 g黏土、剪刀、刻度尺、等高线地形图(只选取一组凸起的山地模型)。

制作步骤:

1.确定每层地形模型的高度为1 cm,相当于图上一个等高距。

2.将塑料片覆盖在等高线图上,用记号笔将最外侧等高线描在塑料片上。

3.沿描出的线将塑料片剪下来,用1 cm高的黏土覆盖塑料片,制作第一层地形模型。

4.重复步骤2—3,制作出第二层地形模型,将其堆叠在第一层模型之上。依次制作出第三层、第四层……地形模型,边制作边堆叠,最后完成模型制作。

④引进现代教育技术辅助教学。

通过使用现代教育技术,教师能更好地将地理知识呈现在学生面前,这不仅能促进现代教育技术的实际应用,还能提升学生的学习效果。现代教育技术很适合应用于等高线地形图的教学。以下以等高线地形图为例,展示部分现代教育技术在等值线图教学中的应用。

ArcGIS软件在等值线图教学中的应用:ArcGIS软件具有空间分析、可视化、电子地图等多种功能。ArcGIS软件已广泛运用于地理科学的各个领域,但很少运用于地理基础教育。利用ArcGIS软件绘制等高线地形图,可以实现等高线的三维可视化展示,帮助师生突出重难点。

Surfer软件在等值线图教学中的应用:Surfer软件是一款三维立体图制作的软件,由美国Golden Software公司开发。教师可以利用LSV软件(可以获取小区域地形数据的软件)获取学生熟悉的小区域地形数据,再结合Surfer软件绘制出该区域的等高线地形图。由于所选区域贴近学生的生活环境,极大地激发了他们的兴趣,从而显著提升了他们的参与积极性。

AR技术在等值线图教学中的应用:AR技术是一项能虚拟现实的新技术,能增强用户对现实世界的感知,帮助人们在真实世界中展现无法实现的场景,具有虚实结合、实时交互的特点,能将知识难点直观化、学生探究兴趣化和教学环境精炼化。例如,学生可以使用AR技术,在移动设备上根据绘制的等高线地形图叠加对应的山脉。学生可以进行360°无死角全方位观看,并通过操作任务栏打开或关闭等高面、等高线等,从而更加直观地理解和记忆山体与等高线之间的关系。此外,学生还可以利用增强现实技术打造的AR沙盒辅助学习。它与虚拟现实技术创造的沉浸式体验不同,AR沙盒在现实的基础上叠加了视觉、听觉以及其他数字效果。学生可以自己动手操作沙盒,识别五种常见地形类型、直观感受不同海拔带来的视觉盛宴,激发学生地理学习的积极性。

(4)重视学生分析和运用能力的培养。

①提升学生等值线图的分析能力。

通过读等值线图,需要明确的是"有什么",获得的地理信息只是关于地理事物的现象、外部联系和各个片面的认识。而要解决"为什么",整体把握事物的本质、内部联系,实现感性认识到理性认识的转变,就需要学生提升自身对等值线图的分析能力。分析等值线图要善于提出问题、思考问题;善于深刻理解与运用原理;注意前后知识的相互联系;学会运用辩证的思维方式。

"图·思·记"是以"思"为媒介、以"记"为辅助的一种读"图"方法,能很好地提升学生对等值线图的分析能力。"图",是指地理等值线图。"思",是指引导学生学会从"5W",即"它在哪儿(where),它是什么(what),它什么时候发生(when),它为什么在那里(why),它产生了什么作用,怎样使它有利于自然环境和人类(how)"等视角和维度解读等值线图,其具体过程如图7-6所示。

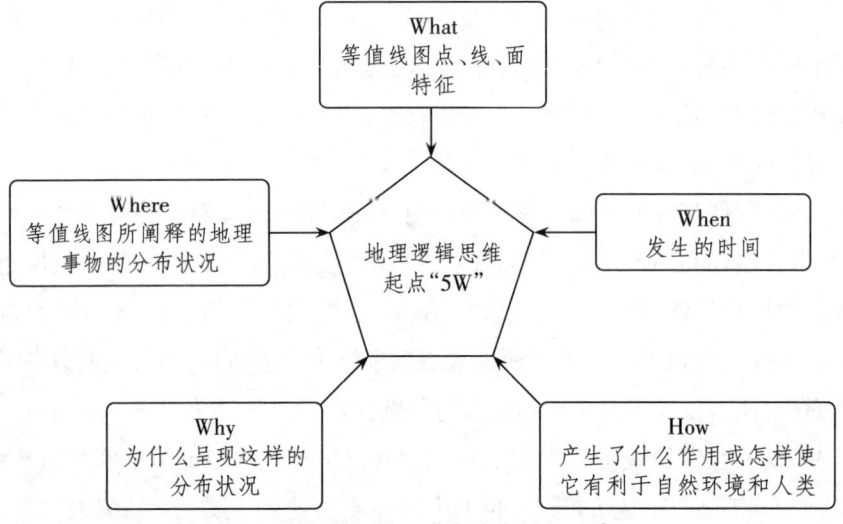

图7-6 "图·思·记"读图分析法示意

② 增强学生等值线图的应用能力。

教师应该让学生知道,他们所学的知识并不是与我们毫无联系,而是切切实实存在于我们的生活中的,并且掌握这些知识对生活是很有用处的。这样,他们才会更有动力去学习,去通透地了解和掌握这些知识。

学生的等值线图应用能力得分普遍较低。例如,在"选择攀岩地点"的题目中,主要考查的是学生对等值线图的应用能力,核心在于能否正确识别陡崖。目前看来,学生在正确判读出陡崖方面问题不大,大部分学生能找到陡崖,但是部分学生却不知道陡崖是适合攀岩的地点,这就说明了学生并不能将所学知识有效应用于生活实际中。学生在等值线图的应用方面存在较多问题,教师应加强学生综合应用能力的训练,引导他们将所学知识更好地应用于日常生活中。

【案例】等高线地形图的应用分析

请观察图,回答以下问题。

某地等高线地形图

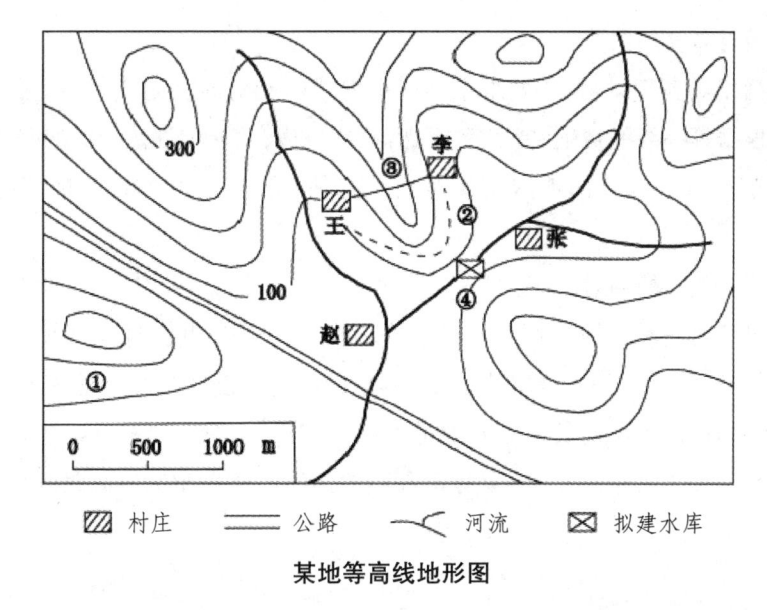

(1)如果在王村和李村之间修建一条公路,应选择(②或③)线,原因是＿＿＿＿＿＿＿＿。

(2)如果在该地区建设小城镇,在王村、李村、张村、赵村四个村庄中,＿＿＿＿＿＿＿村发展条件最有利,原因是＿＿＿＿＿＿＿＿＿。

(3)为了改善未来小城镇的用水、用电问题,该地区打算在④处修建水电站。选择该处建坝的原因是＿＿＿＿＿＿＿＿；但随之可能带来的问题是＿＿＿＿＿＿＿＿。

解析:第(1)题,应指导学生明确山区修建公路要考虑工程量和难度大小,以及道路运行方便程度和安全等问题。从该地等高线地形图可以看出,在王村和李村之间修建公路沿②线修筑,条件较好。第(2)题,赵村地势平坦开阔、水源充足、水陆交通便利,所以赵村适于城镇发展。第(3)题,水电站选址要考虑集水面积及移民、工程量、施工难度、水能大小等问题。本题所选坝址④处工程量小、库容量大,不过可能会导致周边村庄和农田被淹没的问题。

(5)重点突破学生学习的薄弱点。

学生通常在"相对高度的估算""山脊和山谷的判读""坡度陡缓的判断""五种地形类型的识别""根据等温线图判断某地所处半球、海陆位置和季节"这几个具体知识点存在较大的学习障碍,所以,以下将具体介绍突破这几个薄弱知识点的方法。

① 相对高度的估算。

估算相对高度时,首先要求学生了解海拔与相对高度的概念,然后能在地形图中根据等高线的数值特征读(估)出某地海拔,并能根据读出的海拔进行简单的差值计算。计算两地间的相对高度和估算陡崖的相对高度的具体方法如下。

计算两地间的相对高度:

若甲乙两地都在等高线上,这两地的相对高度就是甲乙两地的海拔差。若甲地在等高线上,乙地不在等高线上,两地的相对高度就是由甲地的海拔减去乙地海拔的取值范围。若甲乙两地都不在等高线上,两地的相对高度 $h$ 为:$(n-1)d \leq h < (n+1)d$,其中 $n$ 为甲乙两地间相隔等高线的条数,$d$ 为等高距。(如图7-7所示)

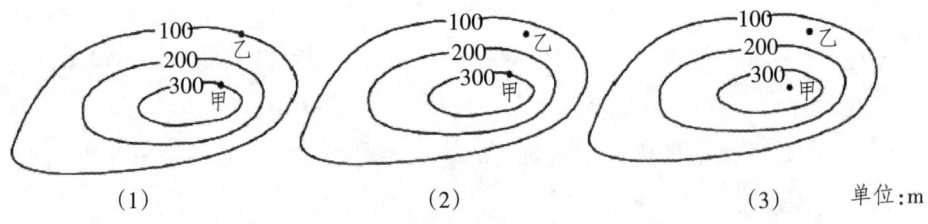

图7-7 计算两地间的相对高度示意

估算陡崖的相对高度:

陡崖相对高度取值范围是:$(n-1)d \leq H < (n+1)d$,$n$ 为陡崖处重合的等高线条数,$d$ 为等高距。(如图7-8所示)

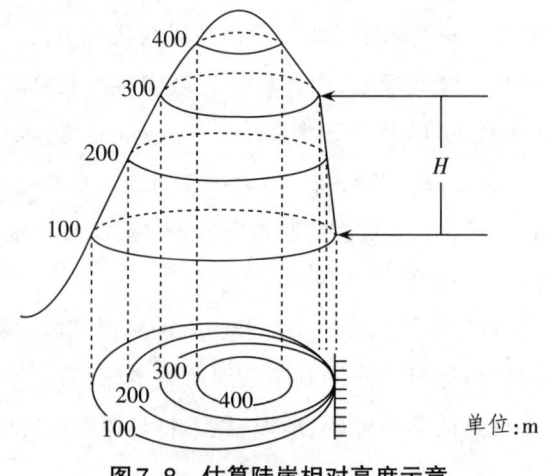

图7-8 估算陡崖相对高度示意

②山脊和山谷的判读。

方法一：看等高线凸出方向。

等高线向海拔低的地方凸出，是山脊；反之，是山谷。(图7-9)

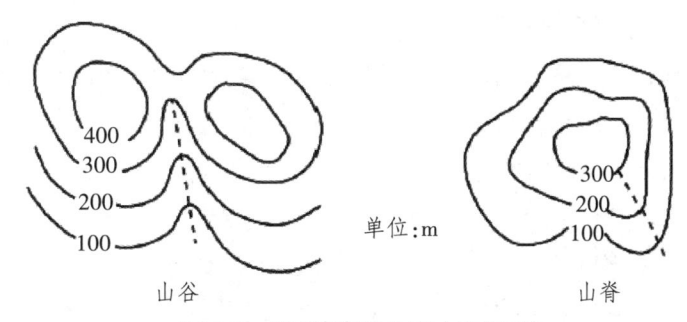

图7-9 "看等高线凸出方向"示意

方法二：用画切线法辨别山脊或山谷。

如图7-10所示：过A点和B点分别向两侧作一条切线。A点(中间)海拔为100 m，C点和D点(两侧)海拔为150 m，则中间低，两侧高，所以经过A点的虚线所表示的地形是山谷；B点(中间)海拔为100 m，E点和F点(两侧)海拔为50 m，则中间高，两侧低，所以经过B点的虚线所表示的地形是山脊。

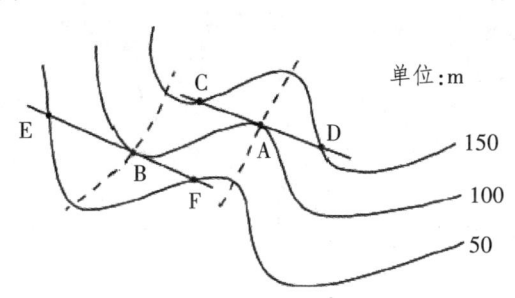

图7-10 "用画切线法辨别山脊或山谷"示意

方法三：以河流定山谷。

等高线地形图上出现河流地方一般是山谷。

【案例】下列能正确表示河流及河水流入湖泊的图示是：

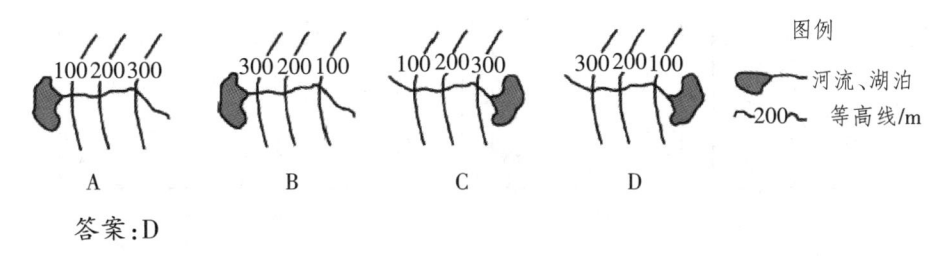

答案：D

解析:只有在山谷中才可能形成河流,A、C项表示的是山脊,所以A、C项排除。河流从海拔高处流向海拔低处,B项排除,故选D。

③坡度陡缓的判断。

方法一:根据等高线疏密判断。

等高线地形图在图幅、比例尺和等高距相同的情况下,相同水平距离内等高线越多(密集),坡度越陡;等高线越少(稀疏),坡度越缓。

例如下面四幅图(单位:m)的坡度由陡到缓为C＞A＞D＞B。

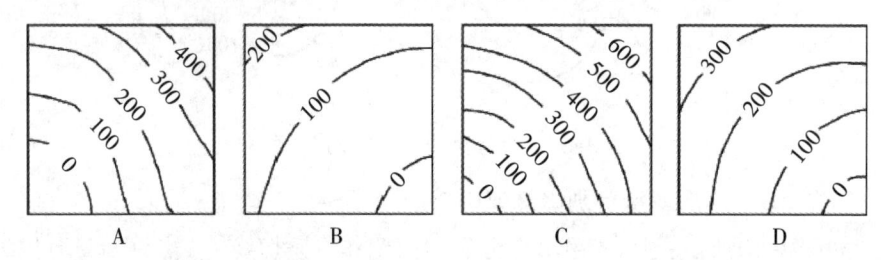

方法二:根据等高距大小判断。

图幅、比例尺、等高线分布状况相同,等高距不同的等高线地形图上,等高距越大,坡度越陡;等高距越小,坡度越缓。

例如下面四幅图(单位:m)的坡度由陡到缓为B＞D＞A＞C。

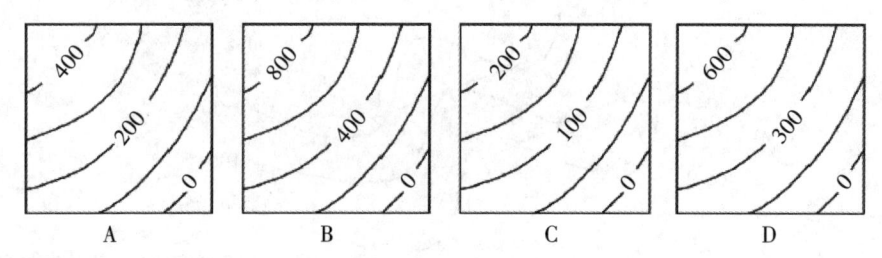

方法三:根据比例尺大小判断。

在等高线分布状况相同、等高距相同和图幅相同的情况下,比例尺越大,坡度越陡;比例尺越小,坡度越缓。

例如下面四幅图(单位:m)的坡度由陡到缓为A＞C＞D＞B。

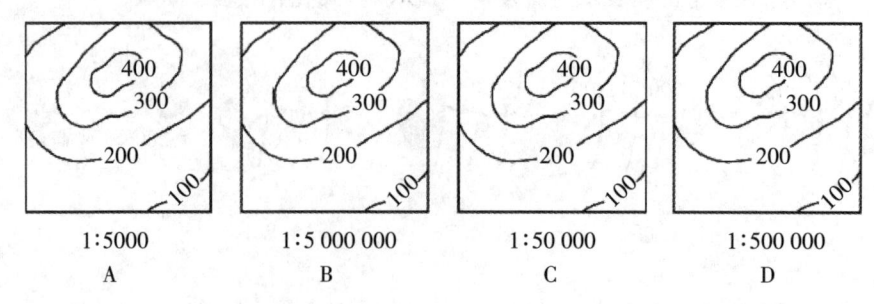

④五种地形类型的识别。

让学生在观察某区域五大地形素描图(如图7-11)和分层设色地形图(如图7-12)的基础上,比较山地、高原、盆地、平原和丘陵这五种地形在等高线、海拔和地表起伏程度方面的分布特点(如表7-1所示)。

图7-11 五大地形素描图

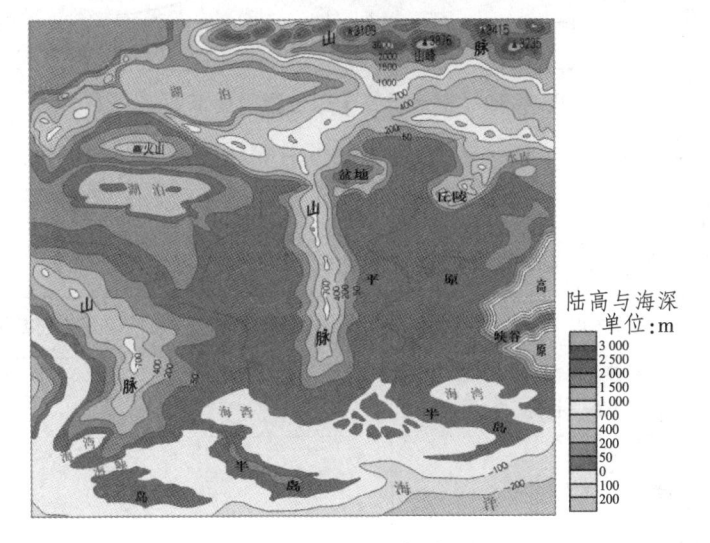

图7-12 分层设色地形图

表7-1 五大地形等高线分布特点

| 项目 | 类型 | | | | |
| --- | --- | --- | --- | --- | --- |
| | 山地 | 高原 | 盆地 | 平原 | 丘陵 |
| 等高线 | 密集 | 中间疏、四周密 | 中间疏、四周密 | 稀疏、平直 | 相对密集 |
| 海拔 | 500 m以上 | 500 m以上 | | 200 m以下 | 200—500 m之间 |

续表

| 项目 | 类型 | | | | |
|------|------|------|------|------|------|
| | 山地 | 高原 | 盆地 | 平原 | 丘陵 |
| 地表起伏程度 | 具有耸立的山峰、陡峭的山坡 | 边缘陡峭、内部起伏小 | 四周高、中间低 | 宽广平坦 | 地势起伏较大 |

⑤根据等温线图判断某地所处半球、海陆位置和季节。

气温水平分布规律：无论是7月还是1月，无论是南半球还是北半球，气温都是由低纬向高纬递减。数值自南向北递减，为北半球（图7-17中左图所示）；数值自北向南递减，为南半球（图7-13中右图所示）。

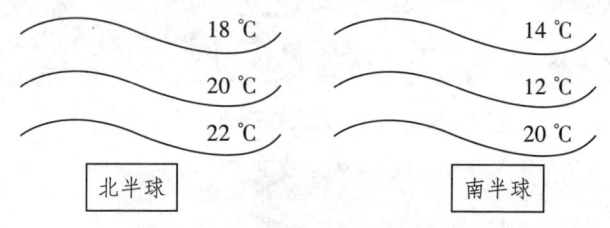

```
    18 ℃              14 ℃
    20 ℃              12 ℃
    22 ℃              20 ℃

   北半球             南半球
```

图7-13　某地所处半球位置判断示意图

由于海陆间热力性质差异，全球不同季节同纬度海洋和陆地气温变化规律如表7-2所示。

表7-2　全球不同季节同纬度海洋和陆地气温变化规律表

| 同纬度 | 陆地 | 海洋 |
|--------|------|------|
| 夏季<br>北半球7月、南半球1月 | 高 | 低 |
| 冬季<br>北半球1月、南半球7月 | 低 | 高 |

【案例】季节的判断

根据北半球某区域等温线图，判断该图表示的是1月份还是7月份？

如图中右图所示，先作一直线（辅助线），在直线上陆地部分找一点（甲点），直线上海洋部分找一点（乙点）。甲点气温介于$b$、$c$之间，乙点气温介于$a$、$b$之间，由于北半球气温从南向北逐渐在降低，所以$c>b>a$，得出甲处气温比同纬度乙处要高，也就是说，陆地比同纬度海洋气温高。由于海陆热力差异影响，7月份陆地比同纬度海洋气温高；1月份陆地比同纬度海洋气温低。结论：该图展示的是7月份。

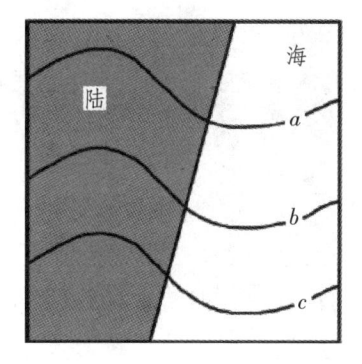

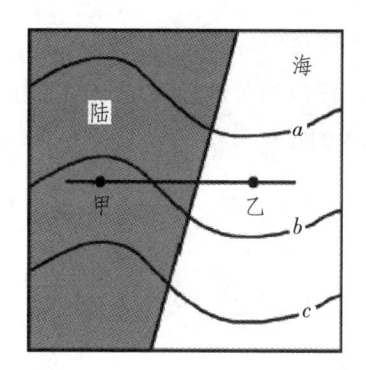

北半球某区域等温线

## 二 地理等值线图的类型

地理等值线图主要类型有等高线图、等深线图、等温线图、等降水量线图、人口等密度线图、等压线图、等盐度线图、等太阳辐射量线图、等震线图、地层年龄等值线图等。初中地理学习阶段涉及的等值线图仅有等温线图、等高线地形图、等降水量线图。[①]对等值线图的判读可以说是学习初中地理的难点之一。结合等值线图和自然地理要素、人文地理特征命制的试题，难度更大。

(一)等温线图的判读。

在等温线图的阅读中，可以采取"图·思·记"的策略。这一策略有助于系统、有条理地理解和分析等温线图，从而更准确地获取信息。

首先，"图"的环节要求仔细观察等温线图的总体特征，包括线条的粗细、疏密、数值标注等。这些特征通常能反映温度变化的剧烈程度、温度梯度方向等信息。

其次，"思"的环节需要运用相关的地理知识和逻辑推理能力。例如，可以根据等温线的弯曲方向和变化趋势，判断温度的分布规律和影响因素。如果等温线密集，则温度梯度大，说明地形或季节变化对温度影响大。另外，根据等温线的闭合状况和走向，还可以判断出地形的高低起伏、洋流的性质等。

最后，"记"的环节强调记忆和理解等温线图中的重要信息，以便在分析和

---

① 王玉欢.初中生地理等值线图学习现状调查研究——以兰州市R中学为例[D].兰州：西北师范大学,2019:6.

解答相关问题时能够准确应用。在记忆过程中,可以运用关联记忆法,将等温线图的特征与相关的地理知识联系起来,形成系统的知识网络,以便更好地记忆和应用。(图7-14)

```
         ┌─ 纬度位置 ─┬─ 高纬低温
         │           └─ 低纬低温
等值线─等温线┼─ 海陆位置 ─┬─ 同纬度冬季海洋气温高于陆地
         │           └─ 同纬度夏季陆地气温高于海洋
         ├─ 地形因素 ── (近地面,同一地区)海拔越高气温越低
         └─ 其他因素
```

图7-14　等温线知识网络

### (二)等高线地形图的判读

在等高线图的阅读中,同样可以采取"图·思·记"的策略。

首先,"图"的环节,要观察等高线的总体特征。注意等高线的粗细、疏密、标注数值等,这些特征能反映地形的高低起伏、坡度的陡缓等信息。例如,等高线密集的地方表示坡度较陡,而稀疏则表示坡度较缓。

其次,"思"的环节,运用相关地理知识进行逻辑推理。可以根据等高线的弯曲方向、闭合状况和走向,判断地形的高低起伏、山谷或山脊的位置、河流的流向等。例如,如果等高线由低海拔向高海拔凸出,则表示该处为山谷;反之,则为山脊。

最后,"记"的环节,要记忆等高线图中重要的地形特征,如山谷、山脊、鞍部等的位置,以便在解答相关问题时能够准确应用。在记忆过程中,可以运用关联记忆法,将等高线图的特征与相关的地理知识联系起来,以便更好地记忆和应用。(图7-15)

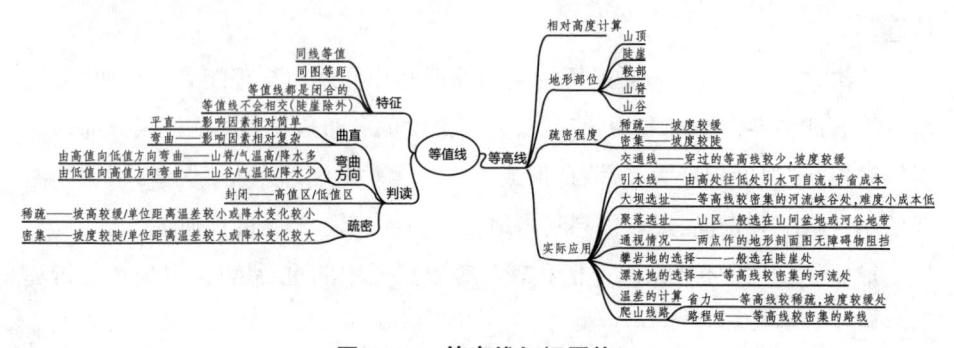

```
                          ┌─ 特征 ─┬─ 同线等值
                          │       ├─ 同图等距
                          │       ├─ 等值线都是闭合的
                          │       └─ 等值线不会相交(陡崖除外)
                          │
                          ├─ 曲直 ─┬─ 平直 ── 影响因素相对简单
                          │       └─ 弯曲 ── 影响因素相对复杂
                          │
                          ├─ 弯曲方向 ┬─ 由高值向低值方向弯曲 ── 山脊/气温高/降水多
                          │         ├─ 由低值向高值方向弯曲 ── 山谷/气温低/降水少
等值线 ─ 等高线 ─ 判读 ──┤         └─ 封闭 ── 高值区/低值区
                          │
                          ├─ 疏密 ─┬─ 稀疏 ── 坡度较缓/单位距离高温差较小或降水变化较小
                          │       └─ 密集 ── 坡度较陡/单位距离高温差较大或降水变化较大
                          │
                          │                        ┌─ 相对高度计算
                          │                        │              ┌─ 山顶
                          │                        │              ├─ 陡崖
                          │                        ├─ 地形部位 ──┼─ 鞍部
                          │                        │              ├─ 山脊
                          │                        │              └─ 山谷
                          │                        │
                          │                        ├─ 疏密程度 ┬─ 稀疏 ── 坡度较缓
                          │                        │           └─ 密集 ── 坡度较陡
                          │                        │
                          └─ 实际应用 ──────────────┼─ 交通线 ── 穿过的等高线较少,坡度较缓
                                                   ├─ 引水线 ── 由高处往低处引水可自流,节省成本
                                                   ├─ 大坝选址 ── 等高线密集的河流峡谷处,难度小成本低
                                                   ├─ 聚落选址 ── 山区一般选在河间盆地或河谷地带
                                                   ├─ 通视情况 ── 两点作的地形剖面图无障碍物阻挡
                                                   ├─ 攀岩地的选择 ── 一般选在陡崖处
                                                   ├─ 漂流地的选择 ── 等高线密集的河流处
                                                   ├─ 温差的计算
                                                   ├─ 省力 ── 等高线较稀疏,坡度缓处
                                                   └─ 爬山线路 ┬─ 路程短 ── 等高线较密集的路线
```

图7-15　等高线知识网络

### (三)等降水量线图的判读

通过等降水量线图,我们可以判读所给出地区内部降水量的差异。在等降水量线图的阅读中,也可以采取"图·思·记"的策略。

首先,"图"的环节,要观察等降水量线的总体特征。注意等降水量线的分布、弯曲程度、闭合状况和数值标注等,这些特征能反映降水的空间分布和降水量的变化规律。例如,等降水量线密集的地方表示降水地区差异大,可能存在山脉、迎风坡等地形因素影响。

其次,"思"的环节,运用相关地理知识进行逻辑推理。可以根据等降水量线的分布和数值变化,判断降水的空间分布特征和降水量的变化规律。例如,如果等降水量线呈现明显的闭合状态,则闭合区域内的降水量可能存在较大的差异,可能存在地形、气候等因素的影响。

最后,"记"的环节,要记忆等降水量线图中重要的降水特征,如降水高值和低值区的位置、降水的空间分布规律等,以便在解答相关问题时能够准确应用。在记忆过程中,可以运用关联记忆法,将等降水量线图的特征与相关的地理知识联系起来,以便更好地记忆和应用。(图7-16)

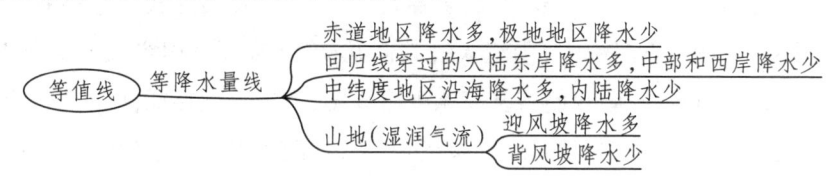

等值线 — 等降水量线
- 赤道地区降水多,极地地区降水少
- 回归线穿过的大陆东岸降水多,中部和西岸降水少
- 中纬度地区沿海降水多,内陆降水少
- 山地(湿润气流)
  - 迎风坡降水多
  - 背风坡降水少

**图7-16 等降水量线知识网络**

## 三 地理等值线图的特点

地理等值线图是一种重要的地理信息可视化工具,它能够将一种或多种地理要素以地理数值的方式表达其空间的分布情况。这种图具有信息包容量大、综合性强等特征,能够为我们提供丰富的地理信息。

### (一)地理等值线图能够整合多种地理要素

在等值线图中,我们可以看到一条或多条等值线,它们代表了不同的数值。这些数值可以代表气温、降水量、海拔、气压等多种地理要素。通过观察这些等值线的分布和形态,我们可以了解地理要素在空间中的分布特征和变化规律。

## (二)地理等值线图具有信息包容量大的特点

与传统的地图相比,等值线图能够更直观地表达地理要素的空间分布情况。在等值线图中,我们可以看到不同数值的区域分布,以及这些区域之间的过渡和变化。这种表达方式使得我们能够更全面地了解地理要素的空间特征,并更好地理解地理现象的成因和演变。

## (三)明确概念,培养思维的科学性、准确性

等值线分布图所包含的信息就是教材的文字内容,向学生分析、传授等值线图所表达的知识内容必须是科学的、准确的、严密的,不得与文字内容有出入,否则会引起学生知识、思维混淆。同时,对于教材中的一些概念和浅显易懂的内容,教师可以通过图文转化,引导学生自己读图分析,在学习中发现问题,形成正确的地理概念。

## (四)创设问题,培养思维的概括性和简要性

等值线图表示的内容是多层次、多要素的叠加,而在实际教学过程中,某些要素是不需要的,或是图中等值线太过繁多冗杂,导致部分内容显得多余或繁琐。因此,在教学实践中我们需要简化等值线图,突出关键特征,以期收到较好的教学效果。此外,采用问题导向的教学方法,把问题看作是学生学习的动力、起点以及贯穿整个学习过程的主线,能够更好地激发学生的学习兴趣和参与度。

## (五)寻求支点,培养思维的创造性

在地理教学过程中,运用地图去解决问题,以图来诱发内在动机,激发学生兴趣。这种方式便于学生理解地理规律,从中获得丰富的地理知识。但这需要学生具有较好的读图、用图能力。有些等值线地图展现的显性信息比较少,需要学生挖掘图中所包含的隐性信息,并通过一定的阅读方法转为显性信息,才能达到豁然开朗的效果。这需要教师在教学过程中,适当地加以引导启发,不断地培养学生思维的创造性。

在地理教学过程中,如果能够根据不同的等值线图和教学对象的特点,符合学生的心理特征,运用多种、恰当的教学方法,就会使学生的学习积极性提

高,并提高教学效率。[①]

综上所述,地理等值线图具有独特的价值和优势。它能够将一种或多种地理要素以地理数值的方式,直观、清晰地表达出其在空间上的分布情况,为我们呈现出一幅幅丰富多彩的地理画卷。这种图表不仅信息包容量大,而且综合性强,能够为我们提供丰富、全面的地理信息,有助于我们更深入地认识和理解地理现象和规律。在中学地理教学中,教师应充分利用地理等值线图,帮助学生深入理解地理现象和规律,提高他们的地理素养和综合能力。

## 四 地理等值线图的作用

《义务教育地理课程标准(2022年版)》要求学生掌握地理图像的基础知识和基本技能。地理图像是地理学最形象、最直观的语言,地理等值线图是地理图像中比较常见的一种类型,用来反映地理要素的时空分布特征,能准确地、直观地表达地理事物的分布规律,能生动形象地反映某地理事物在一定地域内数量关系的存在和发展,具有很强的综合性。学生通过等值线图的学习,能加深对地理现象和地理规律的认识,促进他们积极思考和探索,能更好地理解和记忆一些枯燥无味的地理概念、原理。因此,地理等值线图在初中地理中占重要地位。

首先,等值线图能够直观地表达地理事物的分布规律。在等值线图中,不同的等值线代表着不同的地理数值,通过观察等值线的分布和形态,学生可以清晰地了解地理要素的分布特征和变化规律。这对于培养学生的空间思维和地图阅读能力具有重要意义。

其次,等值线图具有很强的综合性。在等值线图中,可以同时表达多个地理要素的分布特征和相互关系。例如,等高线图可以同时表示地形的高低起伏、坡度的陡缓等信息,从而有利于学生更好地理解地理环境的整体性和复杂性。这有助于培养学生的综合思维能力和对地理问题的解决能力。

最后,等值线图的学习能够加深学生对地理现象和地理规律的认识。通过观察和分析等值线图,学生可以更加深入地了解地理事物的本质和规律,从而更好地理解和记忆一些枯燥无味的地理概念、原理。这有助于提高学生的学习

---

[①] 赵立平.地理等值线图的教学[J].教育研究与实践,2008(7):25.

兴趣和效果。

　　综上所述,通过学习和掌握等值线图的阅读和理解方法,学生可以更好地理解地理现象的分布规律和特点,培养综合思维能力和地图阅读能力,提高地理学习的兴趣和效果。因此,初中地理教师应该注重等值线图的教学,引导学生掌握等值线图的阅读和理解方法,为学生未来的地理学习打下坚实的基础。

## 第二节 以等值线图为载体的"图·思·记"教学策略

《义务教育地理课程标准(2022年版)》明确提出掌握阅读地图及使用地图的基本技能。地理新课程改革也十分重视学生的能力培养,其中,读图能力作为基础技能之一,是每位学生都应当掌握的地理学习能力。同时,课程标准中也多次提到利用地图解决地理问题的重要性。但从目前初中地理教学的实际情况来看,学生阅读和运用地图的能力还比较弱。

等值线图是初中常见的地图类型之一,七年级上册主要是各类等值线图基础知识及基本读图方法的学习,七年级下册、八年级上册、八年级下册是对各类等值线图进一步的深入阅读、分析及其综合运用。因此,七年级上册等值线图基础知识及基本读图方法的学习极为关键,它为初中后期阶段等值线图阅读、分析和高中阶段等值线图的进一步学习以及运用奠定了基础。

例如,湘教版初中地理教材中等值线图约30幅,其中,等高线图、等温线图占较大比例,其他等值线图则较少。在教学中,教师往往对等值线图中丰富内涵及思维价值的挖掘不够深入,如对等高线图的解读,通常只注重对其空间上不同地形部位的判读,容易忽视图中地形高低起伏的空间变化过程,也容易忽视图中体现出的区域地形特征以及不同地形部位海拔等的定量特征。

我们认为,应以"5W"体现的信息中"这种等值线图所反映出的点、线、面特征(what)?"为前提。即能否准确把握等值线图的点、线、面特征,是解读等值线图蕴含的地理思维教育因素的前提条件,在明确了"等值线图的点、线、面特征"后,进而才能分析"等值线图所阐释的地理事物的分布状况(where)?""为什么呈现这样的分布状况(why)?"。因此,教学中应注意启发学生去发现等值线图所表征的"点、线、面特征",概括"等值线形状"。在此基础上,再引导学生去推断"该等值线图所反映的地理事物的分布状况",归纳出分布特征,继而引导学生分析这一分布状况和特征的"成因"。这样才能挖掘等值线图本身的数值特点信息,解读并分析出所反映地理事物空间分布特点、地理现象的空间演变、地理要素的相互联系,由数值到规律,以"线"释"理",以"理"促"记",达到了学习上的升华。

以等值线图为载体的"图·思·记"结合策略是一种有效的学习方法,有助于学生更好地理解和掌握等值线图。在以"5W"为线索挖掘等值线图中具有地理思维教育价值的信息及记忆引导时,还需注意以下问题。

一是选择合适的等值线图。教师需要根据教学内容和目标,选择恰当的地理等值线图。教学时一方面要优选等值线图素材,另一方面要学会观察和识别。例如,在观察等值线的总体特征时,应注意等值线的形状、走向、疏密程度和数值标注,因为这些特征能够反映地理要素的分布规律和变化趋势。在识别等值线的高低和变化时,通过观察等值线的数值变化,可以判断地理要素的分布特点和变化规律。

二是设计有针对性的思考问题。灵活运用逻辑推理和多要素综合分析思考和解决问题。例如,运用地理知识和逻辑推理能力,分析等值线图中的地理要素分布特征和相互关系,要综合考虑多种因素,如地形、气候、河流等,以便更全面地理解地理环境。

三是激发学生的记忆潜能。学生需要理解等值线图的原理,知道如何从等值线图中获取信息。这需要教师在进行详细讲解和示范使用时,要注意区分点、线、面状等不同的表达方式,针对不同的表达方式采用不同的操作技术与方法。学生在理解的基础上,记忆等值线图中重要的地理特征和规律。这些关键信息包括等值线的形状、走向、疏密程度和数值标注等。通过记忆这些关键信息,学生可以更好地理解和掌握等值线图的地理信息。同时,学生还可以将等值线图中的信息与相关的地理知识联系起来,形成系统的知识网络。通过知识网络的构建,学生可以更好地理解和掌握地理要素的分布特征和变化规律,提高地理学习的兴趣和效果。同时,知识网络的构建也有助于记忆和应用地理知识。

四是评估和反馈。评价要以印证学生预期的学习成果为发力点,遵循"主体多元化、方式多样化、标准多维化"的原则,结合过程性行为表现、纸笔测验、学生自评、小组互评等多样化评价方式,渗透到教学过程各环节。通过观察学生在"真情境""真命题"中的问题解决能力,生成阶段性评价审视目标达成情况并驱动教学活动,优化教师的"教"和学生的"学"。

综上所述,以等值线图为载体的"图·思·记"结合策略需要抓住等值线图所反映出的点、线、面特征背后隐藏的信息,"以线释理",理解各信息的联系,帮助学生通过带有数值的等高线图想象出立体的区域实际地形情况。

## 第三节 以等值线图为载体的"图·思·记"教学案例

以等值线图为载体的"图·思·记"结合案例解析,关键把握以下几点:

一是形成读图习惯。读图时应依数据、形状、弯曲、疏密程度、特殊地区等要素顺序进行,通过多次重复训练,形成读图习惯。

二是培养空间思维能力。等值线图需要学生具备一定的空间思维能力,能够从二维平面图中获取三维空间信息。教师可以通过多种教学方法,培养学生的空间思维能力。

三是培养多因素综合分析能力。在分析等值线图时,学生需要综合考虑多种因素,如地形、气候、河流等。这需要教师引导学生进行多因素的综合分析,培养学生的综合思维能力。

**【案例1】以"5W"为线索解读等值线图的教学案例解析**

出示等高线地形图,首先引导学生仔细观察地图,读出等高线的数值,即海拔,再算出等高距,接着引导学生感知图示区域哪个地方高哪个地方低。学生再根据具体数值分布、疏密情况,判断哪里是山脊,哪里是鞍部,哪里是山谷,哪里是陡崖。在此基础上,提出问题引导学生思考:图中地形分布对地理环境的影响?如河流分布在哪里?流向哪里?哪里有瀑布?再提出问题:哪里可以进行攀岩活动?学生在这一个个问题的引导下主动学习,把平面的等高线地形图转化成立体的图像。

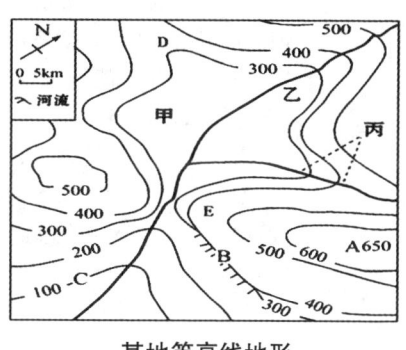

**某地等高线地形**

再出示图,请学生读图完成下列各题。

(1)填出山地部位的名称:A_____;D_____;E_____。

(2)乙河段的流向大致是_____。丙河段非常适合进行惊险刺激的漂流活动,理由是_____。

(3)B、C两地中,适合开展攀岩运动的是_____,理由是_____。

(4)若在C地测得的气温是20.3 ℃,则此时A地的气温大约是_____。

**【案例2】以"5W"为线索的等值线的变式及应用课堂教学设计**

| 课题名称 | 等值线的变式及应用 |
|---|---|
| 教学内容分析 | 图是地理的第二语言。等值线图作为地理学科专业的基础地图,一直是中考地理的必考内容之一。等值线包含等温线、等降水量线、等高线等基础,还有特殊的如开花日期等值线、灾害等频次线,以及等值线的变式,如分层设色地形图。学生若能掌握其判读的基本方法、识别等值线的类型及变式、理解等高线的判读和应用将提升其读图用图能力,可增强其中考自信。等值线的内容在一轮复习时比较零散,如等高线是在地球与地图部分,等温线和等降水量线是在气候部分,较少作为整个专题来复习。本节课作为二轮专题复习,考虑到学生的复习状态,设计了以梯田研学的情境。通过婺源梯田、元阳梯田、彭阳梯田串联起等值线的基础判读、等高线的判读、等高线的应用等主要的等值线知识,让学生巩固掌握等值线判读的基本方法、理解等高线的判读和应用。 |
| 教学目标 | 通过对三处梯田的研学,掌握形成其所在的地形、气候、河流、农业、工业等基本情况。通过判读等值线的变化、应用等,掌握等值线的判读方法及其应用,思考等值线背后自然环境与人文环境本身及之间的相互作用,提升学生的综合思维。<br>借由梯田研学情境,解决真实情境中的真实问题,提升地理实践力。感受三处梯田中蕴含的人地协调之美、慧、和,体会脚下生活的土地虽然多山,但这里的人民却拥有改造自然、创造美好生活的智慧。 |
| 教学重难点 | 1.等值线的判读;2.等高线的判读和应用。 |
| 学情分析 | 经过一轮复习后,学生已具备较为全面的地理基本技能和基础知识,二轮复习不能是枯燥的"炒冷饭",既要抓住重难点区别一轮复习的面面俱到,又要有所提升。随着新课标的颁布,越来越强调培养学生的地理核心素养,以及传递地理学的时空观念,坚持育人为本,确定基于核心素养培育的地理课程目标,基于此,本节课创设了基于地理空间尺度的梯田研学主题式内容框架,精心挑选与学生生活和社会发展密切相关的地理素材,在课堂中倡导以学生为中心的地理教学方式,并发挥评价功能,促进学生学业进步和全面发展。 |

第七章 以等值线图为载体的"图·思·记"教学

续表

| 教学过程 | | | | |
|---|---|---|---|---|
| 教学环节 | 教师活动 | 学生活动 | 教学资源 | 设计意图、依据 |
| 情景导入<br>(2 min) | 【导入】视频——中国的梯田。<br>【过渡】我们为什么要修建如此多的梯田？梯田又如何深刻地影响中国人的生活？接下来跟随星球研究所一起开始梯田研学之旅，来突破二轮复习中等值线的重难点。 | 跟随教师进入梯田研学情境。 | 学习单、梯田视频和景观图。 | 创设情境，激发学生参与课堂的积极性。通过梯田引出课堂主题。 |
| 第一站：婺源梯田——等值线的判读<br>(15 min) | 【自主练习】通过阅读中国1月气温等值线分布图，掌握等温线的判读。【教师讲解】了解等值线的基本判读，感受婺源梯田人地协调之美。<br>【教师补充】拓展等降水量线、等开花日期线、等频次线等其他等值线。 | 自主完成练习，交流讨论；理解等值线判读及其他等值线。 | 学习单、梯田视频和景观图。 | 通过阅读中国1月气温等值线分布图，回顾等值线判读基本方法，迁移其他等值线的判读。 |
| 第二站：元阳梯田——等高线的判读<br>(15 min) | 【过渡】视频：元阳梯田的生态系统。<br>【自主练习】通过阅读元阳梯田的等高线地形图，掌握等高线的基本判读。<br>【学生讲解】等高线的判读，理解哈尼族人"森林、水系、村寨、梯田"为一体的生态系统，感受元阳梯田人地协调之慧。 | 自主完成练习，交流讨论；上台讲解等高线的判读；对讲解提出补充。 | 学习单、梯田视频和景观图。 | 通过阅读元阳梯田的等高线地形图，小结常见等高线的判读。 |
| 第三站：彭阳梯田——等高线的应用<br>(11 min) | 【过渡】视频：北方梯田的重要作用。<br>【自主练习】通过阅读彭阳梯田等高线地形图，掌握等高线的常见应用。<br>【学生讲解】等高线的应用，理解北方梯田的重要作用，感受彭阳县的人地协调之和。 | 自主完成练习，交流讨论；上台讲解等高线的判读；对讲解提出补充。 | 学习单、梯田视频和景观图。 | 通过阅读彭阳梯田的等高线地形图，小结常见等高线的应用。 |

续表

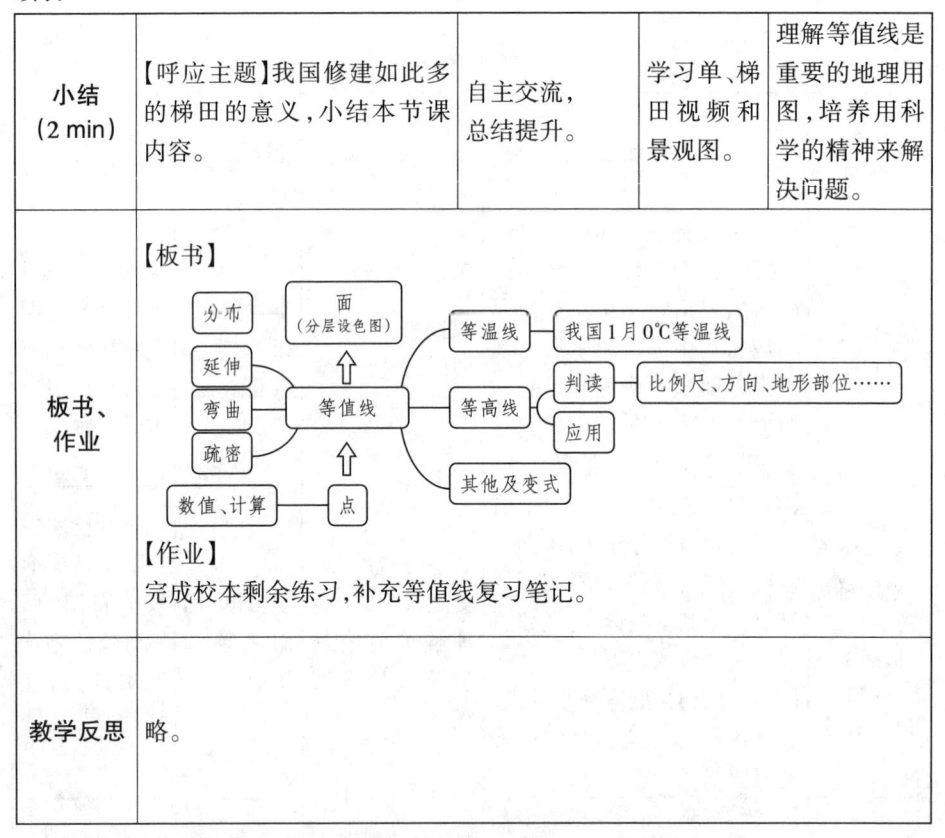

| 小结<br>(2 min) | 【呼应主题】我国修建如此多的梯田的意义,小结本节课内容。 | 自主交流,总结提升。 | 学习单、梯田视频和景观图。 | 理解等值线是重要的地理用图,培养用科学的精神来解决问题。 |
|---|---|---|---|---|
| 板书、作业 | 【板书】<br><br>分布　延伸　弯曲　疏密　数值、计算 → 等值线 → 面(分层设色图)／点／等温线(我国1月0℃等温线)／等高线(判读:比例尺、方向、地形部位……;应用)／其他及变式<br><br>【作业】<br>完成校本剩余练习,补充等值线复习笔记。 | | | |
| 教学反思 | 略。 | | | |

【案例3】以"5W"为线索的等高线地形图的判读课堂教学设计

| 课题 | 等高线地形图的判读 | | |
|---|---|---|---|
| 教学目标 | 1.能够运用空间的视角,掌握等高线地形图和分层设色地形图的特点与判读方法,判读五种地形部位与五种常见的地形类型的名称与特征。<br>2.能够运用图表工具和等高线地形图特点与判读方法分析、归纳、判断,培养联系等高线地形图的应用能力。<br>3.能够通过观察等高线地形模型绘制等高线地形图。 | | |
| 教学过程 | | | |
| 教学环节 | 教师活动 | 学生活动 | 学科教育设计意图 |
| 引入新课"登天竺山" | 你们有过登山的经历吗?在登山的时候选择怎样的路线最省力?欣赏日出的最佳位置在哪儿?露营呢? | 回顾生活中爬山的经历。 | 通过学生日常的登山活动创设情境导入,激发学生的学习兴趣。 |

续表

| | | | |
|---|---|---|---|
| 情境一：准备爬天竺山，同学们和我一起翻山越岭，认识山体的不同部位。 | 希沃展示山体卫星遥感图、景观图，让学生使用希沃元素拖动功能，进行配对。 | 以小组为单位，在等高线地形模型上，找到山顶、鞍部、陡崖、山脊、山谷，为其贴上地形部位标签。 | 立体模型上多方位观察、感受山体形状，再加上景观图片的配对，建立地理心理感知图。 |
| 情境二：爬山时爬哪个坡比较省力？ | 希沃播放等高线绘制过程视频，设置关键节点。 | 假设等高线地形模型的等高距为100 m，试着在等高线地形模型上找出等高线，判断等高线的数值，为其贴上海拔标签。 | 通过视频的观看直观了解等高线绘制原理，又通过在等高线地形模型上判断等高线，使学生进一步掌握等高线的绘制原理。 |
| 情境三：爬山时爬哪个坡比较省力，如何判读地形部位与坡度陡缓？ | 通过希沃授课助手拍摄模型照片，打开希沃板中板功能，导入图片，利用画笔功能描出等高线地形图后移除模型照片。<br><br>小活动：伸出拳头，通过拳头形象记忆地形部位。并通过几道题进行该重点知识的强化练习。 | 先俯视观察等高线地形模型，再将模型上的等高线描绘到同一张纸上，观察地形部位的等高线特点。 | 动手绘制等高线地形图，实行二维与三维的转换，突破思维认知难点。 |
| 情境四：要去天竺山秋游，需要提前做好哪些准备工作？ | 展示等高线地形图及导向性问题。 | 观察等高线地形模型，完成问题。 | 在情境设置中锻炼学生的地理知识应用能力。 |
| 小结 | 通过等高线地形图的学习，我们要在日常生活中能够选择合适的地形部位进行相应的活动，而使用的工具便是等高线地形图，对于等高线地形图的判读，一是先根据等高线的数值判读等高距和海拔数据，二是根据等高线的疏密判断坡度陡缓，三是结合海拔数值和坡度判断地形类型及地形部位，从而选择恰当的生产活动。 | | |

续表

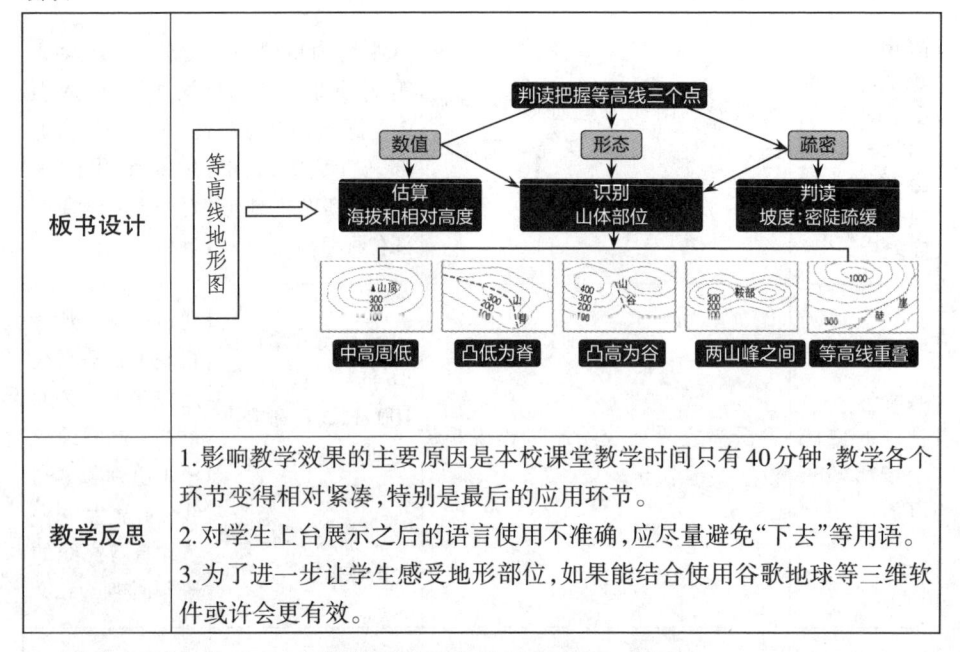

| 板书设计 | 等高线地形图 → 判读把握等高线三个点：数值（估算 海拔和相对高度）、形态（识别 山体部位）、疏密（判读 坡度：密陡疏缓）；山体部位示意图：中高周低、凸低为脊、凸高为谷、两山峰之间、等高线重叠 |
|---|---|
| 教学反思 | 1. 影响教学效果的主要原因是本校课堂教学时间只有40分钟，教学各个环节变得相对紧凑，特别是最后的应用环节。<br>2. 对学生上台展示之后的语言使用不准确，应尽量避免"下去"等用语。<br>3. 为了进一步让学生感受地形部位，如果能结合使用谷歌地球等三维软件或许会更有效。 |

**【案例4】初中生地理等值线图学习常见问题及对策**[①]

一、初中生地理等值线图学习中常见的问题

(一) 学生对等值线图学习兴趣不足

刚进初中的七年级学生以感性思维为主，抽象思维能力还有待提高。地形图的判读、等温线图及等降水量线图的阅读、人口密度分布图的阅读，这些等值线图是初中阶段最难的地图类型之一，学生学习和理解时都感觉很难，这大大降低了学生对等值线图学习的兴趣。

(二) "地形图的判读"难点没有突破

等值线图包括等高线地形图、等温线图及等降水量线图、人口密度分布图等。其中，等高线地形图最早学习，它是学好等温线图和等降水量线图及人口密度分布图等的基础。因此，在"地形图的判读"学习中要突破难点——等高线含义，等高线地形图绘制原理和等高线地形图判读方法，才利于学生在等温线图等其他类型等值线图的迁移学习及运用。

---

[①] 李姣. 初中生地理等值线图学习中的常见问题及对策探析[J]. 科学咨询，2021(39)：282-283.

### (三)学生没有掌握好阅读等值线图的基本方法

部分学生在七年级上学期学习各类等值线图时,没有掌握好基本的读图方法,因此,在阅读等值线图时,普遍有畏难情绪,不知道该从什么地方入手,久而久之,不仅不会阅读等值线图,也会影响其他类型地图的学习及阅读。

## 二、初中生地理等值线图学习中常见问题的对策

### (一)采取多种措施激发学生学习等值线图的兴趣

初中生地理等值线图学习较为抽象,对学生的空间想象能力和联系能力有比较高的要求,但是七年级学生缺乏空间、立体的概念和一些野外经验等,再加之教材的呈现比较简单,学生普遍感觉到学习难度较大。因此,我们在教学中要立足于学生现有的认知、思维及知识水平,利用多媒体进行三维动画演示教学,通过学生动手绘制、观察等活动完善学生的思维认知,并在此过程中不断引发认知冲突,从而激发学生的学习好奇心。

1. 联系学生生活

七年级学生对等值线(如等高线)没有感性认知,因此,学生是很难深刻理解其含义的。但学生在实际生活中都见过池塘中水面的边缘线,当然还可以联系学生的日常生活,借助家里洗脸盆水面的边缘线来帮助学生形象地理解等高线的含义。

这样,再讲解等高线的概念,把抽象的知识与学生的生活实际联系起来,既能激发学生的学习兴趣,又利于学生对知识的理解和掌握。

2. 利用多媒体辅助教学,激发学生学习兴趣

等值线图的学习让很多学生觉得学习难度较大,关键原因是学生没有这方面的生活体验,再加上等值线图这部分内容本身也比较抽象,它对学生的地理空间概念以及学生的空间想象都有比较高的要求。因此,恰当利用现代化的多媒体来辅助教学(根据教学条件利用多媒体播放图片、音频、视频等)能够创设比较真实的问题情境,并且可以将抽象的内容形象化和直观化,从而激发学生的求知欲,勾起学生的好奇心,同时让学生的注意力能够迅速集中。

3. 指导学生观察、探究,促进学生主动学习

地理新课程标准明确提出:"教学策略和教学过程要有利于引导学生主动学习";教师要引导学生进行探究和研究活动,开展观察、实践活动,并在此基础上进一步促进学生主动学习。在等值线图(如等高线地形图)的学习中,可让学生玩小游戏(指掌山河)或制作简易的等高线地形图模型,画等高线,并借助模

型和自绘等高线地形图进行观察和探究活动。

## (二)联系学生实际突破"地形图判读"难点

在教学实践中,我们发现有些学生觉得等高线图较抽象,并且认为在同一幅等高线图上不同的等高线之间是毫无关联的,不能够说出相邻两条等高线之间的海拔变化关系。这个问题虽然细微,但却影响学习效果。因此,在学生学习等高线地形图时,教师要引导他们观察相邻的两条等高线之间,地形的高度是在逐渐变化的,随着海拔数值由小变大,地势逐渐增高,反之随着海拔数值由大变小,地势逐渐降低。由此,利用知识迁移,学生就能在面对等温线模式图时说出温度变化,也能用相同的道理解读其他类型等值线图的类似问题。

### 1.理解等高线地形图绘制原理

学习等高线地形图,首先应该让学生思考"如何在平面的地图上准确表达真实地球表面上高低起伏的地表特征",并且学生只有真正理解了等高线地形图的绘制原理及其特点之后,对等高线地形图的阅读才能达到事半功倍的效果。由于等高线地形图的绘制原理较为抽象,所以在课堂上既要让学生看动画演示、看地图,在此基础上,还要引导他们在课后动手绘制,这样才能真正地深刻理解等高线地形图的绘制原理及其特点。

### 2.掌握等高线地形图上山谷、山脊的判断方法

《义务教育地理课程标准(2022年版)》中明确提出,结合地形观察,说出等高线地形图、分层设色地形图表示地形的方法,在地形图上识别一些基本地形。我们在教学实践中发现,山峰、陡崖地形部位学生较容易识别和掌握;但山脊和山谷这两种地形部位由于等高线形态相似,学生很容易混淆,因此觉得判读难度较大。我们在教学实践中,首先让学生观察各山体部位景观图片,了解山谷和山脊特点,然后再讲解两种判读山谷与山脊地形部位的方法,这样可以让学生知其然,同时知其所以然。

(1)教材中缺少等高线地形图中各山体部位景观图片。

由于教材中缺少等高线地形图中各山体部位景观图片,因此,学生在学习地形图判读前,教师可运用多媒体手段播放图片、动画或山体模型给学生展示各地形部位的特点,以增强学生的感性认知。通过图片或者山体模型等,学生可直观地发现:山谷两侧高,中间低;山脊两侧低,中间高。学生了解这一特点后,教师再通过"口诀法"及"切线法"归纳山谷及山脊的特点,从而帮助学生突破难点。

(2)板图+讲解——山谷、山脊的"切线法"判读。

学生通过对山谷和山脊景观图特点的观察,了解到"两侧高中间低的山谷特点"以及"两侧低中间高的山脊特点",再通过切线法对等高线最弯曲处的切点海拔和相应位置的两侧海拔对比,就可以准确判断山谷和山脊这两种地形部位。

(3)口诀法——凸高为谷,凸低为脊。

学生在学习了切线法判读山谷和山脊这两个相似的地形部位后,教师再来让学生观察图中等高线的弯曲方向和海拔高低变化之间的关系,并引导学生归纳出山谷与山脊等高线形态特点:等高线的弯曲方向往海拔高的地方凸出是山谷地形部位,反之,等高线的弯曲方向往海拔低的地方凸出是山脊地形部位。

(三)教给学生阅读等值线图的基本方法

地图的学习和运用是初中地理学习的一个核心部分,它是巩固和掌握地理知识的关键。但从目前的初中地理教学实际来看,学生的地图读图能力仍然还比较低。其中一个关键原因是不太注重读图方法的总结和归纳。等值线图与其他地图相比更加抽象,因此,除掌握一般地图的读图方法、步骤外,还要归纳和总结各类等值线图的基本读图步骤和方法。

在教学中,要教给学生基本的步骤:①读地图名,②定地图方向,③看比例尺,④看图例、注记,⑤依据目的浏览和分析地图,并在课堂教学、课后作业和生活中反复练习,不断重复和强化读图方法。

三、结束语

针对初中生在等值线图学习中的常见问题,广大地理教师要善于在教学实践中发现问题、寻找相应对策,并不断进行改进和提升,突破等值线图阅读这一读图难点,提高学生等值线图读图能力,为学生今后等值线图的进一步学习及运用奠定基础。

# 第八章

# 指向核心素养的"图·思·记"教学的未来与展望

"图·思·记"这一指向核心素养的初中地理教与学策略,在实施过程中既会面临诸多机遇,也会遭遇一些挑战。

## 一　学生发展核心素养的未来与展望

学生发展核心素养的未来与展望是一个涉及教育、社会、科技等多方面因素的复杂议题。在当前快速发展的社会背景下，核心素养的培养对于学生个人的全面发展、未来融入社会以及参与国际竞争都具有重要意义。

首先，从教育角度看，随着教育理念的不断更新和教育方法的改进，未来核心素养的培养将更加注重学生的实际需求和社会发展趋势。学校将更加注重育人导向，关注学生的理想信念和核心素养的培养，同时课堂教学也将更加关注课程建设综合化、主体化发展趋势，以提高学生的综合能力。此外，实践活动也将更加注重学生的学习体验、动手实践及创新意识的培养，以帮助学生更好地适应未来社会的发展。

其次，从社会角度看，随着科技的飞速发展和社会的不断进步，职业岗位和技能要求也在不断变化。因此，具备核心素养的学生将更有可能在职场上脱颖而出，并在人生道路上持续成长、不断进步。这也将促使社会各界更加重视学生核心素养的培养，为国家的繁荣和社会的进步提供源源不断的动力。

再次，从科技角度看，随着人工智能、大数据等技术的不断发展，未来的教育将更加智能化、个性化。人工智能（AI）等技术将能够更好地分析学生的学习特点和需求，为学生提供更加精准的学习资源和指导，从而更有效地提升学生的核心素养。

然而，我们也应看到，学生发展核心素养的未来并非一帆风顺。在推进核心素养培养的过程中，仍需要克服许多挑战和困难，如教育资源的不均衡、教师素养的提升、评价体系的改革等。

总的来说，学生发展核心素养的未来充满了无限的可能和机遇。通过全社会的共同努力和持续创新，我们有理由相信，未来的教育将更加注重学生的核心素养培养，为学生的全面发展和社会进步奠定坚实的基础。核心素养培养的具体方法多种多样，旨在全面提升学生的知识、技能和情感态度。未来可以尝试以下一些具体的方法。

（1）整合化思维教学：基于核心素养的教学应打破学科界限，注重单元之间、学科之间知识的联系，引导学生进行跨学科学习与问题解决。教师要帮助学生识别、构建学科内部、学科与学科、知识与生活间的联结点，使学生形成更深的知识理解力和运用力。

（2）情境化体验学习：核心素养的培育应以真实性问题情境为依托，让学生在解决实际问题的过程中学习和成长。通过大观念、大任务和大项目的统摄，根植于真实情境的教学能够提升学生的综合素养。

（3）多样化的教学活动：开展小组讨论、实践活动等，提升学生的交流和合作能力。组织诗歌朗诵、语文知识竞赛、作文比赛等语文活动，提升学生的语文学习兴趣和热情。

（4）创新教育与领导力培训：通过开展创新创业教育，增强学生的创新能力和实践能力。开设领导力培训课程，引导学生担任学生组织或社团中的角色，锻炼领导才能。

（5）注重课外阅读与语言表达：通过推荐优秀文学作品，引导学生进行课外阅读，提高综合素养。培养学生的语言表达能力，通过口头表达和写作练习等方式提升学生的表达水平。

（6）个人自我提升：鼓励学生进行自我反思和总结，认识自己的优点和不足，制订个人发展计划。提供资源和指导，支持学生根据自己的兴趣和目标进行自主学习和提升。

（7）利用AI技术进行辅助教学：利用AI技术为学生创造个性化的学习环境，提供智能复习计划和错题分析。通过AI的语音交互功能，帮助学生通过听觉记忆地理知识，增强学习效果。

需要注意的是，核心素养的培养是一个长期且复杂的过程，需要教育者、学生和家长的共同努力。同时，不同的学生具有不同的学习特点和需求，因此，在培养过程中应注重因材施教，采用多种方法相结合的方式，以达到最佳的教育效果。

## 二、"图·思·记"教学的未来与展望

"图·思·记"作为初中地理教与学的核心策略，对于指向核心素养的培养具有深远的意义。在未来的初中地理教育发展中，这一策略将发挥更加重要的作用，引领教学方式的创新与学生核心素养的提升。

图：在地理教学中，图像是不可或缺的重要元素。地图、示意图、统计图等不仅是地理知识的载体，更是培养学生空间思维、观察能力和分析能力的有力

工具。随着科技的进步,未来的地理教学将更加注重图像技术的运用,如虚拟现实、增强现实等技术,将为学生呈现更加生动、真实的地理景象,帮助他们更好地理解和记忆地理知识。

思:思考是学习的灵魂,也是培养核心素养的关键。在地理教学中,教师需要引导学生深入思考地理现象背后的原因、规律和意义,培养他们的逻辑思维能力和批判性思维。未来的地理教学将更加注重启发式、探究式的教学方法,鼓励学生自主思考、提出问题、解决问题,从而培养他们的创新精神和实践能力。

记:记忆是学习的基础,也是巩固知识的重要手段。在地理教学中,记忆不仅包括对知识点的记忆,还包括对地理图像、空间位置等信息的记忆。未来的地理教学将更加注重记忆策略的运用,如利用联想记忆、故事记忆等方法帮助学生更好地记忆地理知识。同时,教师还将引导学生掌握有效的复习方法,帮助他们巩固所学知识,提升学习效果。

展望未来,初中地理教学将更加注重学生的核心素养培养,以"图·思·记"为核心策略,推动教学方式的创新和学生能力的全面提升。同时,随着科技的不断发展和社会需求的不断变化,初中地理教学也将不断适应新的形势和挑战,为学生的全面发展和社会进步做出更大的贡献。

### 三、指向核心素养的"图·思·记"教学的未来与展望

随着科技的不断进步和教育理念的不断更新,初中地理教学也将迎来一系列创新和变革。

#### 1.在"图"的方面

未来初中地理教学将更加注重图像、图表和地图的运用。随着信息技术的快速发展,我们可以利用高清地图、虚拟现实等技术,为学生展示更加生动、逼真的地理环境。这样不仅可以提高学生的学习兴趣,还能帮助他们更好地理解地理现象和规律。

AI与地图的结合为地图制作和使用带来了革命性的改变。其主要特点和优势如下:

一是AI在地图制作中能够自动学习绘图技巧和风格,实现快速高效地绘制地图。例如,一些先进的AI系统,如触站AI,能够准确地识别地形、建筑、道路等元素,并将其自动转化为手绘风格,大大提高了地图制作的效率和准确性。

二是AI在地图制作中可以实现多样化定制。根据用户的不同需求,AI可以生成个性化的地图,满足不同用户的特定要求。这为用户提供了更多的选择和灵活性。

三是AI地图不再局限于提供基本信息,还可以将AI技术应用于更高级别的功能。例如,AI智能地图可以收集和整理周围的信息,包括商家信息、公共设施等,以提供更完整、更实用的地图数据。同时,它还可以基于自身的数据与使用者互动,进一步了解使用者的需求,提供更加深入的服务。

四是AI地图还可以实现语音交互功能。例如,百度地图就融入了AI技术,用户可以通过语音查询相关地理位置信息点,查询并切换路线,以及添加途经点、起点和终点等,大大提高了用户的使用效率和驾驶安全性。

五是随着AI技术的不断进步,AI在地图制作中的应用将会越来越广泛。未来,AI不仅可以帮助我们绘制手绘地图,还可以通过深度学习等技术,分析地图数据,实现精准定位、路径规划等功能,为用户带来更加智能、便捷的地图使用体验。

总之,"AI+地图"的结合为地图制作和使用带来了极大的便利和创新,相信在未来,AI地图将会展现更加强大、更加智能的功能,为用户的生活带来更多便利。

### 2.在"思"的方面

初中地理教学将更加注重培养学生的思维能力。未来的地理教学将不再是简单的知识传授,而是更加注重引导学生主动思考、发现问题、解决问题。通过探究式学习、项目式学习等方式,让学生参与到地理知识的探索过程中,培养他们的创新思维和实践能力。

AI技术在初中地理学科综合思维培养中具有巨大的潜力。

一是提供直观的学习体验:AI技术可以结合VR和AR等技术,为学生创造沉浸式的地理学习环境。学生可以置身于虚拟的地理场景中,直观感受地理环境的特点,从而深化对地理知识的理解。这种身临其境的学习方式有助于培养学生的空间感和地理感知能力。

二是个性化学习路径：通过分析学生的学习习惯、兴趣爱好和学习水平，AI技术可以为学生定制个性化的地理学习路径。例如，智能辅助教学软件可以根据学生的学习进度和需求，推荐适合的学习资源和练习题目，帮助学生有针对性地提升地理思维能力。

三是智能辅导与反馈：AI可以作为智能辅导工具，实时解答学生的疑问，提供及时的反馈和指导。通过自然语言处理技术，AI可以理解学生的问题并给出相应的解释和建议。这种即时的互动有助于培养学生的问题解决能力和批判性思维。

四是数据驱动的评估与改进：AI技术可以收集和分析学生的学习数据，为教师提供关于学生学习情况的详细报告。教师可以根据这些数据调整教学策略，更好地满足学生的需求。同时，学生也可以通过查看自己的学习数据，了解自己的优势和不足，从而有针对性地改进学习方法。

五是促进跨学科学习：地理学科与其他学科如历史、科学等有着紧密的联系。AI技术可以帮助教师设计跨学科的学习项目，让学生在解决实际问题的过程中，综合运用不同学科的知识和思维方式，培养综合思维能力。

然而，尽管AI技术在初中地理学科综合思维培养中具有诸多优势，但也需要注意其局限性。例如，AI技术不能完全替代教师的角色，教师在引导学生深入思考、激发创新思维方面仍发挥着不可替代的作用。因此，在利用AI技术的同时，也需要注重师生之间的互动和交流。

总之，AI技术在初中地理学科综合思维培养中具有广阔的应用前景。通过合理利用AI技术，我们可以为学生创造更加丰富、高效的学习环境，促进他们地理学科综合思维的发展。

### 3.在"记"的方面

初中地理教学将更加注重记忆方法的优化和学习体验的提升。记忆宫殿、联想记忆等科学的记忆方法将被更多地引入到地理教学中，帮助学生更有效地记忆地理知识。同时，通过丰富多样的教学活动和实践体验，让学生在轻松愉快的氛围中学习地理，提升他们的学习体验。

一是智能记忆宫殿：AI可以帮助学生构建个性化的"记忆宫殿"，这是一种古老但有效的记忆方法。学生可以在虚拟的"宫殿"中放置与地理知识相关的物体或场景，通过空间化的记忆方式，将地理知识与特定的位置联系起来，从而更容易回忆和记忆。

二是智能复习计划：AI可以根据学生的学习进度和遗忘曲线，智能地制定复习计划。它会定期提醒学生复习已学的地理知识，确保知识得到巩固和加深。同时，AI还可以根据学生的反馈和表现，调整复习计划的难度和频率，以适应学生的个性化需求。

三是互动学习与记忆游戏：AI可以设计各种互动性的地理学习游戏，如问答游戏、拼图游戏等，让学生在游戏中学习和记忆地理知识。这种寓教于乐的方式不仅能激发学生的学习兴趣，还能在玩乐中巩固记忆。

四是VR和AR技术：通过VR和AR技术，AI可以创建沉浸式的地理学习环境。学生可以在虚拟的地理环境中探索和学习，与地理现象进行互动，从而更深刻地理解和记忆地理知识。

五是智能错题分析与反馈：AI可以自动收集和分析学生的错题，为学生提供个性化的错题解析和反馈。学生可以通过查看错题解析，了解自己的错误原因和解决方法，从而避免再犯同样的错误，加深对地理知识的记忆。

六是语音交互与记忆：AI可以实现与学生的语音交互，帮助学生通过听觉记忆地理知识。学生可以通过与AI进行对话，复述地理知识或回答问题，从而加深记忆。

综上所述，AI技术可以通过多种方式促进学生初中地理学习的记忆。然而，需要注意的是，虽然AI能够提供强大的辅助功能，但学生仍然需要主动学习和思考，才能真正掌握和记忆地理知识。

### 4.展望未来

初中地理教学将更加注重跨学科融合和综合能力的培养。地理学科与其他学科的交叉点将成为教学重点，帮助学生形成全面的知识结构和跨学科的综合素养。同时，随着社会对人才需求的不断变化，初中地理教学也将更加注重培养学生的实践能力和创新精神，以适应未来社会的发展需求。我们将不断探索、创新和实践，为学生提供更加优质、高效的地理教育。

（1）机遇。

一是教学资源的丰富。随着信息技术的飞速发展，初中地理教学可以充分利用各种图像资源，如高清地图、3D模型、虚拟现实等，为学生提供更加直观、生动的学习体验。

二是教学方法的创新。基于"图·思·记"的教学策略,教师可以尝试更多创新的教学方法,如问题导向学习、项目式学习等,以激发学生的学习兴趣,培养他们的思维能力和实践能力。

三是核心素养的明确导向。核心素养的提出为初中地理教学提供了明确的导向,有助于教师更加有针对性地设计教学活动,培养学生的关键能力和必备品格。

(2)挑战。

一是教师素养的提升需求。实施"图·思·记"教学策略,需要教师具备较高的专业素养和教学能力,包括图像解读能力、教学设计能力、课堂组织能力等。这对教师的专业发展提出了更高的要求。

二是教学资源的整合难度。虽然教学资源丰富,但如何有效地整合这些资源,使其与教学内容和教学目标相契合,是一个需要解决的问题。此外,部分学校可能面临教学资源不足或分配不均的问题。

三是学生个体差异的应对。每个学生的学习特点、兴趣爱好和认知水平都存在差异,如何根据学生的实际情况进行个性化教学,确保每个学生都能在"图·思·记"教学策略中受益,是一个需要克服的挑战。

四是评价与反馈机制的完善。如何科学、全面地评价学生在"图·思·记"教学策略中的学习成果,以及如何及时给予学生有效的反馈和指导,也是一个需要关注的问题。

面对这些机遇和挑战,初中地理教师需要不断提升自己的专业素养和教学能力,积极探索和实践新的教学方法和策略,以更好地培养学生的核心素养,促进他们的全面发展。同时,学校和教育部门也应给予教师充分的支持和帮助,为他们提供必要的资源和条件,共同推动初中地理教学的改革和发展。

具体指向核心素养的"图·思·记"教学的未来与展望,可以从以下几个方面进行深入探讨。

①图——地理教学的可视化与互动性。

随着信息技术的飞速发展,未来的初中地理教学将更加注重图像、图表和地图的运用。通过高清地图、三维模型、虚拟现实等先进技术,教师可以为学生展示更加生动、真实的地理环境,使学生更加直观地了解地球的结构、气候的变化、地形的分布等。同时,互动性的地理教学软件也将成为未来的主流,学生可以在软件上进行模拟实验、互动探究,提高学习效果。

②思——地理教学的思维培养与问题解决。

未来的初中地理教学将更加注重培养学生的思维能力。通过探究式学习、项目式学习等方式,教师可以引导学生主动思考、积极探索,培养学生的创新思维、批判性思维和解决问题的能力。同时,地理教学也将更加注重跨学科融合,通过与其他学科的联动,帮助学生形成全面的知识结构和多维度的思维方式。

③记——地理教学的记忆方法与学习体验。

在记忆方法上,未来的初中地理教学将更加注重科学性和有效性。教师可以利用一些记忆技巧,帮助学生更好地记忆地理知识。同时,通过定期的复习、测试等方式,巩固学生的记忆效果。在学习体验上,未来的地理教学将更加注重学生的参与感和体验感。通过丰富的实践活动、实地考察等方式,让学生亲身感受地理环境的魅力,增强对地理学科的兴趣和热爱。

总之,指向核心素养的"图·思·记"教学的未来是一个充满希望和潜力的领域。通过加强图像、图表和地图的运用、培养学生的思维能力、优化记忆方法和提升学习体验等措施,我们可以为初中地理教学注入新的活力,推动其不断向前发展。

# 附录

**【相关案例1】我们身边的地理——地理图表"5W"读图策略运用课堂教学研讨课**

学习目标：

1.了解我们身边的地理知识，并学会将"图""思""记"结合起来开展学习，以"思""记"识"图"，以"思""图"助"记"，以"图""记"促"思"，提高地理学习效率。

2.以"景观图"为例，学会运用地理图表"5W"读图策略，掌握科学高效的读图方法。

**地理图表"5W"读图策略：**

**景观图：**

"它是什么样子"–"它在哪里"–"它什么时候发生"–"它为什么在那里"–"它产生了什么作用"。

**示意图：**

"它为什么在那里"–"它是什么样子"–"它什么时候发生"–"它在哪里"–"它产生了什么作用"。

**分布图：**

"它在哪里"–"它为什么在那里"–"它是什么样子"–"它什么时候发生"–"它产生了什么作用"。

**统计图：**

"它什么时候发生"–"它在哪里"–"它为什么在那里"–"它是什么样子"–"它产生了什么作用"。

**等值线图：**

"它产生了什么作用"–"它在哪里"–"它为什么在那里"–"它是什么样子"–"它什么时候发生"。

**学习建构：**(地理图表"5W"读图策略，以"景观图"为例。)

**学习过程：**

**任务一：**

你能提出几个与地理相关的问题吗？如：为什么太阳会东升西落？

**任务二：**

| 四季的变化 | |
|---|---|
| 它是什么样子(what) | 说说一年里有哪四个季节？ |
| 它在哪里(where) | 一年里在什么地方四季变化明显？ |
| 为什么在那里(why) | 一年里为什么在那些地方四季变化明显？ |
| 它产生了什么作用(how) | 一年里四季变化明显对人类生产、生活的影响？ |

**课堂检测、课后延伸：**

**链接中考：**

(某省中考地理试题)图1为水牛春耕景观照片，读图完成下列各题。

1. 该照片拍摄地种植的主要粮食作物是（  ）。

图1

　A.水稻　　　　　B.小麦　　　　C.青稞　　　　D.小米

2. 该照片拍摄地点可能位于(　　)。

　A.柴达木盆地　　B.东北平原　　C.内蒙古高原　　D.江南丘陵

*3.水牛春耕场景可能发生的季节？

*4.为什么在这个地方会有这种景观？试从气候、地形说明原因？

*5.农耕文化是如何推动了人类文明的发展？

**课后延伸：**

| 山洪暴发 | |
|---|---|
| 它是什么样子(what) | |
| 它在哪里(where) | |
| 它什么时候发生(when) | |
| 为什么在那里(why) | |
| 它产生了什么作用、怎样使它有利于自然环境和人类(how) | |

【相关案例2】东南亚

| 课题 | 东南亚 | | |
|---|---|---|---|
| 教学目标 | 知识与技能：<br>1.在东南亚地图上找出东南亚的范围、主要国家；<br>2.读东南亚地图、世界地图,说出东南亚的地理位置,归纳其位置特点；<br>3.运用东南亚地形图,归纳东南亚地形地势特点,找出重要河流分布,说明地形、河流间相互关系,及其对人类生产生活的影响。<br>过程与方法：<br>通过读图、析图、探究,提取有用的地理信息,并用规范的学科用语表述,掌握学习了解地区的方法。<br>情感、态度与价值观：<br>1.了解华人华侨对所在国及我国的经济建设做出的贡献,树立民族自豪感,弘扬爱国主义情怀；<br>2.通过读图了解东南亚与中国的地理位置关系,了解中国与邻邦的友好关系。 | | |
| 教学过程 | | | |
| 教学环节 | 教师活动 | 学生活动 | 学科教育设计意图 |
| 引入新课"下南洋" | 创设情境：本节课我们有项任务,要帮助一名来自新加坡的中学生小明。从小家人告诉他,他的祖先来自中国,同行的还有好多中国人,历史上称这种迁移活动为"下南洋"。他对下南洋很好奇,翻阅书籍,查阅资料,寻找祖先下南洋的故事。那么下南洋指的是什么？祖先们去哪里？让我们通过一个视频,重温这段历史。<br>播放视频《下南洋》<br>在下南洋的历史浪潮中,有一位伟大的华侨领袖,他就是出生于厦门集美的爱国华侨领袖陈嘉庚。<br>课件展示：陈嘉庚简介。 | 了解下南洋的历史背景及华侨领袖陈嘉庚。 | 创设小明寻找祖先故事的情境,以视频导入吸引学生注意力,调动学生对东南亚的学习积极性。介绍爱国华侨陈嘉庚,树立民族自豪感,弘扬爱国主义情怀。 |

续表

| | | | |
|---|---|---|---|
| 讲授新课<br><br>一、去哪里 | 过渡:那么下南洋究竟是去哪里呢?让我们结合材料一来看看。<br>　　课件展示材料一:<u>历史上中国人去南洋区域活动(官事、经商、打工、迁徙),称为"下南洋"</u>。由于下南洋的移民传统,东南亚华侨华人总数在2007年就已经达到3 348.6万,约占全球4 543万华侨华人总数的73.5%。<u>"南洋"地区是世界上海外华人、华侨最集中的地区</u>。(附:华人华侨在东南亚分布统计表)<br>　　提问:小明的祖先们来自中国,他拥有新加坡国籍,是华人还是华侨呢?<br>　　读表可以看到华人华侨在南洋地区各个国家的分布情况,那么这些国家具体在哪里呢?请大家翻开世界政区图,找找这些国家。<br>　　展示东南亚政区图,东南亚地形。<br>　　提问:<br>　　(1)东南亚地区主要包括哪些国家呢?<br>　　(2)这些国家主要分布在哪些半岛或岛屿上?<br>　　小结:通过读图,发现"南洋"的地理概念相当于现在的东南亚地区,范围主要包括中南半岛、马来群岛大部分,主要有11个国家。从寻找东南亚范围我们也掌握了描述一个地区范围的方法:(1)看该地区包括哪些大的地理单元,如地形区、半岛、岛屿、群岛等;(2)该地区包括哪些主要国家。 | 了解华人、华侨的定义与区别。<br><br>读世界地图,发现这些国家主要分布在亚洲东南部,也就是东南亚地区。<br><br>读图找出东南亚的11个国家,主要分布在中南半岛、马来群岛上。 | 培养学生读图获取地理信息,归纳概括的能力。 |

| | | | 续表 |
|---|---|---|---|
| 二、为什么去 | 过渡:读表发现新加坡的华人华侨在新加坡占当地人口比重达到77%,印尼的华人华侨人数占到了全球华人华侨人数的22.0%,单从表中这几个国家的华人华侨数占到了全球华人华侨人数的73%,那为什么祖先们选择去东南亚而不去西欧、拉美地区呢？让我们翻阅材料二,找找原因。<br><br>课件展示材料二:在下南洋的浪潮中,来自全国大部分省份,但<u>福建、广东人占据大多数(95%以上)</u>,<u>这与其地理自然、人文因素等有着密切关系</u>。闽、粤两省海岸曲折,老百姓与海相习,这是内地老百姓不能相比的;两省距离南洋较近,往返方便,路近费省,较去拉美等地更具"可选择性"。而且当时中国国力昌盛,经过千年积累南洋诸国多仰慕中华,有南洋青年摇船去中国沿海纹中华文字于身,乘船归来其国长老者见字让位其居于上座。<br><br>引导:很多同学提到了很重要的一点,东南亚离东南沿海近。东南亚的地理位置如何描述?<br><br>展示东南亚政区图,用笔描出穿过东南亚地区的重要纬线,说说东南亚的地理位置。<br><br>引导学生描述东南亚的地理位置:<br>(1)从纬度位置来看,东南亚大部分位于10°S—23.5°N之间,地处热带,低纬度地区。<br>(2)从海陆位置来看:东南亚位于亚洲的东南部(与上级区域的地理关系上看),东临太平洋,西临印度洋,北与中国大陆相连,南邻大洋洲。<br><br>提问:从东南亚的地理位置描述来看,你发现它的地理位置有什么突出特点? | 结合材料二,从地理的视角出发,发现主要是因为地理位置近。<br><br><br><br>根据大洲的地理位置描述方法,试着表达东南亚地区的地理位置。 | 学会描述地区地理位置的方法。 |

续表

| | | | |
|---|---|---|---|
| 二、为什么去 | "十字路口"的重要交通位置。<br>展示：马六甲海峡航线图。<br>提问：要通过这个十字路口，海上船只的必经之地在哪？（马六甲海峡）<br>为什么马六甲海峡被称作是世界航海线上的"咽喉"？<br>马六甲海峡是太平洋与印度洋之间最短航线的必经之地，联结欧洲、非洲与东亚地区的重要航道。<br>马六甲海峡东南端的新加坡港，是世界著名的海港。<br>方法小结：描述一个地区地理位置的方法。<br>（1）纬度位置。<br>（2）海陆位置：与上级区域大洲的位置关系、与周边海陆位置关系。<br>此外，材料当中还提到了人文因素。福建、广东两省的居民，与海相习，从小在海边长大，有着一股敢打敢拼、勇于冒险的拼劲，不是有首闽南歌《爱拼才会赢》吗，描述的就是他们这种锐意进取，不安于现状的精神，所以他们出海下南洋谋生。 | 理解东南亚"十字路口"的特殊性和重要性。 | 感悟下南洋的中国人勇于拼搏、锐意进取的精神力量。 |
| 三、去做什么 | 过渡：那么他们到东南亚那里去做什么呢？让我们翻阅材料三，寻找答案。<br>课件展示材料三：大量的华人华侨涌入东南亚后，对当地的生产、生活以及经济建设，产生了巨大影响。<u>一方面，华人华侨在侨居国经商，管理海外贸易，收购当地的土特产</u>（如稻米、天然橡胶、棕油、椰子、椰油、蕉麻等），销售该国货物，从而形成一个沟通中国与海外贸易的商业网络。<u>另一方面，相当一部分华人华侨从事工矿业</u>，在印尼，华人华侨是当地金矿的唯一经营者。19世纪以前，马来西亚的锡矿也几乎全部是由华人华侨开发。现在当地被称作"锡湖"的大型锡矿区，都是出自华人华侨的辛勤开采，马来西亚的锡产量在很长一段时间占据世界锡总产量的一大半。 | | |

| | | | |
|---|---|---|---|
| 三、去做什么 | 提问:祖先们到东南亚后主要做什么?从事的活动与当地的物产是否有关?读东南亚的物产分布图,思考:<br>(1)东南亚有哪些重要的矿产资源?其重要的出产国有哪些?<br>(2)东南亚主要有哪些热带作物?其主要的出产国有?<br>过渡:当地富饶的农产品与当地的自然条件有关吗?与哪些因素有关?<br>小组探究:以中南半岛水稻种植为例,试分析该地区种植水稻具有哪些有利的自然条件。<br>知识铺垫:水稻是一种<u>喜温喜湿</u>的农作物,在生长过程中需要充足的<u>光照和热量</u>,尤其是需要<u>大量的水分</u>。此外,水稻种植过程复杂,<u>平坦的地形</u>有利于水稻种植和农田管理。<br>课件展示:东南亚水稻产区分布图、东南亚地形图、亚洲气候类型分布图。<br>气候:<br>1.中南半岛上的气候类型是?<br>2.该气候类型的特征是?<br>3.该气候条件对种植水稻是否有利?<br>河流:<br>1.中南半岛上有哪些主要河流?大多数发源于哪里?这些河流大致是什么流向?<br>2.水稻产区分布与河流有何关系?有何优势?<br>地形:<br>1.在这些河流的上游和下游,分别分布着什么地形?<br>2.水稻产区主要分布在什么地形?有何优势?(地势平坦,土壤肥沃) | 读材料三,理解祖先从事的活动与当地物产的关系。读东南亚物产分布图,了解东南亚富饶的物产。<br><br>小组探究,从气候、河流、地形、土壤等条件探讨中南半岛上种植水稻的优势条件。<br><br>分小组讨论探究,完成导学案,并上台展示讨论成果。<br><br>师生互动,分析中南半岛地形、河流特征。 | 培养学生读图、析图、用图能力,学会整理归纳地理信息,运用地理知识解释生活中的地理现象。 |

续表

| | | | |
|---|---|---|---|
| | 试分析中南半岛地形特征：<br>1.山脉的走向有何特点？与河流的流向？<br>2.河流的流向指示了地势什么特征？<br>3.河流和山脉分布有何特征？<br>引导学生得出：中南半岛上，地势北高南低，山河相间，纵列分布。 | | 加深理解中南半岛的地形特征。 |
| | 课件展示：陈毅《赠缅甸友人》。<br>这首诗充分说明了中国与中南半岛上的国家山水相连，中南半岛上山河相间、纵列分布的特点，同时也表达了中缅两国作为邻国间的深厚情谊。 | | 弘扬中华传统文化，了解中国与邻国间的友好关系。 |
| 四、有何影响 | 祖先们在当地从事的活动带来了哪些影响呢？那我们看下材料四。<br>课件展示材料四："下南洋"的中国人，就这样成了当地经济开发的主力军。他们的勤奋与努力，<u>改变了所在国经济落后的状况</u>。就连英国的海峡殖民地总督瑞天咸也承认，马来半岛的繁荣昌盛，"皆华人华侨所造成"。<br>华人华侨在改变所在国的经济状况的同时，很多人也彻底改变了自己与家族的命运。华工通过艰苦创业，积累了大量资本。他们没有忘记自己的祖国，以各种各样的方式表达游子对故土的眷恋与挚爱，他们把资金投向中国，或修路造桥，或招商引资，或捐资兴学，<u>推动了中国社会的发展</u>。 | 了解华人华侨带来的影响。 | 了解华人华侨对所在国及祖国做出的伟大贡献，提升民族自豪感，弘扬爱国主义情怀。 |
| 课堂小结 | 通过寻找祖先们下南洋的故事，小明明白了他们去哪里、为什么去、去做什么，尤其是他们为当地及祖国做出的伟大贡献，他不仅感动于他们的故事，更是下定决心，要努力学习，像先辈们一样勇于拼搏，不忘祖国！也希望我们在座的同学们，共同努力，一起为实现中华民族伟大复兴的中国梦而奋斗。 | 交流本节课收获。 | 提升学生的爱国情感及社会责任感 |

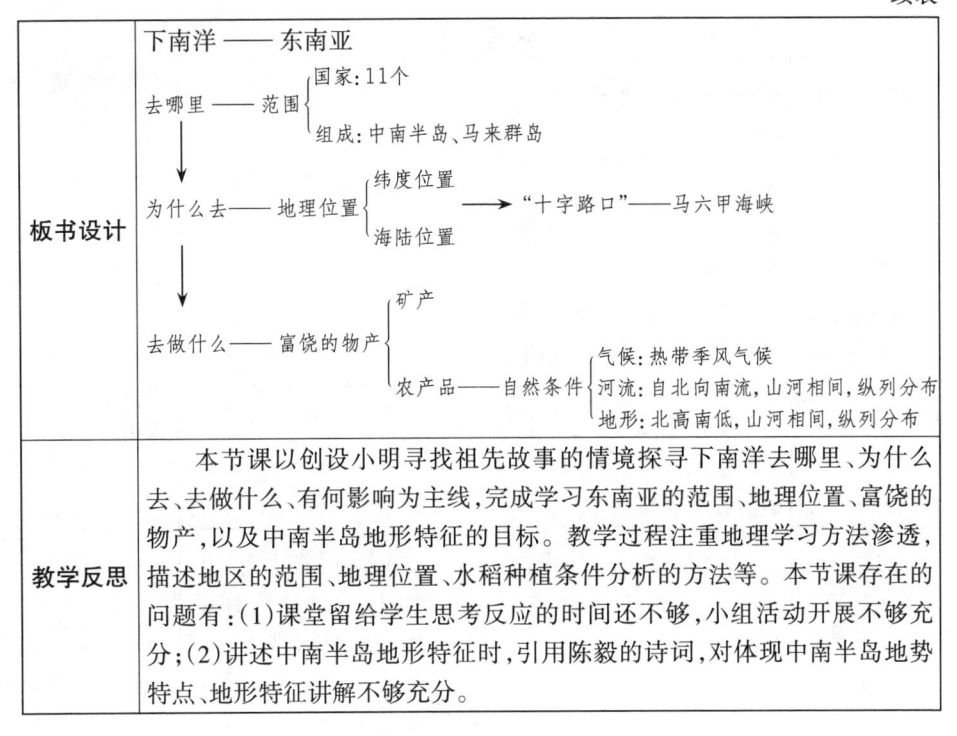

| | |
|---|---|
| 板书设计 | 下南洋——东南亚<br>去哪里——范围 ｛国家:11个<br>　　　　　　　　组成:中南半岛、马来群岛<br>↓<br>为什么去——地理位置｛纬度位置<br>　　　　　　　　　　海陆位置｝→"十字路口"——马六甲海峡<br>↓<br>去做什么——富饶的物产｛矿产<br>　　　　　　　　　　　农产品——自然条件｛气候:热带季风气候<br>　　　　　　　　　　　　　　　　　　　　河流:自北向南流,山河相间,纵列分布<br>　　　　　　　　　　　　　　　　　　　　地形:北高南低,山河相间,纵列分布 |
| 教学反思 | 　　本节课以创设小明寻找祖先故事的情境探寻下南洋去哪里、为什么去、去做什么、有何影响为主线,完成学习东南亚的范围、地理位置、富饶的物产,以及中南半岛地形特征的目标。教学过程注重地理学习方法渗透,描述地区的范围、地理位置、水稻种植条件分析的方法等。本节课存在的问题有:(1)课堂留给学生思考反应的时间还不够,小组活动开展不够充分;(2)讲述中南半岛地形特征时,引用陈毅的诗词,对体现中南半岛地势特点、地形特征讲解不够充分。 |

## 【相关案例3】——台湾省的自然地理环境

| 课题 | 台湾省的自然地理环境 |
|---|---|
| 教学目标 | 知识与技能:<br>1.在台湾省位置与范围地图上指出台湾省的位置和范围;<br>2.运用台湾岛地形分布图和地形剖面图,描述台湾岛的地形特征。<br>过程与方法:<br>　　通过读图、析图、探究,提取有用的地理信息,并用规范的学科用语表达,灵活应用学习了解地区的方法。<br>1.运用台湾岛年平均气温分布、年降水量分布和气候类型分布图认识台湾省气候分布特点并简要分析原因;<br>2.运用台湾岛地形分布和年降水量分布图举例说明台湾省河流的水文水系特征,并说明原因。<br>情感、态度与价值观:<br>1.认识台湾省自古以来一直是祖国不可分割的神圣领土;<br>2.从地缘、血缘、文缘等方面了解台湾与祖国大陆的血脉相亲关系,增强学生热爱祖国的情感。 |

续表

| 教学过程 | | | |
|---|---|---|---|
| 教学环节 | 教师活动 | 学生活动 | 学科教育设计意图 |
| 引入新课"京台高铁" | 时事导入：新闻"大陆有高铁直达台北的建设意愿，平潭至台湾的通道将是公铁两用"。<br>提问：为什么选择从福建平潭建海底隧道通达台湾？<br>展示平潭到台北、厦门到高雄的距离，展示闽台两地的人文景观图片。 | 了解京台高铁的建设现状和意愿；从地缘、血缘、文缘等方面了解台湾与祖国大陆的血脉相亲关系。 | 结合时事，让学生从生活入手了解台湾与祖国大陆的血脉相亲关系。 |
| 讲授新课 | 一、台湾的范围及地理位置 | 介绍台湾省的组成。<br><br>介绍台湾的地震灾害以及由此引发的次生灾害，以及发生地震应如何防范。 | 完成学案【自主完成】，运用台湾省位置和范围图、六大板块示意图描述台湾的地理位置。（纬度位置、海陆位置、板块位置）<br><br>举例说明防震减灾的措施。 | 认识台湾地理位置，了解台湾常见地质灾害。 |
| | 二、台湾的地形、气候特征 | 创设情境：<br>1.从旅游线路引发台湾岛铁路分布特点的影响因素探究；<br>2.从天气图分析台北七月的天气整体情况，初步了解台湾的气候特点。 | 运用台湾岛地形分布、沿北回归线台湾省地形剖面图，描述台湾岛的地形地势特征。<br><br>完成【挑战问题】相关内容，并以小组为单位上台择一代表展示：<br>1.运用台湾岛年平均气温分布、年降水量分布图，说出台湾岛的气温、降水分布特点；<br>2.运用台湾岛气候类型分布图，探究分析台湾岛的气候特征。 | 以台湾的气候为重点探究内容，培养学生的读图、析图、归纳总结能力。 |

续表

| | | | |
|---|---|---|---|
| 三、认识地形、气候对台湾河流的影响 | 引导学生从水文、水系两部分特征分析。 | 运用台湾岛地形分布和年降水量分布图举例说明台湾省河流的水文水系特征,并说明原因,分析地形、气候对台湾河流的影响。 | 建构台湾各自然要素之间的联系,形成完整的自然知识体系。 |
| 课堂巩固 | 巡视、指导答题。 | 完成【挑战自我】进行真题训练。 | 训练学生读图、用图、析图能力。 |
| 结尾设疑 | 通过图片展示台湾丰富的自然资源,以及台湾丰富的水果种类。 | | 从学生常见的台湾水果入手,为下节课学习埋下伏笔。 |
| 板书设计 | 地理位置 → 纬度:热带、北温带；海陆:东南沿海 → 气候(气温:南高北低、中间低,四周高；降水:东多西少) → 地形(多山地、中间高,四周低、东高西低)；灾害:台风、旱涝、地震；河流 → 水文(无结冰期、水量大)、水系(落差大、短小、自东向西流)→ 水能丰富 | | |
| 教学反思 | 本节课以时事新闻"京台高铁的建设规划"为情境,认识台湾省与祖国的血脉相亲关系,认识台湾省是我国神圣不可侵犯的领土,是我国不可分割的一部分。通过台湾省的组成认识台湾省的范围和地理位置,并围绕台湾岛的相关等值线图和其他地图,从地形、气候、河流、资源等要素,全面认识台湾省自然地理环境,运用区域学习的方法形成系统的知识,教学过程注重地理学习方法渗透。<br>本节课存在问题有:(1)课堂留给学生思考反应的时间还不够,小组活动开展不够充分;(2)情境创设较为单薄。 | | |

# 主要参考文献

[1]邹小伶.构建地理思维模式 提高地理复习效率[J].地理教育,2011(3):38-39.

[2]芮金川.地理教学中培养学生记忆能力的浅见[J].中学地理教学参考,1981(6):23.

[3]江静华.基于思维导图的地理素养培养初探[J].地理教育,2012(3):7-8.

[4]邓带.人教版八年级《地理》图像系统的读图导学[J].中学地理教学参考,2013(6):36-37.

[5]柯景镇.谈地理教学中,加强读书和读图的指导[J].中学地理教学参考,1994(11):43.

[6]陈春方.中学地理教材中的地图分类和应用[J].中学地理教学参考,2009(3):27-28.

[7]方克聪.谈提高学生地理读图能力的方法[J].中学地理教学参考,2014(1):35.

[8]丁武菅.核心素养理念下的地理教学:从学科到课程[J].地理教育,2016(5):1.

[9]惠明.分享理念引领下生活差异性地理资源开发利用探究[J].中学地理教学参考,2016(7):39-40.

[10]李培霞.《天气》教学设计[J].新课程(上),2013(6):51.

[11]杜秀敏.地理区域认知素养的多元目标及其策略研究——以"新疆维吾尔自治区的地理概况与区域开发"为例[J].新课程评论,2019(12):96-103.

[12]龚倩,朱雪梅.新时代初中地理课程育人的方向标——研读《义务教育地理课程标准(2022年版)》有感[J].中学地理教学参考,2022(17):11-14.

[13]龚倩,朱雪梅,陆丽云.基于地理大概念的大单元教学:深化初中地理课程改革的新实践[J].地理教育,2022(8):3-7.

[14]程涛,罗海燕,容梅.运用地理时事材料,提升学生综合分析能力[J].课程教学研究,2018(10):79-83.

[15]赖林琳.初中生地理区域认知的构建——以"人教版"地理七年级下册"印度"一节为例[J].新课程研究(上旬刊),2017(8):129-131.

[16]黄妮莉.初中地理地图学习障碍的归因分析及读图能力培养[J].文理导航(上旬),2018(10):58-59.

[17]丛林滋.新课改地理教学中如何培养学生的地理素养[J].黑龙江教育学院学报,2012,31(9):94-95.

[18]刘琳.基于学科核心素养的高中地理课堂问题设计研究——以人教版高中必修一为例[D].济南:山东师范大学,2021.

[19]贾果.培养初中生用图能力的方法[J].地理教学,2014(24):53-54.

[20]罗珮尹.基于心理地图的中学生地图素养研究[D].广州:广州大学,2020.

[21]包崇贵,张艳萍.地理学科核心素养视角下的乡土地理课程资源编制[J].教育现代化,2018(10):134-136.

[22]贺文彦.地图在教学中的作用[J].中小企业管理与科技(上旬刊),2009(9):178.

[23]钱安定.初中地理地图教学方法与策略探究[J].当代旅游(下旬刊),2018(8):282.

[24]田洪梅,赵艳.在"做中学"等高线地形图的判读[J].地理教学,2012(22):16-18.

[25]冯健.地理思维特性及其对当前地理教育改革的启示[J].中学地理教学参考,2000(9):5-6.

[26]国际地理联合会地理教育委员会.地理教育国际宪章[J].冯以浤,译.地理学报,1993,48(4):289—296.

[27]程闽生.地理空间思维能力的培养与发展[J].福建教育学院学报,2002(6):75-76.

[28]杜有志.从弗鲁姆的期望理论谈中学生学习能力自我发展策略[J].广西教育,2010(17):12-13.

# 后记

随着教育改革的深入,指向核心素养的教学模式越来越受到教育工作者的重视。本书深入探讨了"图·思·记"教学模式在初中地理教与学中的应用,以期能够为培育学生的地理核心素养提供一些有益的启示。

当我回顾此书时,心中充满了感慨与满足。这不仅是对我多年教学经验的总结,更是对初中地理教育的一次深入探索。

在撰写过程中,我深感"图·思·记"教学模式的实用价值和深远意义。它不仅能有效激发学生的地理思维,还能提高学生的地理记忆和读图能力,进而提升他们理解、应用地理知识的效率。每一种类型的地理图表都在"图·思·记"的教学模式中发挥着不可或缺的作用。我坚信,这一教学模式不仅有助于提高学生的地理学习效果,更有助于培养他们的地理素养和综合能力。

写作中,我遇到的最大挑战是如何深入而全面地阐述"图·思·记"教学模式的理论基础和实践应用。首先,理论基础的构建是一项复杂而艰巨的任务。我需要深入研究教育学、心理学以及地理学等多个学科的相关知识,以形成对"图·思·记"教学模式的深入理解和全面把握。在这个过程中,我梳理和整合了各种理论观点,确保我的阐述既具有科学性又易于理解。其次,实践应用的探讨也是一项极具挑战性的工作。我结合大量的教学案例和实践经验,阐述了"图·思·记"教学模式在初中地理教学中的实际应用。这要求我不仅要具备丰富的教学经验,还要能够敏锐地捕捉和提炼教学中的关键问题和解决方案。最后,如何确保全书条理清晰、逻辑严密也是我面临的一个挑战。我仔细规划书稿的结构和内容,确保各个章节之间的衔接顺畅,同时注意语言表达的准确性和规范性。经过不懈的学习与实践,我终于克服了重重挑战,完成了这部作品的创作。

当然,任何一部著作都不可能尽善尽美。尽管我在撰写过程中力求准确、全面,但难免会有疏漏和不足之处。我真诚地希望读者们在阅读过程中,能够提出宝贵的意见和建议,以便我在今后的教学和研究中不断改进和提高。

# 后记

　　我要感谢所有支持我、鼓励我、帮助我完成这部著作的人,正是有了他们的陪伴和支持,我才能够在这条充满挑战和机遇的路上不断前行。在书稿的完成过程中,我得到了许多同仁的支持与帮助。他们的宝贵意见和建议,使我对"图·思·记"教学模式有了更深入的理解,也让书中的内容更加完善。他们的鼓励与帮助,让我在写作的道路上不断进步,克服了一个又一个困难。在此,我要向他们表示衷心的感谢。最后,我还要感谢支持我完成这部著作的家人和朋友,他们的支持和理解,是我能够专心于写作的重要保障。

　　教育是一项永无止境的事业,指向核心素养的"图·思·记"教学模式也只是其中的一种尝试和探索。展望未来,我相信"图·思·记"教学模式将会在初中地理教育中发挥越来越重要的作用。我将继续关注教育改革的动态和趋势,我也将继续努力,不断探索和创新,为培养更多具有地理素养的学生贡献自己的力量。

　　愿这本书能够成为初中地理教学的一份宝贵财富,也愿每一位读者都能够从中受益,共同推动教育事业的繁荣发展。期望本书能为广大初中地理教师提供一些有益的参考和启示,愿我们的教育事业蒸蒸日上,培养出更多优秀的人才。